Time and Power

Visions of History in German Politics,
from the Thirty Years' War
to the Third Reich

一部有关时间、决策与国家命运的政治文化史

时间与权力

[澳]克里斯托弗·克拉克 (Christopher Clark)——著

吴雪映、刘松显、彭韵筑——译

王涛——译校

中信出版集团 | 北京

图书在版编目（CIP）数据

时间与权力 /（澳）克里斯托弗·克拉克著；吴雪映，刘松显，彭韵筑译 . -- 北京：中信出版社，2022.10

书名原文：Time and Power

ISBN 978-7-5217-4610-5

Ⅰ . ①时… Ⅱ . ①克… ②吴… ③刘… ④彭… Ⅲ . ①德国－历史－研究 Ⅳ . ① K516.07

中国版本图书馆 CIP 数据核字（2022）第 139596 号

时间与权力

著者： ［澳］克里斯托弗·克拉克

译者： 吴雪映 刘松显 彭韵筑

译校者： 王 涛

出版发行：中信出版集团股份有限公司

（北京市朝阳区惠新东街甲 4 号富盛大厦 2 座 邮编 100029）

承印者： 北京顶佳世纪印刷有限公司

开本：787mm×1092mm 1/16 印张：19.25 字数：221 千字

版次：2022 年 10 月第 1 版 印次：2022 年 10 月第 1 次印刷

京权图字：01–2022–4594 书号：ISBN 978–7–5217–4610–5

定价：69.00 元

献给

凯特和贾斯廷·克拉克

他们是四季如初的兄弟姐妹

导读一　过去的截切与未来的投望

范丁梁

华东师范大学历史学系讲师

凭借对普鲁士的精湛研究而名扬国际的澳大利亚历史学家克里斯托弗·克拉克，在抽丝剥茧地梳理了欧洲走向一战的千端万绪，著完《梦游者》(中信出版社 2014 年版）一书后，没有继续聚焦于 20 世纪上半叶欧洲的政治动荡，而是将目光转向了德意志历史上掌权者们的历史意识与时间观念。这或许是因为历史学家约恩·莱昂哈德等人对一战后果的条分缕析已相当出色（《苛求的和平》，2018 年版），但更多的原因，想必是基于作者身为一位出色的历史学家，近十年来对时代之不确定性的深刻体悟和对现代时间观念之衰落的入微思考。

德国科尔伯基金会和黑森州政治教育中心分别于 2018 年 11 月和 2019 年 10 月举办了《时间与权力》一书的分享会。克拉克教授在现场一再提到当下西欧社会正为“未来的枯竭”所苦（相比之下，他认为中国仍然在坚定地望向未来）。西欧甚至是整个西方，曾经以一个现代化的故事凝聚起共同体的认同感与向心力，这个故事的核心包括西欧现代社会模式的普遍优势和由资本主义经济增长带来的持久繁荣。这种线性进步的历史叙事和其中蕴含的现代时间体制，正在现实的危机面前急剧退却。在如何面对时间的问题上，西欧社会弥漫着进退无据的不安全感和束手无策的无力感。对许多人而言，过去、现在与未来之间的关系已陷入混乱。从过去中汲取力量，指导当下的行动，然后走向一个值得期待的未来——这样一种清晰的感受在逐渐消退。正是在这种社会语境下，克拉克教授从政治史转道至时间政治学，试图将他的读者从一个对想象之过去满怀憧憬、对可塑之未来失去希望的当下束缚中解脱出来。黑格尔在《哲学史讲演录》中曾言，未来，"不论它存在，或是它不存在，都与我们无关；我们不可以因此而有丝毫不安。这是对于未来的正确思想"。而克拉克教授在这本书中说："如果国家不再能够产生合理的未来，而公民社会又缺乏这样做的手段，那么我们就真的被囚禁在了现在。"

在科泽勒克和阿赫托戈的另一边

与历史学的文化转向、空间转向或者全球转向不同，时间转向是一个隐蔽得多的现象。时间对于历史学家而言，首先是历史书写的框架。当过去发生之事，必须被纳入一个与其他事件相关联的时间脉络中时，才成为历史。一代大师布罗代尔在与自己作为二战战俘之创伤体验的斗争中发明了"长时段"这一说法，并在之后与社会科学尤其是结构人类学的学科斗争中将其完善。由此开始，历史学家们明确意识到，时间还是丈量历史研究尺度的标尺。不同的现象有不同的变化速率。战争胜负等政治大事往往在几年甚至几个月中就将世界搅动得风起云涌，人口消长等社会经济现象要用几十年才完成一个周期，而山河变迁等自然现象则需要在百年甚至千年的坐标中才能被描绘……这些不同性质的变化，究竟何者是时间性因果逻辑线上的决定性力量？对此的探讨将沉醉于探求根本原因的历史学更往前推进了一步。但无论是时间框架还是时间层次，都在历史学中扮演着“工具”的角色。直到史学理论家们认识到，时间不仅是历史学外在的骨架，它还是深嵌在人类历史思维风格中的血肉时，时间对于历史学家就有了新的意义。

这个关键一步是德国史学家赖因哈特·科泽勒克迈出的。他在对西方现代性进行基本陈述时使用了时间化的模式，并用“过去之未来”这一概念来标记前现代与现代时间观之间的断裂。前现代的时间观信奉“历史乃生活之师”，现代的时间观信奉“历史是迈向一个更好未来的进步过程”。指向过去的“经验空间”不断贬值，最终被指向未来的“期待视域”所取代。这就拉开了现代性纪元的幕布。科泽勒克打开了对历史之时间性分析的问题之窗，但他将时间秩序之发展纳入一条西方中心主义的现代性轨道中的做法，遭到了不少质疑与批判。

克拉克教授就是科泽勒克的含蓄批判者。他使用了法国史学家弗朗索瓦·阿赫托戈主张的“历史性”概念。阿赫托戈用“历史性的体制”来描述人们将过去、现在与未来以一定比例混合，对各部分进行意义赋予和重要性排序后所产生的时间秩序（《历史性的体制》，中信出版社 2020 年版）。在考察不同时期“历史性的体制”之特征时，阿赫托戈延续了科泽勒克的进路，也赞同一种从前现代跃进到现代的时间秩序，不过他观察到现代时间体制已陷入危机，原本隐匿在科泽勒克理论模型中的“现在”已经走到了台前，发展为一种危险的“当下主义”。

在审视历史性体制之发展时，克拉克教授与科泽勒克和阿赫托戈清晰且连贯的线性模式分道扬镳了。他当然也认可历史性体制之现代转型的存在，他不想否认这一点，但他更关心如何以一种愈加细致、愈加多元的方式思考其内部的面貌。科泽勒克虽然用“非同时代之物的同时代性”来整合多元的现代体验，但他对历史性体制之变迁的描述总体上强调历时性，忽视共时性。而克拉克教授则相信不同的时间秩序不是以一种先后相继的方式依次出现的，不是现代的历史性无情而彻底地取代旧的历史性，而是以互相交融、互相竞争或者互相排斥的复杂方式彼此作用，由此产生一种“更具有震荡性、循环性和非线性”的现代转型。

德意志时间乐谱的多重奏

为了以一种更加细密和灵活的方式透析历史性，克拉克教授没有以某个时代总体的时间话语特征为中心，而是选取了他最为熟悉之德意志历史上的 4 个个案：勃兰登堡–普鲁士大选侯弗里德里希·威廉（1620—1688）、普鲁士国王弗里德里希二世（1712—1786）、帝国首相俾斯麦（1815—1898）和纳粹政权统治集团（1933—1945）。他并不关注这些历史的掌权主体如何在具体的行事中扩大其政治权势，而是关心这些主体如何在时间上定位自己，如何用特定的历史性作为论点来证明其行为的合理性，以及如何塑造自己在历史中的形象。

克拉克教授选取的历史截切面是非常巧妙的：大选侯仍然生活在一个前现代的世界中，弗里德里希二世处在科泽勒克所谓的“鞍型期”（1750—1850）中，俾斯麦主要在一个现代性的世界中行动，而纳粹政权统治集团则处于德国历史学家乌尔里希·赫伯特所言的“现代盛期”（19 世纪末至 20 世纪 70 年代）。比照社会现代化的命题，在普鲁士或者德意志的领导层，历史性体制应该走过了一条从前现代的、周期性的时间秩序到现代的、进步性的时间秩序的长期发展道路。但克拉克教授证明了，这条历史的红线并不存在。这 4 个截切面无法被纳入一个现代性逻辑发展的计划中。每个个案都有自己独特的、在某种程度上与对其时代之总体预判不相符合的历史性。

为了将这种时间乐谱的多重奏展现出来，克拉克教授匠心独运。过去的历史性其实是一个在双重意义上无法被接触到的事物：就时间距离而言，它已无法重现；就物理形态而言，它是无形的，它既不被记录在时代的年鉴中，也不能直接被观察到，它不是以纯粹的状态而存在的。无论如何，过去的历史性是历史学家的建构。历史学家要将隐含在感知模式、行为方式和阐释框架中的历史性实体化。因此，克拉克教授使用了多元且别样的史料。值得注意的是，虽然克拉克教授合理地解释了所有个案主角各自历史性中的内在逻辑，但他的铺陈是不考虑截切面内部之时间流动的。在各章中，时间会来回跳跃。我们通常认为，主体——不论是个人还是集体——的思想观念是一种主观与客观、内在与外在交互作用的产物，拥有动态变化和自我更新的能力。但这条线索在克拉克教授笔下几乎消失不见，这本书所探讨的这些行动者对历史性的理解都始终若一。

无论如何，在这部将史学理论与经验性历史研究融合在一起的著作中，克拉克教授再次展现了他令人惊讶且令人着迷的史家技艺：广博的文献储备、精湛的史料解读和富有创造性的史料编排。关于《时间与权力》一书所讨论的主角，克拉克教授没有挖掘新的历史事实或者新的史料，从这本书的注释中可以看到其已有的充沛研究。这项研究最吸引人之处是：他用与众不同的观察视角和问题意识，将已知事实重新组合排列并从中得出令人耳目一新的解释，当然有时也值得商榷。

在新冠肺炎疫情暴发后出版的文集《时间的囚徒》（2021 年版）中，克拉克教授这样写道："我所关注的难题，并非一种实际上即将到来的终结，而是给予我们以未来的那些历史故事的终结。而恰恰是这种未来的枯竭，解释了西欧政治公共领域所特有的无助感。因此，我们面临着重新规划、重新占领未来的任务。"这段话也为我们理解《时间与权力》提供了绝佳的脚注。从这部著作中，我们不仅能读到历史学家对过去的幽微洞察，更能读到其对现实的关情脉脉。扑面而来的时间理论和历史细节也许会给读者带来一些阅读负担，但为了捕捉其背后的迷人结构，值得花费时间。

导读二　德国政治史研究的新路径：时间观念与权力运行的历史解读

袁玮蔓

南开大学历史学院讲师

呈现在眼前的这本著作《时间与权力》为克里斯托弗·克拉克教授的新近成果，其英文原版由普林斯顿大学出版社于 2019 年 1 月出版。

克拉克教授 1960 年出生于澳大利亚悉尼，现为英国剑桥大学欧洲现代史方向的教授。他的研究兴趣主要集中在 19 世纪德国和欧洲大陆的历史，在宗教史、政治史等方面发表了很多有影响力的论著。国内已出版的译著有：《沉重的皇冠》《钢铁帝国》以及《梦游者》等。克拉克教授不仅在学术领域成果丰硕，还积极地活跃在大众荧屏上。作为德国电视二台制作的《德意志传说》《欧洲传说》等著名系列纪录片的主持人和解说人，他以通俗、幽默的语言向德国观众讲述和呈现了德国和欧洲的历史与文化。尽管学界对其“非学术”的行为存有争议，但克拉克教授在向公众传播历史知识方面的积极态度和贡献是值得肯定的。正是由于在学术研究和公众传播方面的杰出贡献，克拉克教授在英国和德国获得了诸多殊荣：2007 年获得了英国历史学界的沃尔夫森历史奖，2015 年被英国王室授予了爵士头衔，2022 年获得了欧洲媒体查理曼奖等。这些奖项和荣誉也让这位出生在澳大利亚的学者逐渐成为学界著名的德国史专家，他的研究著述因而备受关注。

《时间与权力》一书出版后，不仅在各国学术界和媒体界涌现了大量报道和书评，而且已被译为多种语言。2018 年 11 月，德语译本早于英文原版率先出版；2022 年 2 月，意大利语译本出版；如今，简体中文译本也已出版。

作为克拉克教授在德国史研究方面的新著，《时间与权力》首先是其探索和思考德国历史的延续。不同于之前研究所用的叙事方式，本书以德国历史上 4 位重要的执政者（党）——勃兰登堡大选侯弗里德里希·威廉、普鲁士国王弗里德里希二世、德意志第二帝国宰相奥托·冯·俾斯麦和以阿道夫·希特勒为首的民族社会主义者——为中心，勾勒了德国（普鲁士）从“三十年战争”到第三帝国的历史发展进程。通过纵向的论述，克拉克教授试图继续对是否存在“一个特殊的德国历史轨迹”，即“德意志特殊道路”的问题进行回应；并在这本书“结论与尾声”部分提出“将这些观察推向例外论的方向将是一个错误”，认为他们的思想和行为在同时代的欧洲具有普遍性。

更为突出的是，这本书并不是面面俱到地对历史上的这些政治人物进行描述，而是从新的切入点，即“时间”与“权力”的关系入手，来探讨他们各自的时间观念、政治行为与社会发展的关联。这一研究思路既是当下史学研究热点在德国史研究中的体现，也与当今欧美国家的政治现状密切相关。

从学术层面来看，受到哲学、社会学、文学等领域中时间研究的影响，历史学研究的时间转向逐渐兴起。在这里，时间不再仅是可量化的、精确的客观参数，也是“一种因循形势发生变化的文化建构，其形状、结构和质地变动不居”，即时间还具有主观性和历史性。在史学研究时间转向的两位先驱及其著作——赖因哈特·科泽勒克及《过去之未来：论历史时间的语义学》、弗朗索瓦·阿赫托戈及《历史性的体制：当下主义与时间经验》的基础上，克拉克教授认为权力可以“扭曲”时间，并试图解答“通过权力结构观察‘时间’会发生什么”，以此来回应史学研究的这一转向。

在这本书中，克拉克教授以 4 个个案分析来实践他阐释“时间”与“权力”关系的构想。首先，在他看来，个体人物的“时间观念”可以体现为时间性和历史性两个层面，而且权力、时间性和历史性三者紧密相连。根据书中的定义，时间性是指“政治行动者对其所经历时间结构的直观感受”，即人们对时间流动较为直接的感觉或感知；历史性是指“将过去、现在和未来相互连接的一系列假设”，反映的主要是人们对于历史进程和历史发展的看法和理解。为了阐释自己的理论观点，克拉克教授在深入解读弗里德里希·威廉、弗里德里希二世、俾斯麦和民族社会主义者带有“特定时间特征的论点和实践”的基础上，分别建构了其各自的时间观念，并分析了这 4 个主体的时间观念如何影响其政治理念和政治决策，以及如何作用于当时国家的发展。

在“三十年战争”战火中成为大选侯的弗里德里希·威廉具有前瞻性的时间观念，他以未来为导向，强调松散的勃兰登堡–普鲁士国家有着潜在的“迫在眉睫的危险”，致力于通过改革将国家“从传统的纠缠中解放出来”，即将地方贵族在军队、税收等方面的权力集中到他个人手中，增强中央政府的能力，以应对国家未来可能面临的威胁。

有“哲学王”之称的弗里德里希二世热衷于编写历史，他强调历史的周期性、循环性，将勃兰登堡-普鲁士国家视为人类历史起起落落、周而复始的一部分。他不追求社会变革，而重视维护现状、保护贵族的地位和利益。同时他又看重永恒性，将自己与古典时代相连，疏远与霍亨索伦家族传统的关联，以突出自身的独特性、塑造个人在历史中的伟大形象为主要目标。

在俾斯麦看来，“历史是一个复杂的、向前推进的、不断更新且不可预知的状态”，而政治家要像“棋手”一样有效地平衡各种社会力量，控制瞬息万变的政治形势。因此，面对 1848 年革命后动荡的政治环境，俾斯麦认为革命带来的变化是“不可逆转”的，为保障社会秩序的稳定，他的政治决策既以适应社会发展为导向，同时还坚持维护君主制的国家结构。

以希特勒为核心的民族社会主义者背离历史线性发展、不断“新生迭代”的理念，通过博物馆、展览等方式建构时间认知，回避历史发展，将史前时代直接与当下“连接”。他们否认其与近代以来政权的连续性，凸显纳粹政权作为“新纪元”的全新性；进而否定近代发展起来的以国家为政治中心的主流理念，倡导以民族取代国家，开启“第三帝国平静的、人种学的千禧年时代”。

克拉克教授从时间的维度重新解读了我们熟悉的这些历史主体和事件，生动地呈现了政治主体不同的时间观念与其权力运行之间的关系，不仅拓宽了我们对不同时代决策者及其政治行为的认知，也为读者深化了对近代德国历史发展轨迹的理解。

从当下时局来看,《时间与权力》一书写于英国脱欧运动和民粹主义在欧美国家复兴的潮流之下，英国在脱欧运动中呼吁的“收回控制权”，唐纳德·特朗普竞选美国总统时喊出的“让美国再次伟大”等口号均体现着政治领导人的“时间观念”，和以“权力操纵时间”的特点，即通过美化本国历史、使过去理想化的方式来争取民众的支持，从而为自己的政治目的服务。对“时间”与“权力”的关系进行历史性分析，并将这一思考投射到当今国际政治的发展中，正是学术研究对时代问题的有力回应。正如克拉克教授所言:“反思过去的一个切面中，政治权力的掌握者和塑造者如何将他们的政治时间化，对于削弱这种操纵的当代诱惑几乎没有什么作用，但至少可以帮助我们更仔细地审视它们。”

可以说,《时间与权力》是一本推动史学研究和回应时代发展的学术著作。虽然探讨的内容跨越了从 17 世纪上半叶到 20 世纪中叶 3 个多世纪的德国历史，但其问题意识是明确的，论证思路是清晰的。不过，仔细阅读可以发现，这本书仍存在可完善之处。第一，虽然克拉克教授从概念上区分了时间性和历史性这两个密切相关但又含义不同的术语，但在实际的论述中，他并没有专门地区分和清晰地展现这两个认知维度，也缺少对不同政治人物的时间性、历史性与其所处时代具体关联的详细分析。第二，虽然这本书的结构框架简洁清晰，但克拉克教授的文字表述过于灵活、抽象，在论述中使用了一些笼统、空洞、含义不清的词汇。这样的表达方式不仅给读者的阅读和理解带来较大挑战，也容易模糊内容本身的思想性，不利于读者对其学术思想的把握。若能使用更为具体、严谨的文字表述，应可以达到更好的效果。

然而瑕不掩瑜，《时间与权力》仍是一本值得阅读的学术著作，它从新的角度解读了德国历史，也将引发我们对时代问题的进一步思考。最后，希望读者可以通过阅读这本书，加深对“时间”与“权力”关系的理解，在书写历史和理解现实方面收获更多的启示。

目　录

前　言　001

历史的时间转向　006
时间的现代性　008
权力与时间　011

第一章　历史机器　019

战争年代的组合君主制　024
君主对抗庄园　026
历史性的形式　031
信仰的动力？　040
选侯成为历史　047
结　论　058

第二章　历史王　065

国王为何书写历史　071
弗里德里希二世的历史性　077
没有冲突的霸权　084
抉择的时代　089
时间的暂停　093
结　论　102

第三章 时间之河上的船夫 107

棋　手 112
1848 年的意义 119
政治的变迁 127
神化时刻 132
君主制国家与历史的意义 139
1918 年与历史的终结 145

第四章 纳粹的时间观 153

革命博物馆 157
极权主义的对比 166
遥远过去的临近 174
预言战胜偶然 177
结　论 184

结论与尾声 189

致　谢 203

注　释 205

译后记 281

图 1　大选侯弗里德里希 · 威廉，彼得 · 德 · 约德根据安瑟尔谟 · 范 · 胡尔所绘肖像画而创作的版画

来源：Anselmus van Hulle, *Les hommes illustres qui ont vécu dans le XVII. siècle…* (Amsterdam, 1717)

前言

正如重力能扭曲光，权力也能扭曲时间。本书试图回答，通过权力结构观察“时间”会发生什么。对那些掌握政治权力的人物来说，他们如何挪用与阐释历史性形态，正是本书所关注的。我所说的“历史性”不是指关于历史意义的学说或理论，也不是指史学实践的模式。相反，我使用弗朗索瓦·阿赫托戈所阐述的术语，来表示关于过去、现在和未来如何连接起来的一系列假设。[1]这些假设可以找到明确的修辞表达，也可以通过文化选择、公共仪式、采用论据或隐喻以及其他比喻性语言来表达自己，这些都是“时间结构的感知形式”，而不是明显的时间范畴。[2]它们可能隐含在为政治行动辩护或反对政治行动的论证形式中。[3]不管它们采取什么形式，文化或体制的历史性都是对“与时间相关的事物的具体解释”[4]。由此可见，这种关系的配置反过来又产生了时间感。它拥有直观的形态或时间景观，这取决于过去哪些部分被认为是近的并与现在密切相关，哪些部分被认为是陌生的和遥远的。[5]

本书着重关注4个阶段。它以“三十年战争”结束后勃兰登堡–普鲁士的大选侯弗里德里希·威廉（1620—1688）[①] 和地方贵族之间的斗争开始，探讨了这些争端如何激发了明显对立的时间性，并追溯它们对勃兰登堡–普鲁士新兴史学带来的影响。我认为，大选侯统治时期的显著特点表现在，君主有意识地将现在作为灾难性的过去和不确定的未来之间的分水岭，其最主要的关切点是将国家从传统的纠缠中解放出来，以便能够自由选择具有多重可能性的未来。

第二章主要介绍弗里德里希二世的历史著作，他是唯一一位编写自己国家历史的普鲁士君主。这位国王有意识地回避了在他的曾祖父大选侯统治时期所盛行的国家的冲突观点，这种背离既反映了维持普鲁士王权的社会结构发生了改变，又反映了弗里德里希二世对自己历史地位的独特理解。我认为，为了取代大选侯的前瞻性的历史性，弗里德里希二世设想了一种后威斯特伐利亚时期的停滞状态，采用一种新古典主义的、有着稳定状态的时间性，其中永恒性的和周期性循环的主题占主导地位，国家不再是历史变革的引擎，而是一个历史上非特定的事实和逻辑的必然。

第三章研究奥托·冯·俾斯麦的历史性观念，分析这些观念如何通过政治辩论、修辞手段和语言技巧呈现。对俾斯麦而言，政治家就是决策者，推动历史洪流滚滚向前，他的政治任务是管理 1848 年革命所释放的力量之间的相互作用，同时维护和保护特权结构和君主政体，否则历史就会沦为纯粹的骚乱。俾斯麦的历史性被他对国家永恒

---

① 大选侯以及后文的“历史王”，其名字的英文为“Frederick”，中文通译为“腓特烈”；而德语为“Friedrich”，中文通译为“弗里德里希”。本书将遵照德语发音，通译为“弗里德里希”。——译者注

不变的信奉与政治和公共生活的急剧变化之间的紧张关系所撕裂。俾斯麦创建的体系在1918年的崩溃引发了历史意识的危机，因为它摧毁了一种国家权力的形式，而这种形式已经成为历史思想和意识的焦点与保障。

第四章认为，这场危机的继任者是民族社会主义者，他们与将历史视为不断“新生迭代”的观点彻底决裂。俾斯麦的历史性建立在这样一个假设之上：历史是一个复杂的、向前推进的、不断更新且不可预知的状态。而纳粹将他们政权最激进的愿望寄托在对现在、遥远的过去和遥远的未来之间的深刻认同上。其结果是普鲁士-德意志出现了前所未有的历史性政体形式，它与意大利法西斯和苏联强权政治的时间实验截然不同。

因此，本书的目的是试图倒置弗朗索瓦·阿赫托戈在《历史性的体制》中所追求的项目，转而探索（一小部分）体制的历史性。人们可以通过研究正式的国家结构——包括部委、军事司令部、选举和皇家法院以及官僚机构——管理时间的方式、置身于历史之中和想象未来的方式来做到这一点。尽管这可能引发一个问题：在本书所涵盖的时期内，“国家”一词是否能保持相同的意义，用来指称不断出现的事物。我选择了一种不同的方法。我感兴趣的是那些行使权力的人如何用特定时间特征的论点和实践来证明其行为的合理性。那些权力的塑造者与政府的正式结构的关系因情况而异。大选侯在其漫长的统治期间，主要以一种即兴的方式逐步在自己周围组建了一个行政结构，并在其中行使权力。弗里德里希二世统治时期的特点是权力的高度个人化，君主与体现国家权威的结构处于半脱离状态。俾斯麦将自己置身于普鲁士-德意志君主制行政机构与后革命时代公共领域中不可预测的力量之间的动荡空间中。而民族社会主义的领导阶层是官僚主义国家结构的克星——纳粹历史性的核心在于强烈否认国家作为历史奋斗的载体和目标。

历史的时间转向

时间——或者更准确地说是时间秩序的多样性——不是历史研究中的新主题。今天，人们普遍认为，时间不是一种中性的、普遍的物质，在时间的空虚中，一种被称为“历史”的东西展现出来了；相反，时间是一种因循形势发生变化的文化建构，其形状、结构和质地变动不居。这种观点在过去15年推动了一个如此活跃和多样化的研究领域，以至我们可以说历史研究中出现了“时间转向”，一种可与出现在20世纪80年代以及90年代的语言和文化转向相提并论的重要转向，它是历史学科定期进行自我更新的重要环节之一。[6]

当今历史研究的时间转向可以引用杰出的哲学和理论先例。法国哲学家亨利·贝格松在其1889年的博士论文中提出，时间作为人类意识的一个维度是非同质的，并且“具有质的多重性”；涂尔干的《宗教生活的基本形式》（1912）奠定了时间社会学作为集体经历和社会建构的基础；莫里斯·哈布瓦赫在《记忆的社会框架》（1925）中，将涂尔干的见解运用到记忆的社会生产中；两年后，马丁·海德格尔的《存在与时间》提出“整个人类意识（此在）的存在和本体论的构成”是“建立在时间性的基础之上”的；二战以来，文学理论家尤其是叙事学家开始对文本的时间结构进行深入研究。[7]

马克·布洛赫是最早反思这些理论潮流对历史写作影响的历史学家之一，他在二战期间的经典著作《历史学家的技艺》中，用了一个简短的子章节来探讨“历史时间”的问题。布洛赫写道，与自然科学的“人为划分的同质”和抽象时间相比，“历史时间是一个具体的、活生生的现实，具有不可逆转的前进动力。它就是孕育历史事件的原生质，是理解这些现象的场域”。它的核心是连续性和“永久变化”之间不可调和的紧张关系。[8] 布洛赫对历史时间性的思考仍然是碎片化的，但费尔南·布罗代尔、雅克·勒高夫和其他年鉴学派史学家的作品深化和拓展了这些直觉，发展了人们对时间尺度和结构多样性的敏锐认识。在布罗代尔看来，被称为“事件”的短期中断与被定义为“时代”的长期连续性之间的关系，成为历史学家实践的中心问题。勒高夫探索了职业、礼拜和宗教实践的不同时间结构。[9]

这些反思清楚地表明，历史性和时间性相互关联但并不相同。在本书中，我用后一个术语来表示政治行动者对其所经历时间结构的直观感受。如果说历史性植根于对过去、现在和未来之间关系的一系列假设，那么时间性捕捉到的东西较少反思而更加直接，即对时间流动的感受。未来是走向现在还是远离现在？过去是威胁着要侵占现在，还是会逐渐滑向意识的边缘？政治行动的时间框架具有多大的适应性，想象中的时间流动与决策者将其视为“瞬间”的倾向有什么关联性？现在的经历是运动的还是静止的？什么是永恒的，什么不在那些掌权者的脑海里？

时间的现代性

如果说年鉴学派是将历史时间化了的话，那么德国历史学家赖因哈特·科泽勒克则是将时间历史化了。科泽勒克在《过去之未来》这部关于“历史时间的语义学”的精彩论文集中探索了时间意识的历史，创造了一系列微妙的分析工具。他探讨的核心内容是体验和把握时间的方式存在着从前现代向现代的过渡。他论述了文艺复兴以来时间意识的变化，特别是文化世俗化的进程，这个进程破坏了《圣经》预言对基督教未来观的把握。但他论述的核心是他所说的“鞍型期”——跨越了从1750年前后到1850年前后的岁月——见证了西欧时间意识的深刻变化。这种转变是由许多方面构成的：随着时间的流逝，体现在事件中，事件发生的频率加快了，与过去的距离感增加了；普遍原则让位于偶然性；过去作为智慧和指导宝库的权威性正在减弱；如“革命”“阶级”“进步”“国家”的关键概念被历史变革的势头所浸透；关于过去的故事、编年史和逸事被融合成某种过程性的、独一无二的、包罗万象的单一整体，即黑格尔提出的，在现代大学人文院系中讲授的“历史”。结果，时间的感觉结构和形态出现了深刻变化：前现代社会的循环式的时间景观让位于所谓的“历史”，被理解为一系列变革的、不可逆转的事件，这些事件被体验为“新事物的不断循环”。革命和拿破仑时代的中断、暴力和断裂造成“经验空间”和“期待视域”之间的冲突，这些不和谐成为现代的象征。[10]

在《过去之未来》的开篇文章中，科泽勒克就质问了阿尔布雷希特·阿尔特多费的画——《伊苏斯之战》，这幅画绘制于1529年，描绘了公元前333年亚历山大大帝在伊苏斯之战中战胜波斯人的情景。[11] 科泽勒克问道，为什么阿尔特多费把希腊人描绘成今天的德国人，把波斯人描绘成今天的土耳其人？尽管战争的最初发生地在小亚细亚，但为何这幅画把成群结队的人马放置在日耳曼式的、阿尔卑斯山风光的自然景观中，辅之以欧式风格的建筑？为什么画中细节与当时正在发生的奥斯曼帝国围攻维也纳的情形那么相似？在阿尔特多费创作这幅画的 1529 年，这场围攻仍在进行中。科泽勒克给出的答案是，对阿尔特多费来说，伊苏斯之战和奥斯曼帝国围攻之间的关系具有预言性和寓言性。正如《但以理书》所记载的先知梦所预见的那样，第一场战斗已经导致了波斯帝国的终结。第二场战斗似乎预示着罗马帝国（即神圣罗马帝国）的终结，它被看作但以理预言所强调的时间表的下一步。这两个事件都存在于预言时间的同一范围之内。只有这样，才有可能像阿尔特多费那样扭曲时光，把 16 世纪的土耳其人叠加到古波斯人身上。

为了加强与现代时间意识的对比，科泽勒克请来了德国诗人、评论家和学者弗里德里希·施莱格尔作为见证人，他恰好在 19 世纪 20 年代欣赏了《伊苏斯之战》，并写了一篇热情洋溢的文章。施莱格尔称赞阿尔特多费的画作是"骑士时代最伟大的壮举"。科泽勒克将注意力集中在对施莱格尔的观察上，似乎后者与这幅画之间有一段遥远的时间距离。不仅如此，施莱格尔还觉得这幅画属于与自己不同的时代。因此，这不仅仅是一个时间流逝的问题，而是一个时间结构断裂的问题，一个这段时间和前一段时间之间的构造断裂问题。科泽勒克推断，阿尔特多费的时代和施莱格尔的时代之间存在某种间隔，其矛盾的结果是，施莱格尔与阿尔特多费之间的时间间隔似乎比阿尔特多费与亚历山大的事迹之间的间隔更大。换句话说，《伊苏斯之战》体现了一种前现代的、非时间性的时间感，缺乏一种我们所说的历史意识。相比之下，施莱格尔代表了一种将过去视为遥远的、被取代的、本体论上分离的现代时间意识。[12]

科泽勒克的著作对时间性的历史研究的影响再怎么强调也不为过。他提出了大胆而新颖的问题，以令人印象深刻的微妙、清晰和深刻的推理揭示了它们的含义。他运用语义变化来追踪意识的时代性突变，这非常关键。他从哲学和文学理论那里借用了分析范畴，并将它们发展为校准变化过程的工具——“期待视域”来自加达默尔和尧斯的接受理论；时间性，一个既表示时间的特质（不断运动、质地）又表示时间存在的条件术语，来自海德格尔；“时间化”，意思是在现代的过去和现在的历史化，源自阿瑟·洛夫乔伊的《存在巨链》；作为现代感性标志的加速度概念早已与尼采联系在一起。但是，如果科泽勒克没有发明这些范畴，他就会“占据、填充和普及它们”，将它们组合起来作为绘制时间秩序变化的工具。它们都属于包罗万象的时间转向研究领域。[13]

更具影响力的是科泽勒克对从前现代到现代时间秩序过渡的关注。[14] 时间转向的文献主要关注描绘过渡时期的分水岭。有学者研究了铁路带来的旅行加速；准点和迟到的问题日益突出；“浪费”时间成为丑闻，这是现代时间体制的症候；电报时代，越来越小的时间单位被商品化；高速公共交通工具的出现导致空间缩小；怀旧情绪的兴起成为现代性的标志性的弊病。[15] 在这类研究中，现代性的出现以及随之而来的时间意识的现代化一直是人们关注的焦点。

然而，时间性从“传统”到“现代”的过渡特征仍然存在不确定性。最近关于现代时间性的写作并没有产生一个稳定的、广泛使用的解释学范畴的工具包，而是产生了一堆异质隐喻。从传统时间性到现代时间性的转变被不同程度地理解为加速、扩张、缩小、再生、压缩、分离、分裂、断裂、虚无、湮灭、强化和液化的过程。[16]“时间性”这个范畴本身也被用于各种意义。在一些研究中，该术语指的是一个经验领域，个人或社区倾向于将自己定位于周期性的标记，例如季节或礼仪庆典；时间在展开时的感知结构，在特定事件中持续的波动、经验与期望之间的关系、私人和公共生活节奏的差异；或与某些职业文化相关的时间管理实践模式。[17]其他研究侧重于“年代学”问题，或对时间及其与历史或与更普遍的人类存在关联的哲学反思。[18]

权力与时间

无主体的变化过程，其叙述往往立足于现代化理论的系统性和过程性论点，往往主导着时间性文献。[19]但也有关于权力体制如何干预时间秩序的出色研究。例如，这些研究探索了使用日历作为政治权力的工具。西欧从儒略历到公历的过渡历时 3 个多世纪，始终与权力斗争交织在一起。[20]在哈布斯堡王朝时期的奥地利，开明的詹森主义改革者约瑟夫二世的继位打破了宫廷礼仪循环的传统统治地位，而节日的急剧减少使人们疏远了传统信仰和旧天主教年的社交节奏。[21] 1793 年 10 月 24 日，雅各宾派控制的国民公会通过了新的“共和历”，标志着与过去的彻底决裂和新时代的开始。从长远上看，如果该共和历能够成功地确立自己的地位，那么“10 天一周”将改变法国人的生活和工作周期，使他们与基督教礼拜年的周期剥离，并使他们与欧洲大陆的其他地区区分开来。[22]

研究帝国的历史学家也讨论了时间与帝国权力之间的“密切联系”，特别是体现在对劳动和生产过程实施标准化的时间纪律制度。[23]在这里，重点放在从前现代或非现代（原住民）时间性向现代（帝国或西方）时间性的强制过渡上，尽管许多研究也关注在殖民当局的压力下土著时间的存续问题。[24]瓦妮莎·奥格尔对全球标准化时间的权威性研究揭示了一个“附加的、非预期的过程”。在这个过程中，众多参与者的不协调努力与全球动荡（二战）和新基础设施（军事和商业航空）的要求融合在一起，导致统一时区的引入。[25]塞巴斯蒂安·康拉德阐明了帝国权力的扩张和强化如何与 19 世纪的语义和文化转变相互作用，从而产生“时间体制的全球转变”[26]。

正如对晚清中国的研究所表明的那样，自下而上的权力系统的瓦解也会产生时间意识的转变。[27]邝兆江认为，包括 19 世纪 50—70 年代的太平天国、捻军、哥老会和随后西方列强的入侵，这些动荡导致了与记忆中的过去发生深刻的断裂，其改变了历史意识，至少是在文化精英内部。在中国，历史历来被认为是反映宇宙互联与人事和谐的优秀范例的宝库。现在的事件要类比过去来进行解释。这并不意味着中国学者和领导者无法构建“特定类型的线性进程”，但邝兆江认为，这些都嵌入在一个周期性、循环性和非线性的时间景观之内。

只有当巨大的社会动荡和政治暴力浪潮破坏了帝国政府的权威，切断了与过去的连续性，使国家存亡和历史权威受到质疑时，这种传统的时间性才会被打破。从历史记录中寻求指导这种由来已久的做法失败了，正如科泽勒克认为的那样，历史作为生活导师的观念在西欧已经衰落。目前的破坏时代将像过去那样为恢复和救赎的时代让路，这种说法似乎不再值得信赖。当晚清的中国知识分子看到当时前所未有的激进社会状况时，开始寻求更加线性和发展的、西式或者明治维新式的叙事结构，以捕捉事件的积累和加速感，这些事件正“聚集动力，朝向未来前进”[28]。

对时间秩序最具雄心的现代化干预来自 20 世纪欧洲的强权主义政权。1918 年 1 月，苏联放弃了彼得大帝在 1699 年采用的儒略历，代之以西方普遍使用的格里高利历法，使国家向前推进了 13 天。斯大林带来了进一步的举措。1930 年，斯大林宣布了新的一周 5 天制度。没有星期六或星期日，只有连续的、用不同的数字和颜色（黄、橙、红、紫、绿）标识的 5 天。[29] 这个特别项目最终因不切实际而被放弃，但苏联发起了一项革命性的实验，以重新安排人类与时间的关系；它通过对工作的无限强化开创一种时间性，让先锋党克服了传统“资产阶级的”线性时间制约。[30]

最近关于意大利法西斯主义的研究集中在法西斯知识分子和宣传建立一个以法西斯政党为最终历史代理人的全新时间性上。[31] 从跨国史的维度研究法西斯主义的史学家罗杰·格里芬将德国民族社会主义政府的出现描述为一场“时间革命”。[32] 埃里克·米肖对“纳粹神话”的探索集中于纳粹视觉图像中“运动”与“静止”之间的矛盾关系，并将其与基督教末世论的逻辑联系起来，在这一逻辑中，主体被悬置在对过去救赎的记忆（以基督道成肉身的形式）和对未来集体救赎的期待之间。[33] 埃米利奥·真蒂莱谈到了法西斯主义的“政治神圣化”，通过这种方式，基督教的传统仪式和做法被改编得适应了墨索里尼政权的目的，进而创造了一个“内部象征宇宙”，其中礼仪表演的永恒性被转移到政治的集体经验中。[34] 查尔斯·迈尔和马丁·萨布罗认为，这三种强权政体都体现了深度的干预性，不仅在社会和政治上，而且在时间秩序上。[35]

将时间性视为权力更替的一种效果或附带现象，将注意力从分散的变化过程转移到“时间政治”上，研究“对时间和变化本质的某些观点”与决策制定紧密相关的过程。[36] 这反过来又意味着探究“时间和历史的想象力”，这种想象力在不同国家和时代给主权权威的行动和论点带来“意义和合法性”。[37] 借用查尔斯·迈尔的话，这涉及“政治如何定义时间”以及“政治预设了什么样的时间”等问题。[38]

本书讨论的任何制度都没有试图以法国国民公会的方式，通过实施新历法来重构时间的集体经验。但它们都捕捉并且选择性地强化了环境时间，将其编织进为自己及其行为辩护的论据和陈述中。本书的一个显著特点是，它提供了一个纵向调查，跟踪同一个祖先的领土实体（勃兰登堡–普鲁士）的连续政治化身。这种方法的一个优点在于，它使我们能够了解时间政治变化的反思性和自我历史化的维度。国家有深刻的记忆，即使一个政权放弃了其前任的主张或做法，其自我意识也存在着累积的逻辑。因此，我们将不同的时间节点进行异步连接，至少可以在人类活动的一个相当狭窄的领域内，绘制出“时间历史”的轮廓。[39] 这项研究的关注点源于一个务实的决定，德国（普鲁士）是我最了解的领域。但德国确实是研究时间性、历史性和权力之间关系的一个特别有趣的案例。过去的 4 个世纪里，德国欧洲政治断裂的频率和深度使我们能够一再观察政治变革对时间和历史意识带来的影响。在本书结论中我将回到这个问题：在经历了一系列的历史发展轨迹后是否存在独特的普鲁士式或者德国式的路径。

纵向方法的另一个优点是它允许我们探索“现代性”和时间性之

间的关系。最近几项研究表明，跟科泽勒克的鞍型期相关联的转变实际上从更早期的政权中也能找到，例如文艺复兴时期的意大利和近代德意志的城市国家，甚至中世纪的欧洲和中东。[40] 当然，如果通过将现代性的分析范畴追溯到更早的时代的话，那么仅仅将时代的分水岭向后移动就能保持范式目的论的完好无损。但同样值得一问的是，我们是否需要按照时间顺序阅读科泽勒克的时间类型学，另一种观点会将他理解为多个平行时间的理论家。[41]

在本书中，我试图密切关注每个政权特别的时间结构。实际的后果要比强序列化和基于现代性理论所允许的更具有振荡性、循环性和非线性。这并不意味着现代性没有发生，它可能只是简单地反映了权力的行使者与现代性理论家所关注的各种过程之间的关系的模糊性和偶然性。大选侯保持着对历史的激进理解，这使他陷入了与同时代特权和传统捍卫者的对抗。弗里德里希二世试图抗衡从内部改变他的王国的社会变革，阐述了一种以静态和平衡为标志的高度审美化的政治愿景。俾斯麦的政治适应了推动历史动荡的政治和社会力量，但他也仍然致力于维护君主制国家的理念，认为从弗里德里希时代继承下来的君主制国家是永恒的和超然的。民族社会主义政权打破了所有这些先例，拒绝了由断裂和偶然性构成的历史观念，并将其政治愿景嵌入千年尺度的时间景观中，其中遥远的未来只是过去兑现的承诺。

在本书考察的 4 个时代中，即使与其他形式的时间意识存在矛盾，所探讨的权力的时间性都没有排挤其他形式的时间意识。在本书回顾的整个时期内，政治生活是由多种共存的时间秩序构成的。[42] 然而，最具有影响力的代理人所行使的政治权力的时间性仍保持着特别的重要性。由此，权力的政治合理化表现为对过去的要求和对未来的期望。

时间政治体制的显著性并未减弱，对想象中时间景观的诉求仍然是政治交流的关键工具之一。本书完成于英国脱欧运动的高潮和取得胜利期间，这场运动受到了“夺回控制权”的愿望驱动。英国脱欧支持者鲍里斯·约翰逊是这个口号的主要支持者，但他也是《温斯顿·丘吉尔传：一个人如何创造历史》的作者，这位标志性的政治家与约翰逊本人有着惊人的相似之处。英国脱欧运动因为对过去理想化的鼓舞而活跃，当时“讲英语的民族”毫不费力地统治着全世界。邓肯·贝尔认为，这些主题在脱欧派争论中的突出地位证明了，“帝国对英国统治阶级的大部分地区保持着不可抗拒的影响力”[43]。

当唐纳德·特朗普赢得美国总统大选时，英国脱欧公投的影响仍在英国国内引起反响。特朗普对自己的竞选口号“让美国再次伟大”进行了商标注册，给世界上最强大的民选职位带来一种截然不同的政治愿景，建立在对全球化的新自由主义未来和对气候变化的科学预期的断然否认的基础上，他将气候变化描述为中国人对其他人类的恶意骗局。[44] 他手下最有影响力的理论家斯蒂芬·班农后来被免职，后者赞同威廉·施特劳斯和尼尔·豪在名为《第四次转折：历史的循环告诉我们美国与命运的下一次相遇》一书中阐述的深奥历史理论（纽约，1997）。该书认为，民族国家的历史以 80~100 年的周期展开，其中被可能持续一代人的“转折”暴力时期切分。特朗普总统本人是否沉浸在这些想法中不得而知，但他至少对传统的美国历史性提出了挑战，成为现代第一位公开拒绝美国先锋地位的总统，否认在历史进步运动中美国曾经占据特殊和典范性地位。相反，他表示，今天的美国是一个社会和基础设施破碎的落后国家，其任务是把美国带回到价值观仍未受到污染和社会状况完好无损的过去。[45] 2016 年，特朗普对宾夕法尼亚州月亮镇的工人阶级选民说："当我们获胜时，我们将带回钢铁行业，我们将像过去一样把钢铁行业带回宾夕法尼亚州。我们正在让我们的钢铁工人和矿工重返工作岗位。我们将带回我们曾经伟大的钢铁公司。"[46]与此同时，他狂热的交流风格在推特的超加速呈现和缓慢谨慎的审议过程之间产生了裂痕，而缓慢的审核过程是适应宪法规范的传统民主国家和行政当局的日常安排。

在美国、波兰、匈牙利和其他正在经历民粹主义复兴的国家，人们正在制造新的过去来取代旧的未来。法国国民阵线领导人玛丽娜·勒庞在庆祝唐纳德·特朗普成功当选时表示，在美国，"人们（正在）夺回他们的未来"。她预测，法国人很快也会这样做。[47]反思过去的一个切面中，政治权力的掌握者和塑造者如何将他们的政治时间化，对于削弱这种操纵的当代诱惑几乎没有什么作用，但至少可以帮助我们更仔细地审视它们。

第一章 历史机器

被称为大选侯的弗里德里希 · 威廉是第一位有众多肖像画留存至今的勃兰登堡选侯①，许多肖像画都是他自己要求保留的。他在位长达 48 年，超过王朝其他成员，这些画像记录了他的相貌变化。在统治初期，弗里德里希 · 威廉威严、挺拔，飘逸的黑发勾勒出狭长的面庞；在后来的画像中，他的身体开始变得臃肿，脸部浮肿，头发被人造卷发取代。然而，他的一生中所有的肖像画都有一个共同点：以深邃而睿智的眼神凝视着观众。[1] 本书的第一张版画（图 1）是根据奥兰治亲王的宫廷画家安瑟尔谟 · 范 · 胡尔的肖像画绘制而成的。在 1645 年或 1646 年，范 · 胡尔参加了在明斯特和奥斯纳布吕克举行的《威斯特伐利亚和约》谈判，以捕捉参加会议的君主和代表们的神情。

---

① 在中世纪，德意志的统治者首先由选举产生，以获得国王的身份，然后在罗马接受教宗的加冕获得皇帝的身份。因此准确地讲，参与选举的诸侯应该被称为“选侯”。后来，德意志王权逐渐加强，与罗马教廷的矛盾日益尖锐，16 世纪之后，国王自动获得“经选举产生的罗马皇帝”头衔。此后参与选举的诸侯才能称为“选帝侯”。为了简便起见，本书统一将“elector”翻译为“选侯”。——译者注

艺术家采用墓志铭的方式装裱这些和平缔造者的雕刻肖像，这个做法表明，它们不是单纯的肖像画，而是旨在纪念那些在其生活的时代留下印记的历史名人。[2]

在历经“三十年战争”的破坏之后，弗里德里希·威廉主持了勃兰登堡组合君主制的恢复（实际上是转型）工作。他的统治从 1640 年持续到 1688 年，在这期间勃兰登堡获得了一支规模虽小但受人尊敬的军队、一座横跨东波美拉尼亚到波罗的海沿岸的陆桥、一支规模不大的波罗的海舰队，甚至在非洲西海岸建立了一个殖民地。勃兰登堡成为一个区域强国、一个备受追捧的盟友和一个和平解决争端的主要贡献者。[3]

1667 年，大选侯弗里德里希·威廉为他的继承人撰写了一篇“父亲的训令”。这份文件以传统的国王遗嘱的方式开篇，劝诫人们过虔诚和敬畏上帝的生活，但很快它就扩展为一篇政治历史小册子，这在霍亨索伦王朝的历史上没有先例。在其中，他将过去和现在形成鲜明的对比。弗里德里希·威廉提醒他的继承人，普鲁士公国作为波兰王国的附庸，长期陷于一种“无法忍受的境地”；只有选侯获得了对公国的主权才能摆脱压迫。“这一切都无法描述：档案和文字记录将为之作证。”[4] 弗里德里希·威廉敦促未来的选侯采取所谓的历史视角来对待当前困扰他的问题。如果我们仔细查阅档案就会发现，不仅与法国保持良好关系至关重要，如何平衡这一良好关系与“作为选侯，你必须尊重帝国和皇帝”同样重要。对《威斯特伐利亚和约》所建立的新秩序也要有强烈的认识，同时要意识到在必要时应捍卫这一秩序，以抵御任何企图推翻它的势力。[5] 简而言之，这份文件对公国自身在历史上的位置的认知极为敏锐，同时也意识到了文化和制度的连续性与变革力量之间的张力。

本章关注这种张力。从哲学的角度来看，选侯是否对“历史”的含义或性质形成了连贯的观点是值得怀疑的。他是一个以权力和安全问题为导向的人，而不是一个善于反思或讨论原则性问题的人。[6]而现代意义上的“历史”是一个抽象的集合单数名词，表示一个包罗万象的、多层次的变革过程，这在当时还不存在。这个词还没有经历扩展和“时间化”的过程，此后才成为现代性矩阵的概念之一。[7]然而本章将论证，选侯和他的政权确实拥有一些更本能、独具特色以及动态的历史性，其根源在于，君主制国家在灾难性的过去和充满威胁的未来之间占据了一个显著的位置。

为了充实这一主张并阐明其内涵，我首先审查了在选侯政府与贵族统治的地方庄园[①]发生冲突时双方所使用的论点，特别关注其各自提供的论点中隐含的历史性，因为当君主援引“必要性”或“紧急状态”的概念，以此反对传统地方霸主的强势要求时，他实际上是在用未来对抗过去。[8]然后我继续追问，在选侯和他的政府的历史性中是否有加尔文主义的成分——毕竟，在选侯的加尔文主义政府和他的路德宗庄园之间交织着信仰冲突。宗教改革涉及的信仰是观念体系中最复杂的部分，对此选侯特意做出了承诺。最后我考察了选侯政府为确保官方历史学家顺利开展工作所做的努力，特别关注塞缪尔·普芬多夫的著作，他于1688年1月，即选侯去世的前几个月来到柏林担任宫廷史官。普芬多夫首先是一名理论学家，为巩固选侯的权力提供了

---

① “Estates”这个概念是普鲁士地方权力结构的基本构成要素，传统上以“庄园”为势力范围。在本书的不同语境中还可以理解成“领主”“地方贵族”“庄园主”等。为简便起见，本书统一翻译为“庄园”。——译者注

强有力的哲学辩护；其次作为历史学家，塑造了一个雄心勃勃、基于档案材料的叙事，捕捉到了选侯及其官员的动态历史性。在本章最后，我简要回顾了对传统特权的否定如何成为选侯统治的突出主题，而在1701年，第一位普鲁士国王精心安排的加冕典礼表明了这个特色。

战争年代的组合君主制

弗里德里希·威廉于1640年登上王位的政治实体不是单一制国家。这是一个“组合君主制”，包括以不同方式获得的领土，受不同的法律约束，被以不同的头衔统治。其中心地带是勃兰登堡，于1417年由霍亨索伦家族以40万匈牙利金盾买下。通过战略性婚姻联盟，霍亨索伦家族的后续几代统治者先后获得了其东部和西部一些非毗邻的领土：位于波罗的海的普鲁士公国、于利希-克莱沃公国，后者是一块由于利希、克莱沃、贝格以及马克郡和拉文斯贝格组成的莱茵领土。得益于可追溯到1530年的家族联系，霍亨索伦家族还声称拥有波美拉尼亚的继承权，波美拉尼亚是勃兰登堡和波罗的海之间具有重要战略意义的领土。

在其不同的领地范围内，勃兰登堡选侯与被称为庄园的代表机构组织起来的地方精英分享权力。在勃兰登堡，庄园批准（或不批准）选侯征税，并（从1549年起）管理他们的税收。作为回报，地方贵族获得了广泛的权力和特许权。例如，选侯不得在未征得庄园领主同意的情况下结盟。[9] 在1540年颁布的法令中，选侯甚至承诺，他不会“在所有庄园不知情或者没有事先协商的情况下，决定或采取任何可能影响领地兴衰的行动”，这个说法在 1653 年之前被反复重申。[10] 地方贵族拥有选区里的大部分土地财富，他们也是选侯最重要的债权人。但他们的眼光非常狭隘；对于帮助选侯保卫他们知之甚少的遥远领土毫无兴趣。

领主处于一个混杂、主权重叠的精神世界中。克莱沃庄园在海牙设有外交代表，并向荷兰共和国、帝国会议（神圣罗马帝国的议会）寻求支持，有时甚至向维也纳寻求支持以反对柏林的非法干预。[11] 他们设想建立自己的税收制度并与附近的马克、于利希和贝格地区建立联合的“世袭联盟”，同时经常与这些领土的庄园商讨如何最好地回应（和抵制）柏林的要求。[12] 普鲁士公国的庄园仍臣属于波兰王室，他们将邻国波兰视为他们古老特权的保证人。正如一位选侯的高级官员恼怒评论的那样，普鲁士庄园的领主是“波兰人的真正邻居”，并对“保卫他们自己的国家漠不关心”。[13]

“三十年战争”带来的动荡和破坏使这些微妙的平衡面临压力。在勃兰登堡，各庄园对军费开支和任何形式的外国联合都深表怀疑。即使在新教和帝国军队多次入侵勃兰登堡领土之后，在面对君主的财政援助请求时，领主们仍然无动于衷。[14] 在他们看来，庄园的职能是防止不必要的冒险和保护地方特权的结构，以防止来自中央的入侵。[15] 但随着战争的拖延，勃兰登堡贵族的财政特权开始显得脆弱。[16] 外国诸侯与将领对从勃兰登堡勒索捐款毫不自责；为什么选侯不应承担他的份额？这就涉及庄园古老的“自由”传统。为了完成这项任务，选侯求助于亚当·施瓦岑贝格伯爵，他是一名天主教徒，也是一名与地方贵族没有任何联系的外国人。在没有像通常那样向地方机关求助的情况下，施瓦岑贝格不失时机地开征新税。他限制了庄园监督国家支出的权力，并暂停了枢密院的工作，将其职责移交给战争委员会，其成员完全独立于庄园。简而言之，施瓦岑贝格建立了一种与庄园传统决裂的财政专制制度。[17] 这项制度侵害了庄园的自由，引发了庄园贵族对他的厌恶。1638—1639 年，在施瓦岑贝格的权力达到顶峰时，在柏林流传的传单谴责他的统治是“西班牙式奴役”。[18]

战争对克莱沃公国的影响没有那么大。在这里，就像在整个德意志一样，由于各支军队为控制具有战略意义的莱茵河下游而战，他们征收高额捐税，大肆勒索。但荷兰军队占领了莱茵河右岸的东部地区，为该国带来了资金，恢复了贸易，并加强了与海牙的政治联系。尽管施瓦岑贝格伯爵的干预加上大范围的破坏削弱了勃兰登堡的庄园实力，但克莱沃的庄园仍然和以往一样强大，并继续对附近联合省的政治支持充满信心，即使在战争结束后，这些联合省的驻军仍驻守在许多城镇。[19]

在“三十年战争”期间，普鲁士公国处于冲突最激烈的地区之外，因此让勃兰登堡免遭破坏。在传统上，庄园主大权在握，定期召开全体会议，严格控制中央和地方政府、民兵和领土财政。普鲁士有权向波兰王室上诉，而波兰王室仍在领土上拥有正式的主权，这意味着他们（庄园主）不会轻易屈服。[20]

君主对抗庄园

1640 年 12 月，当弗里德里希·威廉即位时，勃兰登堡仍处于外国的占领之下。1641 年 7 月，勃兰登堡–普鲁士与瑞典人达成了为期两年的休战协议，但掠夺、焚烧和不当行为仍在继续。[21] 直到 1643 年 3 月，弗里德里希 · 威廉才从普鲁士公国中相对安全的柯尼斯堡返回破败的柏林——这座城市已经让他几乎认不出来。在这里，他发现居民数量锐减，人们大多营养不良，建筑物被烧毁或失修。[22] 曾经干扰他父亲统治的困境仍未解决。勃兰登堡没有建立确保自身独立的军事力量。施瓦岑贝格创建的小型军队早已分崩离析，无力再建。在克莱沃公国和马克郡，新选侯只是名义上的君主，这些地方实际上仍被帝国、西班牙、荷兰、黑森州和法国军队占领。[23] 至于波美拉尼亚，在可预见的未来很有可能仍处于瑞典的占领之下。枢密院议员兼选侯的前导师约翰 · 弗里德里希 · 冯 · 洛伊希特马尔在 1644 年的一份报告中总结了勃兰登堡的困境：他预测，只要波兰足够强大就会夺取普鲁士，西部的克莱沃就会在荷兰共和国的控制之下。勃兰登堡站在“深渊的边缘”。[24]

为了恢复君主制的独立性并巩固其领土主张，选侯需要一支灵活并且纪律严明的区域作战部队。创造这样一支军队成为他在位期间的主要任务之一。[25] 这也使选侯与庄园发生了冲突。在 1645 年 10 月给克莱沃庄园的一封信中，他解释道，他需要用自己的军队控制整个公国，以避免被其他竞争对手赶出自己的领地。“既然士兵不能靠风活着”，那么就意味着庄园需要继续提供特殊的财政捐助。选侯解释说，这些捐助很有必要，因为没有占领军就不可能保卫城市：

> 在战争随时可能爆发的时期和百废待兴的状态下，在这种

> 极度需要的时刻（不能总为特权网开一面①），我真诚地希望您不要将这些土地措施，视作蓄意和有预谋地侵犯您此前援引的特权（迄今为止，我们尚未收到详细的报告），这些措施本是基于忠诚和慈父般的关怀采取，以拯救和保护我们的土地（实际上也是为了您和您的福祉），并且希望您不会坚持解散这些付出巨大代价而组建起来的军队或拆除防御工事（如果不是因我们的声誉和我们的国家……曾经遭遇危险和毁灭，就不会有这些）。[26]

这是一堆相当散的论据。“我这样做是为了你自己的利益”是其中之一，但庄园可能会认为不具有说服力。在后来向柯尼斯堡的克莱沃庄园代表发表的声明中，选侯充实了这一主张，并指出，如果各庄园真的截断了资金供应，那么其结果将非常悲惨，因为在选侯的小型武装力量瓦解后，公国将进一步“遭到敌人的袭击和围攻”，从而“陷入毁灭和危险”的境地。[27]更有说服力的是他提到了普遍意义上的紧急状态，使得他对资金的需求更加迫切——有趣的是，声明中使用了一句拉丁文，让语气变得柔和，即使在极端情况下，声明中也没有提出对特权进行全面镇压。我们注意到选侯尚未充分了解有关特权的实际内容，这意味着其对庄园要求的确切范围和法律基础持怀疑态度。最后，声明提醒说，拒绝遵守会给君主本人和他的领地带来灾难性的后果。

这就是选侯为了证明向克莱沃的臣民征税的合理性而提出的理由。其核心是声称选侯别无选择，只能如此行事。“我们仍然充满信

① 此处原文为拉丁文。——编者注

心，”他在 1645 年 11 月给公国官员的一封信中宣称，“他们（庄园）将把这作为不可避免的必要性。”在其他信中也提到诸如“无法回避的需要”或“极端需要”等说辞。[28]

在 1655—1660 年的北方战争期间，君主和克莱沃庄园之间的对峙达到了顶峰。[29]1657 年，弗里德里希·威廉要求筹集 4 000 多名武装人员，并支付 8 万帝国塔勒来资助新部队，涵盖维持驻军和堡垒的费用。选侯在公国的总督拿骚-西根的莫里茨在向各庄园提出这一要求时观察到，选侯已尽可能避免给庄园带来进一步的负担。然而现在选侯的处境是：只有在得到“忠诚的庄园和臣民”的支持下，才能继续他的“实现和平的计划”。他警告说，如果这些人要“抛弃”他，那么选侯的“需要”——在这种情况下，“紧急状态”可能是一个更好的说法——将变得更加紧迫，所期望的和平将更加难以实现。“因为真正的朋友患难见真情”，总督提出，用一种让人想起保护费的逻辑来推理，选侯并不怀疑庄园会成为“朋友”并会帮助自己。[30]

作为对这一要求的回应，克莱沃的庄园，就像选侯的其他领地一样，坚定不移地强调他们的世袭权利和特权。1649 年，勃兰登堡庄园也拒绝批准在波美拉尼亚对抗瑞典的军事行动进行征税，尽管选侯诚恳地提醒说，所有领地现在“连枝同气”，因此波美拉尼亚应该像“选侯的一部分”那样得到支持。[31] 在克莱沃，当富有的城市贵族仍将选侯视为外国闯入者时，庄园恢复了与马克、于利希和贝格的传统“世袭联盟”；领头的发言人甚至把当下的状况与同时代在英格兰发生的动乱相提并论，并暗含威胁要像议会党对待查理国王一样对待选侯。弗里德里希·威廉威胁要采取“军事行动”，这在很大程度上是徒劳，因为庄园得到了仍占领公国的荷兰驻军的支持。[32] 在北方战争期间，当选侯加紧施压时，庄园主们指出，他们的基本职责是确保“后代”的特权不被剥夺。在地方视角的经典论述中，庄园主们解释说，臣民绝对没有“在这场与他们无关的战争中协助选侯”的义务。庄园主们向选侯保证，他们无意冒犯，但事实是他们肩负的“保护特权与公共利益”的责任阻止了他们接受选侯的请求，即使他们愿意也不行。在各庄园的眼中，“对特权的保护”和“公共利益”似乎是一回事。同其他德意志领土一样，地方精英通过援引“祖国”的权力来回应国王的要求和单方面措施，即保护其“古老的宪法”是每个高贵的“爱国者”的职责。[33]

在普鲁士公国，波兰王室常驻的主权，让选侯与庄园的谈判变得复杂。庄园拥有向完全不受选侯控制的司法管辖区提出上诉的权利。只有在将监护权移交给勃兰登堡选侯之后不会削弱庄园特权的前提下，他们才会认可霍亨索伦对公国的要求。弗里德里希·威廉继位前的半个世纪出现了矛盾的趋势：一方面，庄园权力的扩大加强了公国贵族的优势地位；另一方面，在 17 世纪 20 年代以及 30 年代，普鲁士庄园和勃兰登堡政府之间出现了和解的迹象。[34] 但在普鲁士，正如在所有其他霍亨索伦地区一样，庄园对选侯的征税请求犹豫不决，对选侯推出的任何可能损害他们传统豁免和权利结构的举措都会提出抗议。

在霍亨索伦地区，就像在德意志和欧洲的其他地方一样，中央行政机构和地方权力之间的冲突包含许多问题——例如，就外交政策的关键问题进行磋商的权利、反对开征新税的权利、被称为“本地权利”的特权（地方官员的任免权）以及地方庄园对军队的控制权等。人们不应该把这种对抗绝对化：勃兰登堡选侯并没有全盘废除特权，其在原则上从未否认“古老起源”的论点，尽管他的议员们有时确实指出了这些论点所具有的意识形态和操纵性质。[35] 连接君主和地方贵族的“规范结构”被拉长了，但没有被打破。[36] 弗里德里希·威廉无意像 20 世纪初的一些历史学家所认为的那样，将自己的国家转变为统一的中央集权政体。然而，他不得不一次又一次地说明，各庄园和其所代表的地方贵族应将自己视为整体的一个部分，从而有义务进行协作，维护和捍卫君主的所有土地，追求其合法的领土要求。[37]

这种看待事物的方式对庄园来说是陌生的，他们将各自的领地视为独立的法律实体单元，与选侯个人垂直相连，彼此之间并非水平相连。由于勃兰登堡的马克庄园将克莱沃和普鲁士公国视为“外国省份”，因此认为后者对勃兰登堡不能提出资源要求。出于同样的原因，弗里德里希·威廉对波美拉尼亚进行的长期战争仅仅是君主私下的“不和”，在地方贵族看来，选侯无权扣押其臣民来之不易的财富。[38] 这些争论是在政治和法律理论两极分化的背景下展开的：虽然一些权威人士支持君主的野心，但另一些贵族则坚持庄园的古老特权，认为未经其协商和同意而征收任何税收都属于非法。[39]

历史性的形式

庄园以与过去的连续性为理由来论证他们的观点。面对选侯及其官员对金钱或其他资源的要求，庄园坚持延续和严格遵守“特殊特权、自由、条约、王室豁免、婚姻协议、领土契约、古老传统、法律和正义”。君主的干预是非法的，因为这些干预属于创新。它们代表了与过去实践的决裂。而“传统”的特权、权利、自由等之所以合法，乃是因为它们是古老的。庄园的话语带有一种对旧事物的基本尊重：在这个世界，权利和法律之所以具有价值并受到尊重，就是基于其长期存在的事实。[40] 对庄园而言，复归的文件记载着父辈以及祖父辈的特权和自由，这些文件得到了历代君主一次次的确认。这可能看起来像是对财产继承权的诉求，但它是某种更宏大、更分散的内容：这是对古代权力和惯例的一种建构性的集体记忆。从这个意义上说，庄园是“法律记忆文化”的典范，这种文化是德意志地方精英的特质。[41] 在庄园向柯尼斯堡选侯管理机构提出的一份选侯保证书的草案中，普鲁士公国的庄园代表们为自己的传统自由找到了更广泛的表述：

> 我们承诺保护所有值得称颂的旧秩序、习俗、传统和惯例、租约和其他许可证、合同、货物和动产、协议、信函和印章、豁免权、管辖权、财产、个人义务和赦免，使其原封不动地保持稳定，这些权利是尊贵的庄园从德意志骑士团的时代一直到现在拥有行使和支配的，无论是通过骑士团、国王陛下、波兰王室，还是从我们可敬的祖先那里，勃兰登堡的侯爵和选侯们，我们承诺无论是在和平时期还是在战争时期，不得以任何方式或形式损害这个传统。[42]

相比之下，正如我们所见，选侯弗里德里希·威廉根据国家及其民众的需求提出干预和修改这些安排的主张。对于庄园的“自由”，他反对中央行政机构的“必要性”，因为这种必要性在某些情况下可能成为解散或暂停长期存在的传统安排的理由。

这一论点，可以用两种模式阐明：这可能只是意味着在紧急情况下，中央行政机构有权中止某些惯例安排。这就是选侯在 1646 年给克莱沃庄园的信中使用拉丁文试探的含义：他建议在紧急情况下，“不能总为特权网开一面”。[43] 选侯在克莱沃的官员代表丹尼尔·魏曼对同一论点有奇怪的诠释，他描述了 1657 年 3 月的一次会议，在那次会议上，他遭到了庄园代表的质问，他简洁地表明“特权以不存在紧急情况为前提”。[44] 但在更激进的观点中，认为若需要或情况紧急，在任何时候都可以从原则上允许中央行政机构及其“需要”凌驾于地方精英一贯的“自由”之上。在魏曼 1657 年 3 月 22 日的日记中，写下了一段有趣的文字，是他与一群选侯的官员的谈话。他在谈话中表示，最好忽视庄园的集会和抗议，可以在未经地方批准的情况下无限期征兵和征税，因为“必要性不受法律约束，并解除所有义务”[45]。

自由主义的地方精英捍卫者着眼于过去，以及过去与现在的多重连续性。对地方贵族而言，“后代”是为子孙后代保留过去所确立的权利。[46] 相比之下，选侯当局着眼于未来，除了对未来危害的预测和预防计划，还有什么是“必要的”？未经批准而设立新税种、征税、征兵是为了在面向未来危险、未来入侵风险以及在未来和平谈判中保障自身利益。作为选侯，与欧洲各地的宫廷保持通信联系，肯定比那些只关注本省或地方的庄园更能提前意识到风险和机会。正如他自己明确指出的那样，防范潜在威胁意味着要解读欧洲政治的当前趋势：

> 尊贵的庄园（他在 1645 年向克莱沃代表团发表的声明中指出）也将铭记，罗马帝国当前的状态正朝着如此危险的方向发展，以至我们长期以来所希望的和平与安宁的前景渺茫，如果仔细考虑一下，那么可以肯定的是，没有哪位君主的土地和人

民比克莱沃、波美拉尼亚和其他世袭领地更危急；事实上，目前他的整个选侯领地处于平衡状态，接下来是选侯获得发展优势，还是选侯以及领地最终毁灭和垮台，这取决于（庄园）。[47]

这个论点假定选侯和他的官员们比他的臣民更能判断哪些危险最为紧迫，以及如何最好地解决这些危险。庄园当然没有义务去接受这一推定。其可以而且经常质疑君主的推理，甚至换作地位更加卑微的臣民也是如此。1640 年夏天，随着选侯在柯尼斯堡（柏林仍然是禁区）新上任，一群自由小农、自由农民和其他“特权人士”聚集于普鲁士公国的萨姆兰、纳坦根和奥勃兰地区的庄园，在总抗议书中增加了一个附录，其中提到，征召年轻人“到国外”服兵役，不仅不能加强国家安全，反而产生了相反的效果：“请记住，如果发生不测（上帝保佑），那么我们能够调用的最强战斗力量身处国外，我们这些可怜的老人……必须亲自上阵，而我们的战斗力几乎为零。”[48]

1651 年，马克郡的庄园提出了异议，质疑就当前的国际形势而言，是否有必要在其狭小的领土上维持一支昂贵的选侯军事特遣队。这里的背景是，与法国交战的西班牙仍然占领着普法尔茨的弗兰肯塔尔。洛林的查理四世的领地将阿尔萨斯与法国的主要领土分隔开来，他也与路易十四交战，后者仍在努力争取对整个国家的控制权。但马克庄园怀疑这是否会对自己的国家构成威胁。其争辩说，洛林人现在已经伤亡殆尽，西班牙国王似乎打算离开弗兰肯塔尔并将其归还给海德堡选侯：“这样在神圣罗马帝国中既不需惧怕敌人，也不需惧怕敌对行动，因此我们与帝国的其他臣民和庄园一样都有权享用和平的甜蜜和高贵的果实。所以选侯将不再需要维持如此多的高阶和开支巨大的军官、委员和军队。”[49] 在这里，中央政府优先于地方政府的观点受到质疑：马克的代表暗示，从他们在莱茵兰地区的位置来看，他们更能理解自己地区权力平衡的变化（尽管出于战术原因，他们似乎接受了必要性的说法，仅限于质疑它是否适用于当时这种情况）。

此外，君主声称自己可以抵御迫在眉睫的危险是一回事，而自己促成或先下手去制造威胁又是另一回事。1651 年，在回应克莱沃庄园的申诉时，选侯告诉对方，他打算继续在各省维持他的军队，并希望庄园向他支付 12 000 塔勒作为庄园的支持。但选侯也向庄园保证，他不打算使用这些部队“继续进行任何敌对行动”，只是“防止外国人入侵”。[50] 当庄园代表以不存在迫在眉睫的威胁迹象提出反对时，选侯则以古老的智慧做出回应，称人们绝不能被表面上的和平愚弄：例如，尽管公开宣布停火，但他的老对手诺伊堡的军队仍在集结并继续对勃兰登堡的领土构成威胁。一旦诺伊堡人停火，选侯就会停火。[51]

从理论上讲，危险的消退就像它们的出现那样迅速，这给庄园埋下了希望的种子。选侯在 1645 年 12 月向克莱沃代表发表的声明中保证，当前的财政政策只有在危险迫在眉睫的情况下才会实施：“选侯阁下向各庄园及其代表保证，所有这些迫不得已的事情，丝毫不会损害他们有据可查的特权和传统，他们应该相信上帝，这些负担不会存在很久，即便不能立即完全取消，也有希望很快得到减轻。”[52] 问题在于，地方领地的本地化安全考量与行政当局的政治努力之间始终存在着分歧，后者既要保护君主遗产中的零散领地，又对邻近的领土提出了要求。随着选侯政治视野的拓宽以及他的武装力量的壮大和完善，勃兰登堡开始成为北欧重要的区域力量，君主和地方观点之间的差异变得更加明显。[53] 在1655—1660年的北方战争期间，选侯的军队增至25 000人。通过先站在瑞典一边，然后站在波兰帝国一边，选侯成功阻止卷入冲突的列强将他排除在普鲁士公国之外。弗里德里希·威廉在1658—1659年被任命为勃兰登堡-波兰-帝国联军指挥官以对抗瑞典人，这标志着弗里德里希·威廉在区域政治中的影响力越来越大。随后一系列成功的军事行动接踵而至，先是在石勒苏益格-荷尔斯泰因与日德兰半岛，后来又在波美拉尼亚。

奥地利军事战略家蒙泰库科利伯爵睿智地观察到，“只要稍有不便，联盟就会被解散，（这是）联盟的性质”[54]。为了支撑不断壮大的军队，弗里德里希·威廉需要外国的补贴。频繁的联盟转换迫使潜在的合作伙伴陷入竞购战，从而推高了联盟的成本，使选侯能够用不那么令人厌烦的外部政治资金来补充捐款和新税收。联盟的快速交替也反映了勃兰登堡安全需求的复杂性。西部领土是否完整取决于与法国和联合省是否有良好关系，普鲁士公国是否完整取决于与波兰是否有良好关系，勃兰登堡的整个波罗的海沿岸是否安全取决于能否将瑞典人拒之门外，选侯能否维持地位和他在帝国内的继承权取决于与皇帝是否有着良好（或至少是正常的）关系。这些需要的相互作用产生了不可预测的、快速变化的结果。正是这种困境给与王权关系紧密的决策层带来了相当大的压力。例如，在1655—1656年的冬季，当选侯在北方战争开始阶段思考依靠哪一方时，瑞典和波兰派系在大臣和顾问甚至选侯自己的家族中形成。由此产生的不确定性和优柔寡断的情绪促使选侯最具权势的议员之一抱怨道，选侯和他的顾问“想他们不想要的，做他们认为他们不会做的事情”[55]。在从一个合作伙伴转换到另一个合作伙伴时，选侯听从了波美拉尼亚加尔文宗枢密院议员保罗·冯·富克斯的建议，后者敦促选侯不要与任何一个合伙人绑定，而要始终遵循“钟摆政策”。[56]

联盟关系的突然变化，表明了外交政策的复杂性甚至不透明性，使君主和庄园之间的关系更加沉重。后者有时不愿意（尽管这个问题在选侯的核心领地勃兰登堡不那么明显）跟随迂回曲折的选侯政策。在1657年5月24日寄给选侯的一封愤怒的投诉信中，克莱沃庄园对可能卷入与波兰战争的前景感到沮丧：“我们感到自己有责任，因为我们有义务维护特权和公共利益（如我们先前的谏书所言），因为我们害怕因疏忽而犯罪，从而让我们自己卷入这场目前看仍遥远的冲突中，像选侯的其他土地和人民一样走向毁灭，被火和剑蹂躏，并陷入痛苦和被囚禁之中。”[57]事实上，接下来的是与瑞典而不是与波兰的战争。但这仅仅表明，对庄园而言，在涉及选侯土地安全的问题上维持共同仲裁的主张是困难的。在君主先发制人的情况下，可能无法确切证明凌驾于传统特权之上的“紧急状态”，是否真的具有外在的属性。庄园多次告诫选侯不要主动挑起冲突。[58]

谁有权确定威胁状态不再存在？在越来越多的时候，选侯垄断了这种权力。他希望自己的臣民接受他对“信任”的解释。1659年，选侯为了波美拉尼亚展开反瑞典人的军事行动，当克莱沃庄园再次抱怨由此带来的负担时，选侯回应称，他万分乐意废除这些强制措施。“但我们深信，你们会理智地考虑当前的形势，从而了解到我们要维持军事力量并采取适当措施捍卫领土有多么困难。（因此，我们希望你们继续提供帮助，）以便我们能够果断地完成军事行动以追求我们的正义事业，让我们的国家实现长治久安。”[59]

但是，如果选侯被证明不愿意撤除因迫切需要而引入的变革，即使他所谓的紧急情况明显没那么急迫甚至已经完全消失了呢？1650年勃兰登堡的庄园质问道，既然和平已经重建，我们为什么还要继续为你的军队买单？“一旦缔结和平，选侯殿下肯定会承认，维持军队是自愿行为，而不是必要的补贴。”[60] 普鲁士公国的庄园在1661年抱怨道，选侯本人于1655年在向普鲁士公国的庄园议会提交的提案中承诺，“一旦紧急情况结束”，他就会解散军队并取消新设的消费税。但即便在6年后，当威胁不再迫在眉睫或显而易见时，选侯也没有采取任何措施来改变这些安排。[61]

到了1683年春天，选侯已经统治勃兰登堡–普鲁士43年，勃兰登堡庄园重提了其以前的控诉。选侯不仅一再让庄园背上“超乎寻常的负担”，而且也未能遵照传统在引入新税种和征税前与庄园协商一致。在他的回复中，选侯尽显一位疲惫君王的神态，为子民的忘恩负义而挠头。选侯写道，在勤政为民这么多年之后，他震怒于收到这封无端抱怨的信。他以一段警告结束回信，证明所施加的负担是合理的。选侯说，引入这些不是为了压迫或剥削庄园，而是出于“不可规避和不受法律控制的紧急状态”，天降灾祸，而在它面前，庄园所援引的令人反感的基本法律不得不让位。而灾祸何时会过去？这篇文章表示，要想恢复真正而持久的和平，远非选侯力所能及。“我们在上帝的面前祈求拥有更好的日子，祈求邻居能够像我们祖先曾经在上帝那里安息时所拥有的那样崇尚和平，这样上帝的仁慈可以让我们安享晚年，这样当我们去世时也能够心满意足，因为我们已经给国家带来了期待已久的安宁。”[62] 随着“必要性”的意思被激进化，从临时性的干预措施转变为中央权力的常设工具（一个更全面的、新的财政制度，一支常备军等），紧急状态也被拉长了。它越来越少地涉及一种明确而现实的危险，越来越多地关乎一种永久性的预期态势，一个专注于未来突发事件的安全装置。

这种预期不仅限于姿态或话语，其对选侯政府结构的深度影响可以追溯到他所建立的机构。勃兰登堡战役军队急剧壮大（如果这种增长不是很稳定的话），从1641—1642年的3 000人增加到1643—1646年的8 000人，1655—1660年北方战争期间增至25 000人，17世纪70年代荷兰战争期间增至38 000人。在选侯统治的最后10年间，军队的人数在20 000~30 000人波动。[63]在统治初期为特定战役而集结的临时部队逐渐演变成常备军。1655年4月，按照最新从法国引入的军事管理模式，一名战事总务专员就任，负责监督军队财政和其他资源的处理。这一创新最初被认为是一种临时的战时措施，后来被确立为领土管理的永久特征。1679年后，在波美拉尼亚贵族约阿希姆·冯·格伦布科的指导下，战事总务专员将其影响范围扩展到整个霍亨索伦领土，逐渐取代了传统上在地方一级监督军事税收和纪律的庄园官员的职能。发动战争与发展国家的中央机关之间的协同是一个新事物，只有当战争机器脱离其传统的地方贵族基础时才成为可能。

庄园围绕着从过去继承的正常状态与其不时向选侯做出的重大让步之间的对立展开了争论。从某种意义上说，选侯使用“紧急状态”这个表述，实则是在鼓励或者允许这种观点。但随着时间的推移，选侯开始有了别的意思：“新常态”根本无法固定在传统权利的基础上，而要对不断变化的需求、时刻发生改变的“时势”和“趋势”做出回应。简而言之，对我们所谓的“历史”做出回应。

信仰的动力？

除了机械地将未来的威胁转换为当前的必要性，选侯的论点中是否隐含着更多面向未来的表述？未来可能带来的危害将责任强加于现在，这一主张阐明了一种历史性，在这种历史性中，过去对现在的权威被削弱了。相反，它赞成一种敌视传统（或者至少是传统本身）的推理模式，并准备将未来部署为反对继承权和权力结构的论据。

我们很难辨认，这种面向未来的历史性是否包含在更具反思性、对更宏大历史运动的意识中，更何况这位君主并没有给予思辨或哲学性的思考。然而，他确实有意识地追随了至少一种同时代的复杂哲学结构，即加尔文主义的神学信仰。弗里德里希·威廉是第一位父母都信奉加尔文宗的勃兰登堡选侯。在霍亨索伦家族历史上，也首次出现了“弗里德里希·威廉”这样的组合名字，旨在象征柏林（威廉是他父亲的姓）和信奉加尔文宗的巴拉丁（他的叔叔弗里德里希五世）之间的联系。从这一代开始，霍亨索伦家族才真正实现了信仰转变，而最早可上溯到其祖父约翰·西吉斯蒙德于 1613 年皈依加尔文宗。

统治者与民众之间的信仰分歧是勃兰登堡–普鲁士历史的有趣特征之一。约翰·西吉斯蒙德的皈依使霍亨索伦家族走上了新的轨道。它加强了王朝与 17 世纪早期帝国政治中小而好斗的加尔文主义国家阵营的联系。它提升了开始在中央政府发挥重要作用的加尔文主义官员的地位。但它也将选侯置于一个宗教阵营，而 1555 年的《奥格斯堡和约》对此没有做出任何规定。直到 1648 年出现《威斯特伐利亚和约》，在神圣罗马帝国复杂的信仰环境中，加尔文宗被载入一项具有约束力的条约，该派教徒才被接纳。君主的皈依也在王朝与民众之间形成了深深的信仰鸿沟。这是因为在16世纪末期的勃兰登堡存在一种领土“认同感”，这与路德宗密切相关，路德宗的神职人员遍布全国。

约翰·西吉斯蒙德最初相信，自己的皈依将标志着“第二次宗教改革”在勃兰登堡的普及——而且很大程度上是自愿的。选侯和他的顾问们认为，如果能以令人信服且通俗易懂的方式呈现加尔文宗教义的内在优越性和清晰性，就足以将其推荐给绝大多数臣民。但在这一点上，他们错了。路德宗信徒网络坚决抵制任何可能进一步将勃兰登堡转变为加尔文教派的措施。[64] 路德宗信徒的力量最终迫使约翰·西吉斯蒙德和他的加尔文主义顾问放弃了进行第二次勃兰登堡宗教改革的希望。他们转而选择了“宫廷改革”，其宗教能量逐渐消失在政治精英的边缘地带。[65] 但是路德宗信徒与加尔文宗信徒之间的对抗情绪需要很长时间才能消退，其紧张程度随着教派论战的潮起潮落而波动。[66]

当1640年大选侯弗里德里希·威廉掌权时，情况仍然如此。1646年，弗里德里希·威廉与19岁的路易斯·亨丽埃特结婚，其父亲弗雷德里克·亨德里克是奥兰治亲王以及荷兰、泽兰、乌得勒支、古尔德斯和上艾瑟尔的总督。弗里德里希·威廉通过这种方式，使他的家族与加尔文宗信仰的联系得以加强。在1648年为《威斯特伐利亚和约》铺平道路的于明斯特举行的国际谈判中，他成功争取到将加尔文教派列为神圣罗马帝国官方允许的宗教。[67] 然而，在他的领地内，信仰紧张的问题仍然存在，特别是在普鲁士公国，这是一个坚定的路德宗国家，由追随路德宗传统的贵族精英统治。威廉在那里度过了执政的初期岁月，直到1657年才主政。

1642年，也就是大选侯执政仅两年的时候，他对柯尼斯堡的路德宗论战家提出的质疑进行了非常愤怒的回应，后者指责他更新霍亨索伦计划来实现“第二次宗教改革”。在勃兰登堡宫廷正探索与瑞典路德宗王室结成王朝联盟的可能性之际，这种发展尤其不受欢迎。[68]在给他的议员的一封信中，选侯对威胁了普鲁士公国公共生活的神学争吵和辱骂表示遗憾。宗教分裂的灾难性后果在整片德意志土地上都可以观察到——设法摆脱了最严重的战争动荡的普鲁士路德宗臣民应该从中吸取教训。选侯提议，最好的行动方针是“我们的神学家与我们的议员、庄园和高级侍官之间当面进行友好和平的讨论”。在这样的背景下，每一点都可以被仔细审查，在需要进一步阐明的地方，双方都可以提供信息。[69]

在拒绝这一提议时，柯尼斯堡的路德宗神职人员从延续传统的角度出发进行论证，该论点与庄园社团主义的特权论非常相似。他们认为，在没有事先谴责教改者的“错误言论和不正确的教义”的情况下就进入讨论，那将是“半异教徒”。特别具有启发性的是，各庄园为支持这一主张而提供的《圣经》参考资料——《列王纪下》的第 17 章。《列王纪下》中的这段文字讲述了古代撒马利亚的数千名以色列人如何被亚述人俘虏，并在亚述人控制的土地上重新定居的故事。这些俘虏被新的政治领袖同化，抛弃他们的旧宗教，无视上帝通过先见者和先知的口所说的，要“谨守我的诫命律例，遵行我吩咐你们列祖的一切律法”的命令。他们“厌弃他的律例、他与他们列祖所立的约，以及劝诫他们的话”[70]。简而言之，论述是这样展开的：如果普鲁士路德派默许选侯的提议，他们就会像撒马利亚不忠的以色列人一样，背叛了他们由来已久的契约。为此，他们补充了一个来自法律权威的论点：1525—1568 年的普鲁士公爵阿尔布雷希特的政治遗嘱规定，不得篡改路德宗在公国至高无上的地位。[71] 选侯提议的讨论会未能举行。1662—1663 年，路德宗和加尔文宗的神学家座谈会最终在柏林选侯宫举行，而这场会议不过是加剧了两个阵营之间的分歧，并引发了新一轮相互谴责的浪潮。[72]

在选侯与庄园的争论中，我们可以辨别出两种对立的时间性。参加座谈会的邀请暗示着，一个开放式的讨论过程在将来可能会解决所有剩余的分歧。相比之下，路德派认为，以传统形式援引的过去，将义务强加给了现在。“宽容”一词经常被用来描述选侯对他自己土地上加尔文宗–路德宗的分歧进行政治管理的方式，选侯信仰的少数派地位将宗教宽容作为普鲁士公共生活的永久和结构性特征的做法在古老文献中很常见。[73] 这个时代最有影响力的加尔文教徒确实使用了和平主义的语言来描述两种信仰之间的关系。[74] 然而，如果我们使用“宽容”这个标题，就会忽略选侯采取的措施的党派特征以及他在自己领土上巩固改革宗教徒地位的持久决心。[75] 根据 1644 年 9 月颁布的“宽容法令”，加尔文宗和路德宗的神职人员被命令不许相互贬低；所有传教士都必须通过签名和提交预先分发的回执来表示接受这一命令。[76] 然而，该法令的影响是极不对称的，因为神学论战几乎完全源于对加尔文宗入侵感到担忧恐慌的路德宗信徒。只有路德宗的传教士反对法令的条款，拒绝提交回执的人被立即解雇了。[77]

除这些措施外，还有许多其他措施。只要有可能，选侯就会任命加尔文教徒出任高级法院和政府的职位，他将路德宗的抗议视为激化选侯与臣民之间互不信任的无理取闹的行为。加尔文教徒在枢密院的主导地位和管辖权的扩大，是以牺牲路德教会的利益为代价的。路德派传教士承受着反复无常的审查条例的威胁：在一个案例中，一名教士因敢于在布道中提及选侯的伟大事迹，以及他的路德宗对手瑞典国王卡尔十世·古斯塔夫的事迹而被驱逐出勃兰登堡。人们一直努力将勃兰登堡的路德宗与路德宗的诞生地维滕堡隔离开来，剥夺他们积极组建跨领土网络的权利。新加尔文教区和教堂应时而生，选侯为在路易十四的法国受迫害的胡格诺派——也是加尔文教徒——提供庇护的著名政策也达到了同样的目的，因为这个政策为他的国家带来了数以千计的加尔文宗同胞。[78] 假如对这些努力的协调性和系统性有任何疑问，选侯在政治遗嘱中给他的继任者提出了这样的建议："如果在他的土地上存在着改革宗的臣民，（他们）就会先于他人被指派到法院和全国各地的服务和办事处，如果在勃兰登堡找不到这样的人，就接纳外国人，而不是路德宗的人。"[79]

鉴于改革宗从未超过勃兰登堡-普鲁士总人口的4%，这些措施永远不会改变整个国家的宗教性质，尽管它们确实意味着勃兰登堡和波美拉尼亚的行政人员中加尔文教徒会变得越来越多，而路德派人士则逐渐减少。相比之下，在普鲁士公国，许多机构历史悠久，路德宗精英充满自信，选侯的影响力较小。这里我所感兴趣的点只是"信仰"的动力持续存在。选侯没有退出纷争，也没有从宗教中立的角度监督加尔文教派和路德教派之间的宗教和平。他仍致力于对法院和政府进行"加尔文化"。这样做是因为他坚持认为，改革宗信仰植根于《圣经》所启示的真理，代表了比路德宗的救赎更大的进步。

很难说这种信仰告白的介入对选侯的历史性的形成有何影响。他是基于自己的信仰提出纯粹的主张，还是仅仅为了确保加尔文宗的政治优势以巩固自己的权威？正如我们所见，在政治遗嘱中，弗里德里希·威廉肯定了捍卫《威斯特伐利亚和约》所体现的新秩序的重要性，该和约是第一个将加尔文宗列入神圣罗马帝国"宽容"教派的国际条约。但是，当他提议在两个新教教派之间举行座谈会和会议时，他并不支持宗教和平本身（无论出于公共秩序和政治利益的原因多么重视它），而是试图促使路德宗与改革宗达成协议。选侯禁止公众使用“第二次宗教改革”这个表述，因为它是路德宗的论战者用来煽动恐慌的，但他在处理两个教派之间的关系时隐含着一种替代逻辑。

当然，从本质上说，加尔文主义神学的历史性也具有递归性，从某种意义上说，它强调早期教会未受玷污状况的一种“回归”。对他们来说，早期教会不是一种“传统”，也不是继承得来的；对改革宗而言，教会仅仅是教徒记忆中的与基督交融的实例，这种交融在未来和过去是一样的。加尔文主义与基督超历史的联合，对信徒而言，标志着与中世纪和早期宗教改革神学的彻底决裂。它开辟了一个新的时间视界，由一个遥远的上帝与始终由信仰确保的团体的承诺结合而成，在这个视野中，此在的世俗世界一切皆有可能和“可建造”。对于在尘世建造基督王国可能性的理解，改革宗提出了一种行动的动力，这种动力是路德宗教义所没有的，该教义在本体论上将两个王国（天上和地上）分离。加尔文主义神学本身并没有提供一种历史哲学，但它确实提供了一个框架，在这个框架中，有足够的空间来感知、评估和管理当前和未来意外事件的混乱特性。[80] 因此，作为一种神学思想，加尔文主义增进了近代早期欧洲政治合理化的更广泛的转变。马基雅维利推广的“话语方法”在 16 世纪末和 17 世纪的德意志各州传播，它倾向于取代权威和普遍原则的论点，转而支持对尚未确定的未来的政治选择进行权衡。[81]

改革宗神学的这些特征反映出选侯的早年经历。由于其父亲领地上军事危机的恶化以及流行病席卷勃兰登堡，14 岁那年，他被送到安全的荷兰共和国，在那里度过了 4 年时光。他在莱顿大学接受了法律、历史和政治学教授的指导，莱顿大学是当时流行的新斯多葛国家理论的中心。王储的课程强调法律的威严、国家作为秩序保证者的尊严，以及主权职位的职责和义务的核心。新斯多葛派特别关注军人服从国家权威和纪律的需要。[82] 但在课堂之外，在荷兰城镇的街道、码头、市场和广场上，弗里德里希 · 威廉学到了最重要的课程。

17 世纪初，荷兰共和国正处于其权力和繁荣的巅峰。60 多年来，这个信仰加尔文宗的小国在对抗天主教的西班牙的军事力量中成功地争取到了独立，并将自己打造成欧洲最重要的全球贸易总部。“让我们以勇敢的荷兰人为例，他们在击退罗马人（即哈布斯堡王朝）后被称为自由的推动者”，加尔文派牧师约翰 · 贝吉乌斯写道，他是大选侯值得信赖的献言者和宗教顾问。[83] 就他们在经济繁荣、物质文化以及政治生活的高水平和成熟方面来讲，联合省是“欧洲第一个国家”。[84] 他们的有序、繁华的城市是某种生活方式具有优越性的有形论据。他们拥有健全的财政制度和具有明显现代特征的独特军事文化：军队在实战演习中定期和系统的训练、高度的职能分化以及一支纪律严明的专业军官队伍。弗里德里希 · 威廉有充分的机会近距离观察共和国的军事实力——他于 1637 年在布雷达的荷兰营地拜访了他的东道主和亲戚奥兰治总督弗雷德里克 · 亨德里克亲王，荷兰人在那里夺回了 12 年前被西班牙人占领的据点。

在整个统治期间，弗里德里希 · 威廉努力按照他在荷兰所观察到的形象重塑自己的国家。1654 年，他的军队采用的训练制度是以奥兰治的莫里斯亲王的军队训练标准手册为基础的。[85] 他以优惠条件鼓励荷兰移民到勃兰登堡定居。弗里德里希 · 威廉一直坚信“航海和贸易是一个国家的主要支柱，通过航海和陆上制造业，国民可以获得食物和维持生计”[86]。因此，他一再努力不惜一切代价与瑞典顽强对抗，来确保对波美拉尼亚的控制。[87] 他开始专注于这样一个想法：与波罗的海的联系将使勃兰登堡变得活跃和商业化，并带来财富和权力，正如阿姆斯特丹这个引人注目的例子所展示的那样。在 17 世纪 50 年代和 60 年代，他甚至为尚未拥有的商船进行国际商业条约谈判，争取特别贸易优惠。[88] 简而言之，弗里德里希·威廉不仅将加尔文教派视为一个信仰团体，而且将其视为一个他认为在文化和物质上都具有优越性，且值得效仿的一个国家的富有活力的民族精神。正如彼得·伯克所观察到的那样，“主权国家和政府对外国模式的效仿意味着，现在的行动可能会使他们的国家在未来走向繁荣”[89]。

选侯成为历史

在 1656 年夏天的华沙战役中，8 500 名勃兰登堡士兵与瑞典国王的军队联合击败了一支庞大的波兰–鞑靼军队。选侯弗里德里希·威廉写了一篇关于这个事件的简短记录并下令在海牙出版。他希望通过这种方式来抵消当时瑞典对战事的报道，瑞典的报道低估了勃兰登堡——特别是选侯——对胜利的贡献。[90] 选侯的叙述清楚地表明，盟军的成功是由于采取了双路进攻的战略，其中勃兰登堡选侯亲自指挥并领导左翼，受到敌人炮火的直接攻击，并在从波兰人手中夺取高地控制权方面发挥了关键作用，这才使得盟军可以对敌人进行密集的轰炸。[91]

这种将自己置于所处时代的编年史上的小小努力极具价值，因为这是一个日益意识到新闻事件与“历史”记录之间关系密切的世界，它们都会遗留给后代。把新闻与历史相结合最生动的体现就是由法兰克福印刷商、雕刻家和企业家马特乌斯·梅里安发起的版画项目《欧洲舞台》（见图 2）。梅里安和他的合作者以及继任者编纂了一系列长达 400~1 500 页的插图丰富的书卷，一部包罗万象的近代史。这部作品的第一卷于 1633 年出版，涵盖了 1629—1633 年的事件。两年后出版的第二卷将故事追溯到 1618 年“三十年战争”爆发初期，当该卷

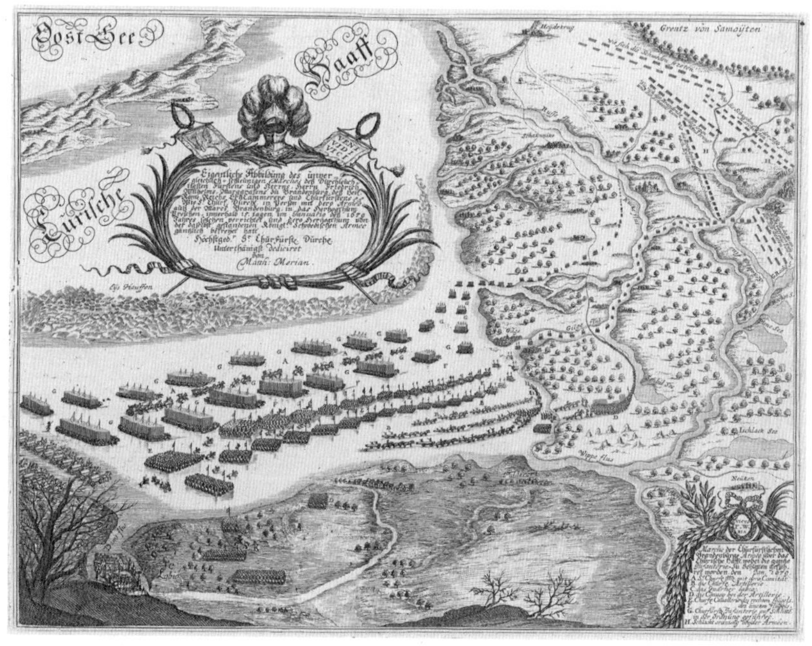

图 2 《欧洲舞台》的版画，展现了大选侯于 1679 年率军进入普鲁士公国，让在那里驻营的瑞典军队大惊失色

来 源：Anon., *Theatri Europaei Eilffter Theil Oder: Außführlich fortgeführte Friedens und KriegsBeschreibung*[…] (Frankfurt/Main, 1682), 1466. 来自作者自己的收藏

出版时，“三十年战争”仍在肆虐中欧。此后，该项目以 2~8 年出版一卷的速度推进，直到 1738 年，由至少 10 位不同作家撰写了另外的 19 卷。从一开始，出版商和与之合作的作家就希望在叙事中捕捉更宏大的历史全貌，避免党派观点损害任何特定党派或个人的利益，并寻求“简单地将历史故事展现出来”[92]。

《欧洲舞台》一直都以其技术上的野心而著称，尤其是插图的质量和丰富程度。在其所描绘的“剧场”中，君主和政治家占据着显要位置。在欧洲的框架下，他们是故事中的动人部分。但是《欧洲舞台》最显著的特点是它将欧洲历史视为一个相互关联的系统，其“动乱”和重组将欧洲大陆的国家联系在一起，形成了一个命运共同体。[93] 编辑宣称，对这种历史的需求非常迫切，不仅是因为明智的社会总是受益于对自己所处时代的了解，还因为近代欧洲历史的暴力和毁灭使同时代人有义务描述“我们世界的发展进程，以便了解我们为什么开始（战争的动荡），我们如何管理它，并大致了解我们以何种原因、在何种机缘之下给土地和人民带来了如此不幸的破坏和摧毁”[94]。将从神圣罗马帝国各城市出版的 40 多种周报中提取的材料编织在一起，由此形成的历史书写使人们有可能想象出即将到来的未来的模样，不是预先设定的计划得到了实现，而是像还未刊印的报纸一样空无一物，还在等待着强力者的行动和事件将其填满。[95] 这正是选侯在与庄园的交流中经常提到的“时势”和“趋势”的世界。

路易十四在他的《回忆录》中指出，君主应该将他们的言行都记录下来留给“所有的后代”，这本书则是为他的继任者准备的机密文本。[96] 选侯则不像他的这位法国同代人那样，他从未展开过一种历史性的自我记忆的崇拜，但他确实开始有意识地通过一个想象中的后代的视角来感知自己以及本人的成就。从1650年起，选侯采取了一些措施以确保宫廷历史学家正常履职。第一个被委任者是图书管理员约阿希姆·胡布纳，但他的作品并未完成，因为他在1661年因拒绝去教堂做礼拜遭到投诉而被解雇。[97] 1664年，选侯选中了联合省格罗宁根大学的马滕·肖克，付给他丰厚的薪水，让他撰写勃兰登堡的历史。1667年，肖克完成了《马克的历史》第一部分的手稿，但写得太差了，19世纪时一位评论家对其尖锐地评论道："一年后肖克的死亡导致作品的创作被中断，但没必要为此感到懊恼。"[98] 另外两名被任命者——法国冒险家和加尔文宗皈依者让-巴蒂斯特·德·罗科勒斯以及有着荷兰血统的柯尼斯堡人马丁·肯彭接手后放弃了这项任务，没有留下任何值得关注的内容。

格雷戈里奥·莱蒂于1687年以意大利语和法语出版的两卷本勃兰登堡王朝编年史命运曲折，没有得到官方授权，但选侯确实奖励了作者一枚价值100达克特的奖章和500塔勒的现金礼物。[99] 莱蒂的书，其内容是一连串极其混乱的剪影和描述，穿插着对选侯及其最杰出官员的空洞的歌功颂德，堆砌着颂词式的段落。但有趣的是，第一卷在柏林因未能公正评价选侯在1656年华沙战役中的成就而受到批评——这表明华沙在当时已作为选侯统治的历史地标进入公众意识。[100] 无论是肖克的古典主义调查还是莱蒂杂乱无章的颂词都没有给后来的普鲁士史学留下任何明显的影响。

更为成功的是1686年被任命为宫廷史学家的普芬多夫，他对弗里德里希·威廉的统治所作的全面而老练的描述，标志着勃兰登堡史学的新起点。选择普芬多夫是很具说服力的。在作为法学家、政治理论家和历史学家的漫长职业生涯中，普芬多夫已成为欧洲学术界的明星之一。到 17 世纪末期，他是欧洲大陆最受欢迎的自然法哲学家。与他的许多大学同事不同，他的著作在学术界之外被高级官员、军事指挥官甚至君主们阅读。[101] 从以上情况不难看出普芬多夫及其著作吸引选侯的原因。作为英国政治理论家托马斯·霍布斯睿智的（尽管也是挑剔的）德意志读者，普芬多夫在充满暴力和混乱环境的反乌托邦式的视野中，奠定了国家必要性的论点。[102] 他在《法理学基础》（1660）中指出，仅靠自然法不足以保护人类的社会生活。除非“主权”得以确立，否则人们将只能靠武力谋求福祉；“所有地方都会充斥着那些造成伤害的人和拒绝伤害的人之间的战争”[103]。

因此，国家有着至高无上的重要性，其主要目的是“通过相互合作与援助的方式，确保人们能够安全抵御常常带来的互相伤害”[104]。“三十年战争”的创伤在这些句子中发出回响。对于选侯遭到的来自庄园的抵抗，这是一个有说服力的哲学回答。普芬多夫在 1672 年写道，不论在和平还是战争时期，国家要处理事务就必然产生费用，主权国家有权“强迫公民贡献自己的财产，因为承担这些费用被认为是必需的”[105]。他写了大量关于认可政治服从关系的文章，认为对君主的义务永远不可能只是强迫的结果；只有当臣民有或被提供了充分的理由来默许被施加的义务时，这些义务才具有真正的力量——例如，君主的仁慈意图，或对过去利益的感激，或承认君主可能比臣民自己更能照顾到臣民的利益。[106] 这些思路与选侯在同他的庄园的沟通中所提出的论点之间的和谐共鸣很难被忽略。

普芬多夫同时也是一位著名的历史学家。他假托“蒙赞巴诺”之名出版的著名政论小册子，对同时代的神圣罗马帝国的政治组织进行了尖锐而富有争议的批判，但小册子开始的章节广受赞誉，讲述了帝国政治制度的历史。[107] 1682 年普芬多夫在担任斯德哥尔摩宫廷历史学家期间出版了《欧洲主要王国和国家历史导论》一书，他开篇就呼吁研究近代历史的重要性。普芬多夫写道，对年轻人来说，花数年时间阅读科尔内留斯·尼波斯和李维的作品是件好事，“但忽视后来的历史是一件明显的轻率行为和缺乏理解的事情”。特别是那些受托管理公共事务的人，他们能从研究本国及其邻国的当代历史中受益，而不是从阅读罗马经典中的古代征服历史中获益。此外，专门介绍德意志的章节还分析了邻近强国给德意志带来的威胁（或者并无威胁），从瑞士人和意大利人到波兰人、丹麦人、瑞典人和法国人。[108]

选侯花了一些时间才说服普芬多夫离开瑞典去柏林担任宫廷历史学家。在第一次接触后的 4 年后，普芬多夫于 1686 年夏天在斯德哥尔摩向勃兰登堡特使传达了他的正式协议，但直到 1688 年 1 月中旬，在他与当时的雇主发生争执之后他才抵达柏林。此时，选侯的生命只剩下几个月的时间了。普芬多夫可自由调阅选侯档案并配有专职研究助理。

普芬多夫的《大选侯弗里德里希·威廉的伟大事迹》在 1695 年出版了拉丁语版本，包含从档案中直接摘取的大量材料，共有 1 400 多页（埃德曼·乌泽在 1710 年出版了删节版的德语译本，只有 1 200 多页），这部作品阅读起来并不简单和令人愉快。[109] 该书没有泛泛而谈，也没有试图将主角置于变化的潮流中。选侯身边的顾问、朝臣和家庭成员在这本书中几乎没有个性特征。选侯本人仅作为君主制的化身出现——我们对他的消遣、知识、兴趣、品位或人际关系几乎一无所知。但在两个方面，普芬多夫成功地在叙述中赋予了历史的气象。

首先，他承认了在国内巩固选侯主权的重要性。普芬多夫故事的核心是君主的行政统治："所有思考的尺度和焦点都是国家，在此基础上所有的行动就像线条一样汇聚到一个中心点上。"[110] 在普芬多夫的叙述中，勃兰登堡以大选侯为代表，向外和向内扩展并巩固了它的权力。相较 1710 年的德语译本，普芬多夫在 1695 年的拉丁语版本中，更详细地叙述了选侯政府与普鲁士、克莱沃及马格德堡庄园之间的冲突。例如，在《奥利瓦和约》得以签署之后的普鲁士公国，普芬多夫将选侯为巩固其在普鲁士公国内的主权所做的努力，与各庄园重申古老特权（与选侯对主权的主张不可调和）的坚持并置在一起。他讲述了选侯政府如何通过指示普鲁士公国总督、加尔文宗亲王拉齐维尔，通过单独与最有影响力的贵族接触，来规避这种联手抵制："在取得主权后，他让那些在当地担任最高职务的人按照新的规则宣誓（效忠），但不是同时宣誓，而是在时机成熟时逐个宣誓。"他应该是从那些他知道愿意宣誓的人开始，"这样其他人就会效仿他们，那些拒绝宣誓的人会受到撤职的威胁，他不计划任命任何新人担任职务，除非是那些承诺在（庄园）会议召开时会支持选侯的人"[111]。

在马格德堡，就像在普鲁士一样，普芬多夫描绘了中央行政部门如何通过挑拨马格德堡城市和乡村对立，来削弱庄园的传统权力。[112] 当柯尼斯堡以传统权利和地位的名义继续鼓动反对新政权时，普芬多夫写道，选侯"并没有掩饰他对这种顽固行为的愤怒和不满"。"选侯殿下决定靠自己的权威推动此事，他也带上了大量军队去驯服那些不听话的人。"普芬多夫在书中描述了符合选侯想法的解决争端的方法，这个段落印在一幅版画的反面，该版画展示的是在 1663 年 10 月 18 日普鲁士公国庄园在柯尼斯堡宫廷宣誓效忠其新君主。[113]

在描绘国家为克服地方特权而斗争的动态图景时，普芬多夫不仅借鉴档案文献，而且查阅了埃利亚斯·洛塞留斯撰写的早期历史，他先是在诺伊马克的巴瓦尔德，后来（1674 年起）在克罗森担任路德宗的牧师。经过数十年的研究和写作，洛塞留斯于 1680 年把手稿提交给宫廷，《马克插画》代表了一个过渡阶段，它介于 16 世纪勃兰登堡的简易编年史与普芬多夫分析性的历史论著之间。洛塞留斯严格按时间顺序进行排列，从上帝创世开始，并包含不同的信息片段——黑麦的价格、彗星的出现、多个太阳或豌豆中的血点——让人想起中世纪松散和荒唐的编年史。但其中也有复杂和令人印象深刻的段落，特别是关于“三十年战争”造成的破坏、17 世纪 60 年代初普鲁士庄园的抗议以及选侯平定马格德堡叛乱的主题。[114] 事实上，没有理由怀疑普芬多夫后续的一些内容主要取材于洛塞留斯的专著。

普芬多夫并没有阐明对内措施和对外扩张与提升权力以及威望之间的联系，但他的译者埃德曼·乌泽在注意到了未减少的领土主权为选侯在 1701 年获得（普鲁士后来取得的）王位铺平了道路后，于 1710 年版《大选侯弗里德里希·威廉的伟大事迹》的序言中明确指出了这种联系。[115] 当然，普芬多夫本人也经常提出这样的论点，即君主有能力提供保护，以抵御外部威胁和内部混乱，这证明了他对臣民资源提出的部分要求具有合理性。

在普芬多夫的叙述中，另一个充满活力的时刻与他对主权决策的描述有关。我们所描述的那个时代的“历史性事件”在普芬多夫对选侯统治的描述中扮演着次要的角色，这些历史事件主要是基于选侯及其顾问的视角而进行的选择，而这恰恰让普芬多夫原本相当单一的叙述获得了历史分析的性质。例如，在 1645 年，选侯应波兰国王瓦迪斯瓦夫四世（1632—1648 年在位）的邀请，派遣一个改革宗神职人员代表团参加后来被称为“托伦会议”的活动，这是一个由改革宗、路德宗和天主教神职人员组成的会议，其表面上的目的是就信仰分歧问题展开和平而充分知情的辩论。为了再现选侯及其助手对此事的反应，普芬多夫展示了一棵逻辑选项树，在这棵树中，每种可能的行动方案的后果都被进行了权衡。

“当选侯与顾问们讨论是否应该默许这个请求时，”普芬多夫写道，“投票出现了分歧。”顾问们喜欢这种高级别和平会议的主意，波兰城市托伦也是一个安全的地方。然而，有人不愿意接受邀请也是有原因的。波兰主教似乎在控制这一活动，自称有权决定讨论的形式，甚至代表团的规模，这是令人担忧的原因。此外，这种会议可能会加剧普鲁士改革宗和路德宗之间的紧张关系。座谈会也可能对波兰新教徒的地位带来有害影响。如果天主教徒声称他们赢得了这场争论并将其用作传教的宣传怎么办？但是，另一方面，如果勃兰登堡的加尔文教徒决定远离这一活动，那么天主教徒可能会利用他们的缺席来证明改革宗对自己的事业没有信心。抓住每一个机会为真理作证无疑是信徒的责任。这将是一个更清晰地展示改革宗教义的机会，也可让自己免受敌人的误传。[116] 普芬多夫并没有点明在选侯的随行人员中哪些人持有这些有争议的观点，而是用一种自由的间接引语将有争议的观点编织在一起。这种处理方法的目的不是纪念个别顾问所扮演的角色，而是揭露这个决策任务的本质。

普芬多夫一次又一次地以这种方式展现决策过程，让读者在发现解决方案之前了解每一个困境，并揭示了决策者及其顾问的推理。例如在 1678 年，选侯面临着多种潜在威胁。在经历了 4 年令人筋疲力尽的战役后，他成功地将所有瑞典人赶出了波美拉尼亚。但这还不足以让他拥有自己的特权，因为路易十四并无让他的瑞典盟友任由勃兰登堡摆布的打算。随着荷兰战争的结束，法国的力量日益增强，它坚持认为被征服的波美拉尼亚领土应该全部归还给瑞典。

普芬多夫详细介绍了所涉及的问题，以及选择每种方案的潜在后果。他写道，“关于选侯今年应该在军事阵线采取什么行动的问题”，“他们（选侯和他的顾问）起初犹豫不决”。荷兰人敦促选侯集中力量对抗西面的法国，而在波美拉尼亚只需要挡住瑞典人。这个建议有它的道理，因为将选侯的军队集中在那里会激励荷兰人继续战斗，也可以阻止法国人侵入克莱沃并将其作为在以后的和平谈判中讨价还价的筹码。另一方面，如果选侯前往莱茵河，那么这会将普鲁士、波美拉尼亚和马克置于危险之中，并疏远他的盟友丹麦国王——丹麦国王也在与瑞典交战，一直敦促选侯在波美拉尼亚部署军队。然而，如果选侯集中精力保护波美拉尼亚并驱逐瑞典人，那么这很可能使法国在敌对行动停止后处于足够强大的地位，从而要求将被征服的波美拉尼亚领土归还给其瑞典盟友。[117] 有趣之处在于，普芬多夫的叙述让我们看到了这些决策时刻（而且它们非常频繁），如何让决策者陷入威胁处境之中，而决策者的任务就是权衡各个选项，每个选项都隐含着一个可能的未来。“迫在眉睫的危险”是普芬多夫叙述的核心，正如选侯与庄园争论的核心同样涉及了“必要性”。

决策之所以困难，部分原因是该过程必须考虑到其他决策者的存在。例如，在描述一场关于北方战争初期选侯的外交政策的讨论时，普芬多夫再现了顾问们对瑞典国王的猜测。瑞典人会攻击波兰联邦吗？“很难相信瑞典人会违犯一项还有 6 年期限的和平条约……另一方面，在漫长的和平时期，瑞典很少能摆脱内部的动荡；因此，战争似乎是对抗这些问题的好方法。国王还年轻，不畏艰难、大胆而渴望以武力成名。”然而，他也缺乏继承人，面对国内的竞争对手，如果他以提高税收来为战争提供资金的话，就有可能引起国内叛乱。[118]在这段文字中，选侯被描述为试图预测另一位决策者的行为，后者所面临的困境和算计并不亚于选侯自己。贯穿所有这些片段的都是对选择的利益考量，这不仅仅是历史性的，而且是哲学性的。[119]

因此，普芬多夫对主权决策者在欧洲国家体系中的地位进行了前所未有的复杂描述。他对国际关系的处理给读者留下了深刻印象，即国家处在一种无止境的困境之中。困境之所以无止境，是因为体系中的其他国家的行为永远无法被精确预测。普芬多夫以“蒙赞巴诺”之名在较早的一篇文章中提出的最有影响力的思想，是其否定了帝国转移学说——这是一个颇具影响力的假说，即作为古罗马的继承者和延续者，德意志民族的神圣罗马帝国是《但以理书》中所预言的“第四帝国”。通过拒绝这种与古代历史有连续性的主张，普芬多夫“剥夺了帝国基于演化性的、历史性的自我辩护”。[120]同时，他将帝国的当代历史，乃至欧洲的当代历史从预言的历时性中剥离出来，让它在世俗力量的支持下展开，成为争夺权力和影响力的国家之间互动的意料之外的结果。

大国在同一时间维度内的相互作用，正是传统与连续性的对立面，因为国家利益及其可能采取的行动是不断变化的。普芬多夫承认，国家利益在一定程度上是由不可改变的因素决定的，比如“国家的状况和性质”；但国家利益也受“邻国的状况、实力和弱点的影响，随着后者的变化而发生改变”。[121]普芬多夫的历史就是由这种变化构成的。这不是一个纯粹偶然的世界，因为国家之间的相互作用仍然受武力关系和自我保护的必要性的制约。但是管理这个“系统”的法则仅仅描述了过程，并没有预测结果。在这样的体制下，在当下采取历史性的做法意味着抛弃传统、理解未来可能的多样性、确定每种威胁并在其中进行选择。普芬多夫的大选侯作为主权决策者的主要优势就在于此。普芬多夫在对他的主人公的结论性评价中写道：“当在复杂事情上出现重大意见分歧时，他会根据自己的想法选择其中之一，随后的结果表明他选择了最好的。”[122]

结　论

值得反思的是，通过选侯的公开言论、行动和历史书写所投射出的主权权威思想充满活力。国家把权力和资源聚集到自己身上，撕破传统的束缚，从地方的传统中解放出来，预测可能的未来，并发明新的工具进行应对。国家是一台时间机器，是推动历史进程的引擎。两个世纪后，马克斯·韦伯透过“传统”和“理性”的统治形式之间的张力捕捉到了对抗性：尽管庄园贵族将他们的主张建立在“古老传统的神圣性”上，但弗里德里希·威廉取消了在传统结构中依然存在的需求，这种需求试图对“事实上是创新的规则”进行合理化，这些规则据称“自过去就有效”，但现在已被认可为“智慧”。[123]当然，在这里我们必须小心，不要将属于我们的而非选侯的想法强加于选侯。在他的言论中解读关于后世的“假设和解释模式”，这种做法尤其具有危险性，因为后来的历史学家把他提升到作为现代普鲁士国家的奠基者和先驱者的位置，具有举足轻重的地位。[124]

大选侯并没有被“现代性”的愿景所驱使，也没有不断寻求国家统一和中央集权——相反，他的遗嘱中有一条，即他的国家应在他死后由其男性后代分治。这一决定如果被他的继任者执行，将迅速结束勃兰登堡-普鲁士迈向大国的漫长旅程。他既没有对未来的详细设想，也没有对未来的专门知识。

另一方面，正如我们所看到的那样，他的言行确实透露出，他对于自己在历史上的地位，有一种明显优先的和动态的理解。在1648年和平得以实现的背景下，过去笼罩在毁灭的阴影之下，与现在彻底隔绝开来。那段过去所提供的教训是，停滞不前就意味着倒退并陷入混乱。未来呈现出一个威胁的迹象，正如杰里米·边沁所观察到的，部分原因是“对于看不见的未来，恐惧比希望更有力量”[125]。对即将发生的危险的预期是普芬多夫关于主权的叙述及其对公民要求的核心内容。同样的说辞像一条红线贯穿于选侯反对庄园捍卫传统的论证之中。支撑这种状况的是选侯对“三十年战争”的早年记忆，“三十年战争”的创伤回荡在他写给继承人的政治遗嘱中，悲哀表露无遗：“有一点是肯定的，如果你只是静静地坐着，想当然地以为火焰仍然远离你的边界，那么你的领地将成为上演悲剧的舞台。”[126]只有向前推进，提前解除威胁，在未来中做出选择，人们才能确保自己的安全不受“麻烦”和“困难”的影响，而这些正是国际体系的标志。这又反过来要求彻底削减“传统”的主张，无论是作为国内权力结构正当化的一种方式，还是作为国家间关系概念化的框架，都将被大幅削减。

选侯和他的史学家并非单打独斗地开辟了这条道路。他对国家未来呼吁的语境是，欧洲出现了广泛的政治和历史意识的转型，这种转型不仅仅局限于新教领地。在15世纪末和16世纪初，政治合理化的形式基于普遍原则的应用，为一个新的框架铺平了道路，在这个框架中，未来“可以被操控”。正如薇拉·凯勒所展示的那样，17世纪初期的弗朗西斯·培根和雅各布·博尼茨等学者的“愿望清单”就是一个例证，知识被重新定位，由面向过去转向了开放的未来，理解力“不断向前沿推进”。17世纪的“科学革命”带来的并非如人们有时宣称的那样是确定性的胜利，而是一种“与怀疑、概率以及动态知识的模糊性相处的意愿”[127]。彼得·伯克指出，天意和预言性的图式可能仍然被用来作为与末日有关的遥远未来的保证，但在17世纪，紧接的和中短期的未来被开辟为人类自由决定行动的空间。[128] 而在这一过程中，正如波科克所主张的，欧洲放弃了天意注定的历史观。[129] 安德烈亚·布雷迪和埃米莉·巴特沃思则指出，国家在不断向前沿推进的过程中可能陷入岌岌可危的境地，必须“认识多种未来，以确保实现其所期望的未来”[130]。

因此，选侯通过调动未来以反对继承的特权结构，反映出更广泛的文化变革的征兆，正如普芬多夫将关于统治历史的书写集中在决策时刻一样。然而，17世纪末期勃兰登堡的“历史文化”有一个极其重要的独特面，它把主权权威的持有者以及国家财富增长同对传统的重塑以及对连续性的破坏结合起来。[131] 在近代早期欧洲王室历史的语境下，这是罕见的。西班牙近代早期最伟大的历史学家胡安·德·马里亚纳的《西班牙通史》，仍然是17世纪西班牙历史学家的典范，他提供了令人印象深刻的细节和深度的叙述，以动态和引人入胜的方式描绘了各种事件的相互作用。但在马里亚纳看来，国王的自命不凡是国家的灾难，会带来战争、疾病和金融危机。他们对臣民财富的查封不是基于必要的苛捐杂税，而是肆意盗窃的行为。[132] 这里无法提出从必要性角度出发的论点，因为马里亚纳认为威胁西班牙安全的外部因素，是西班牙君主本人挑衅的后果。[133]这符合马里亚纳对君主制的政治理解：国王只有将政府的控制权让给高级教士，并且不以任何方式改变其领地的基本法律和传统，尤其是涉及税收和宗教的政策，才能很好地治理国家。[134]这与普芬多夫的观点大相径庭，他倾向于用赞许的言辞洗白君主的权力运作，并认为君主受到外部威胁的困扰，证明了其有理由干预国内权力结构。

在法国，王室历史学家构建了一个无波澜的连续性神话，抹去了王朝的更迭，并将国王的历史嵌入一个“不动声色的王朝时代，由王公们的即位和退位点缀，他们有优点也有缺陷，都为权力的神圣性，以及伦理和政治理想的持久性贡献了力量”。其结果是法国的政治史形成了墨守成规的叙事传统，新作者更愿意将自己定位为既定编年史的“延续者”。[135]可以肯定的是，对路易十四的崇拜在某种程度上打破了这种模式。历史学家创作了大量溢美的颂文，其中一些人的赞美是如此热情，以至他们怀疑在整个历史中是否还能找到任何有趣的内容，来与这位超越了所有时代的君主相提并论。但正如尚塔尔·格雷尔所表明的那样，对“太阳王”的神化也暗示着对未来的贬低，因为这意味着永远不能指望它去应对现在的挑战，从而使“进步”失去了思考未来框架的资格。[136]

在英国，1688年后因支持荷兰“篡位者”威廉三世而兴起的辉格史学派坚持认为，新政权不是一种革新，而是一种“恢复”，是对“古代权利”的维护。辉格派历史学家援引了一个循环的、连续性的时间观，最近的事件被古代先例赋予了意义：威廉三世是新的大卫王，1688年的“革命”是巴比伦流亡归来。现在和不久的将来被认为是注定的，是对长期存在的权利和真理的重新调整，掩盖了一个法律体系被推翻而另一个法律体系被启用的现实。[137]

克雷费尔德庄园可能会写下上述提到的那种历史，如果他们战胜了选侯及其顾问，任命了他们自己选择的君主，并聘请了自己的历史学家的话。在此背景下，围绕选侯权威开始出现的历史文化脱颖而出，因其将王室权威视为一种与历史连续性的决裂——必须决裂——以应对新的紧急情况并创造历史。这反过来又提醒我们，必须把这个时代从现代性理论的傲慢中拯救出来。根据从荷马到夏多布里昂的历史书写来看，历史是充斥着先例的宝库，现在活在过去的权威之下，如果将大选侯和他的宫廷历史学家混入这样的时间海洋，那么这对他们历史真实性的开放性和活力是不公平的，因为他们愿意挑战传统，并将未来置于过去之上。[138]

1701 年，也就是大选侯去世 13 年后，他的儿子被提升到德意志国王的行列。1701 年 1 月 18 日在柯尼斯堡举行的加冕典礼上，勃兰登堡的弗里德里希三世成为“普鲁士的国王”，即弗里德里希一世。这个仪式揭示了大选侯时代的历史性对国家公共生活的深刻影响。尽管加冕仪式及其相关庆祝活动的许多细节源自欧洲王室的传统文化，但加冕仪式及其着装的设计实际上是一种奢侈的拼凑行为。为仪式提供信息的诀窍来自《仪式学》这部作品，这是一个高度媒介化和合理化的知识库，在 17 世纪的最后几十年中得到了蓬勃发展。[139] 基于这个资源，不同的“传统”碎片被组合、修改和重组，并达到了高度集中的效果。

这种人造物本身并不令人惊讶，所有加冕礼都包含了发明元素，而勃兰登堡-普鲁士没有直接的王室仪式先例。普鲁士案例的有趣和独特之处在于，加冕仪式的实践者自豪地承认了盛大场面的人为性。人们经常注意到，加冕仪式虚假地声称其与古代传统存在连续性，以便用超越时间的权威来装饰自己。但是普鲁士加冕礼的设计者采取了明显的工具性方法去完成他们的任务。普鲁士驻华沙公使于1700年6月写道，至关重要的是聘请一名主教来监督加冕仪式的宗教部分，其中包括涂油礼，因为省略这些程序可能会危及未来选侯对可能有用的“神圣国王陛下”这个头衔的主张。[140] 另一位顾问建议，按照最近瑞典加冕礼中所见的方式安排主教，“将产生巨大的影响”。[141] 公众人士和议员们则迅速指出，涂油的作用纯粹是象征性的。这不是传统意义上的圣礼，而仅仅是为了提升在场者的精神而设计的一种启发性的场面。[142]

围绕1701年普鲁士加冕礼的宣传恰恰强调了王室基础的新颖。可以肯定的是，在1700年夏天，曾有人从16世纪地理学家亚伯拉罕·奥特柳斯的作品中“发现”，普鲁士（意为普鲁士的波罗的海公国）在古代曾是一个“王国”，但似乎没有人认真对待这一点。[143] 就连约翰·冯·贝塞尔热情洋溢的加冕编年史也只说这是“一些人持有的信仰”。舆论界没有将新国王淹没在想象的连续性中，而是将他视为一位自立的君主。没有人讨论血统或古代头衔。贝塞尔在写给弗里德里希一世的序中指出，这位新国王的非凡之处在于“陛下完全依靠自己的力量，在自己的土地上登上王位”。值得骄傲的是，普鲁士国王“既不是通过继承，也不是通过继位，也不是通过提升，而是通过自己的美德和功业这种全新的方式”获得了王位。[144]

在这些安排中，我们可以看出对拒绝传统的进一步阐述，在大选侯统治期间，选侯政府与地方庄园的争论中，对传统的拒绝曾经是重要的论证。毕竟，加冕仪式传达了强有力的反庄园的信息。加冕礼的举行从未征询过普鲁士公国庄园的意见，而且在加冕典礼即将开始的前几周，庄园才得知此事。此外，与欧洲盛行的做法相反，在接受庄园的赞扬之前，国王在一个单独的仪式中为自己和他的妻子进行了加冕。当时著名的宫廷仪式学专家约翰·克里斯蒂安·吕尼格，在对加冕典礼的描述中解释了这一步骤的重要性。“如果国王从庄园那里接受自己的王国和主权，通常只要……在涂油礼后就可以登上王位……但是国王陛下（弗里德里希一世），没有通过庄园或任何其他政党的帮助获得他的王国，因此根本不需要这样的交接仪式。”[145] 这个信息传递得很清楚：权力（而不是传统、继承或与过去的连续性）才是定义勃兰登堡–普鲁士国家合法性的因素。这是加冕仪式的核心思想，也是普芬多夫的作品《大选侯弗里德里希·威廉的伟大事迹》中最鲜活的内容。尽管加冕典礼举行时，普芬多夫已经去世 7 年了，但他应是认同加冕典礼大胆的人为性的。

第二章 历史王

1771年，英国音乐史学家兼作曲家查尔斯·伯尼在访问普鲁士时，设法与弗里德里希二世的长笛、作曲老师约翰·约阿希姆·宽茨进行了会面，后者自1741年12月以来一直在宫廷任职。宽茨在宫廷中的地位独一无二。弗里德里希二世每年向他的老师支付2 000塔勒的高额酬金——相比之下，国王的大键琴演奏家（后来的古钢琴演奏家）巴赫只有300塔勒。回想起来，这似乎很奇怪：在这两个人中，巴赫是更具创新性和探索性的作曲家和音乐家。他不像宽茨那样俏皮，而是使用更鲜明、更精简的主题材料，扩展了巴洛克的音乐世界。他对后来欧洲音乐发展的影响比宽茨大得多。然而，弗里德里希二世追随了他的长笛老师长达40年，使后者在其宫廷的音乐生活中拥有极大的权威。[1] 伯尼对国王坚持自己的音乐品位感到惊讶：

（宽茨先生）告诉我，陛下只演奏他（宽茨）专为陛下创作的协奏曲，它们共计300首，陛下轮流演奏它们。这种对他的老音乐家作品的独特偏爱似乎有些矛盾，然而，它蕴藏着一种君主之中少有的坚定性情……在国王陛下看来，能如此坚定地坚持可以被称为奥古斯都音乐时代的作品，是一种拥有健全的判断力和非凡的洞察力的表现；以这种不可动摇的恒心遏止任性和时尚的洪流，就仿佛太阳棱镜那样，阻止阿波罗和他的儿子们胡作非为、恶化崩坏。[2]

没有什么能比这份文献更好地传达弗里德里希二世宫廷文化的稳定特质了。国王原本可以像他同时代的许多人一样，追逐每一种新时尚；但相反，他选择了不断演奏同一位音乐家的同一套作品，循环了40年。他更喜欢宽茨的传统主义，而不是巴赫发展的、探索性的路径。[3]太阳棱镜（*stet sol*，一种能固定阳光的装置，通过小孔或者棱镜将阳光投射到墙上）的隐喻精确地捕捉到了弗里德里希二世时代微观世界的停滞状态，这是一个时间似乎停滞不前，（历史的）品位和潮流的运转被暂停的世界。这是国王权力的直接体现和精准表达：尽管正如伯尼所承认的那样，柏林的音乐生活中存在一些前卫的小“分裂”，但任何不符合主流品位（器乐领域的宽茨、歌剧领域的格劳恩斯和哈塞）的东西都不太可能繁荣。[4]

由此产生的停滞不应该仅仅被视作国王的文化保守主义的证据。这其中大有深意。它反映了对循环的、非发展的范式的偏好，这可以从他一系列的行动中看出。本章探讨了国王的历史性和他独特的时间意识之间的关系。弗里德里希二世对历史的哲学理解得益于启蒙运动晚期流行的线性叙事。但他的时间性——他对时间质感的直觉把握——明显是循环的和非线性的。在他的统治期间，他经历了——并帮助促成了——极为重要的地缘政治变化，但他的时间意识倾向于一种美学上的停滞。这一章探讨了这种张力，并探究了其可能的原因。我们首先关注他的历史著作，然后是一系列其他的政治和文化实践——他对社会经济变化过程的反应，他作为一个绘画收藏家的偏好，以及他为自己的葬礼和纪念仪式所做的安排。

但在我转向论述这位国王的著作之前，有必要回顾一下他的统治时期与他的曾祖父大选侯统治时期的 4 个重要差异。首先，大选侯是一个制度缔造者，他在议员们中间进行统治，并居于他自己逐步建立起来的行政机构的中心，而弗里德里希二世的位置则与国家的正式结构相距甚远。他的宫殿位于柏林，但其在统治后期的大部分时间里都不在那里。[5] 与他的祖先不同，弗里德里希二世很少接触各部门的日常工作，也很少与大臣们接触，后者的角色被国王自己的秘书取代了。弗里德里希二世会听取他信任的官员和朋友的意见，并在许多问题上采纳他们的建议，但在枢密院中官员们围绕大选侯进行集体头脑风暴式的政治决策的情形，在弗里德里希二世时代闻所未闻。他的常驻地不是柏林的城市宫殿，也不是“七年战争”结束后他回国在波茨坦建造的新宫，而是小型的夏季行宫无忧宫，这个宫殿几乎无法招待客人，更不用说支撑以国王统治为中心的政府日常事务了。与大选侯所说的“主权”不同，弗里德里希二世经常提及“国家”，把它作为一种超然的抽象概念，但实际上，他的统治具有明显的个人权力特征。正如我们将看到的那样，这种与国家结构脱节的修辞方式在他统治时期的时间结构上留下了印记。

其次，虽然大选侯是改革宗的热情信徒，但弗里德里希二世很可能是伏尔泰式的自然神论信徒，因为他具有一种持怀疑论的、非宗教的立场。尽管他把自己的怀疑主义看作文明进步的标志，超越了许多比他更虔诚的同时代人的盲目信仰和迷信，但他缺乏对一种引领式宗教的归属感，而这种信仰对他的祖父非常重要。

再次，大选侯曾为之忧心的与庄园的斗争，到弗里德里希二世的时代已经过时了。困扰这位国王的不是地方贵族的权力和独立，国王的个人习惯是非常贵族化的，而是他们在社会经济变化面前的脆弱。国家权力的巩固与国内精英的政治中立化之间的联系因此丧失了效用和合法性。

最后，两者的地缘政治环境有着根本上的不同。1640 年大选侯登基时，他继承了一个因“三十年战争”而支离破碎、瘫痪不堪的君主制国家。柏林被毁得如此严重，受到外国军队的重创，以至君主最初无法在那里定居。军队也不存在。100 年后，弗里德里希二世所继承的勃兰登堡-普鲁士则截然不同。它没有面临迫在眉睫的地缘政治威胁，拥有一支庞大的军队，尽管很少出动，但其被认为是欧洲最好的军队之一。因此，这两代统治是由完全不同的逻辑所驱动的。尽管勃兰登堡的大选侯做出了种种努力，取得了种种成就，但在这个由大人物决定重要结果的世界里，他仍然是一个小人物。相比之下，弗里德里希二世在统治之初就引发了现代欧洲外交史上最出人意料、最令人震惊的行动——1740 年 12 月，普鲁士无故入侵哈布斯堡的西里西亚。为了保住这片珍贵的土地，国王分别在 1740—1742 年、1744—1745 年和 1756—1763 年发动了三次西里西亚战争。虽然他经常在战术上采取防守的态势，但普鲁士还是在 1740 年先发制人地使用了压倒性的武力开启并确定了统治，1756 年，他再次先发制人对萨克森发动入侵，以防止他的对手利用它作为与其敌对的行动基地。普鲁士已经成为欧洲秩序的塑造者。

国王为何书写历史

年轻时，未来的弗里德里希二世就将自己标榜为“哲学王”，这个词从此成为他统治时期的一种标志，在普鲁士和欧洲历史上定义了一个权力和哲学形成一种独特的亲密关系的时刻。事实上，弗里德里希二世作为历史学家的影响力远远超过他作为哲学家的影响力。他的理论论述虽然文笔优美，但知识含量低，同时缺乏独创性。它们似乎更关注如何引人注目，而不是解决实际问题。相反，他的历史写作标志着一个新起点。《勃兰登堡家族回忆录》，是最优雅的原创历史文本，时至今日也是一部杰作。这种简洁、巧妙的叙述方式达到了如此具有吸引力和合理的综合效果，塑造了——并且持续塑造着——勃兰登堡–普鲁士的历史记忆。“历史王”，而非“哲学王”的影响持续至今。

国王对史学事业的严肃性是毫无疑问的。在他统治期间，他时不时会捡起旧业，创作新作品，也会重写之前的作品。第一部作品是《第一次西里西亚战争史》，始于 1742 年。4 年后，在签订了《德累斯顿和约》之后，国王又出版了《第二次西里西亚战争史》。弗里德里希二世修改了先前的那部作品，并把这两部合二为一。它们在 1775 年以新的标题“我的时代史”再次被修订。《勃兰登堡家族回忆录》研究了弗里德里希二世登上王位之前霍亨索伦家族和王朝的历史，是他在 1746—1748 年断断续续的写作和研究的成果，其中一部分作为论文提交给了柏林科学研究院。直到 1751 年，经过大量修订和删节，这个文本才以今天所知的标题出版。“七年战争”结束后，更多文本随即出现，涵盖了从 1756 年“七年战争”爆发到 1778 年巴伐利亚王位继承战争结束后的各个时间段。[6]

大部分的作品都基于真实的文献研究，尽管不一定都是国王亲力亲为。早年，弗里德里希二世让人把关键文件带到波茨坦；后来，他让部长和官员担任“研究助理”——莫佩尔蒂提供文化史资料，波德维尔斯、芬肯施泰因、赫茨贝格以及其他人撰写有关政治事件的小论文，德绍的利奥波德亲王研究旧时勃兰登堡军事机构，总指挥局研究铸币，库尔马克议院研究人口和定居史。柏林弗里德里希·威廉中学的校长格奥尔格·弗里德里希·屈斯特提供了一份根据最重要的编年史编纂的长年表。简而言之，这是一项具有持久重要性的事务，伴随了国王在王座上的漫长一生。[7] 频繁的修订和重新编排表明，这些文本并不是对特定时刻的一次性快照，也不仅仅是被设计用来操纵特定人群的作品，而是勃兰登堡–普鲁士国家宏大历史的组成部分，具有持续的价值。

这种对历史的深刻反思非比寻常——在弗里德里希二世时代或者其他任何时代，很难想象还有哪位欧洲君主在书写历史上投入了如此多的想象力、才华和精力。他为什么要这么做？要回答这个问题，我们首先要区分动机和理由，国王对后者很清楚。首先，普鲁士需要被纳入历史版图，以“确立普鲁士在历史上的地位”[8]。1748 年，他在《勃兰登堡家族回忆录》的初稿序言中宣称，在欧洲各国中，只有勃兰登堡–普鲁士缺乏自己的历史。“即使是昆虫”都有多卷本的研究成果——这是指勒内–安托万·费尔绍·德·雷奥米尔的百科全书《昆虫纪事》。弗里德里希二世改编了雷奥米尔的书名，使之为己所用，这是典型的揶揄和疏远的举动，但也提醒我们，在那个时代，自然科学和历史写作之间的关系比人们想象得要更密切。[9] 对历史的研究有着更为普遍的各种传统理由。在 1751 年《勃兰登堡家族回忆录》的一个修订版的序言中，之前序言里的讽刺戏谑被真诚呼吁所取代。国王宣称，历史应“被视为君主的学校”；在“宣告死者的名誉时，它含蓄地评判了活着的人”。它对过去的卑鄙小人的责骂是“对当代的道德教训”。对每一个人来说，历史都具有扩大经验范围的普遍潜力。了解它就相当于“生活在所有的时代，成为所有地方和所有国家的公民”。[10] 他认为，历史知识也是身份认同的组成部分，是对自己国家的文化和制度有意义的参与。我们可能容易原谅一个英国人不了解古代波斯国王的登基日期，或者“统治过教会的无数教宗”，但是我们会震惊于他不了解英国议会的起源，他的岛国的习俗，或者“统治过英格兰的不同种族的国王”。[11]

从一般意义上看，这些观察是研究历史的正当理由。它们可以解释为什么书写和阅读历史是一件好事，但无法解释弗里德里希二世自己撰写历史的热情。在这个问题上，国王的证词更加隐晦，正如人们会发现他的文字和话语通常是修辞性的、表现式的，而不是说明性的。[12] 一个主要和持久的动机似乎是，弗里德里希二世想建立和控制他所处的那个时代的叙事，不仅是为了现在（《勃兰登堡家族回忆录》是国王在世时唯一出版的文本），而且是为了子孙后代：“未来的人们，我把这本书献给你。”他在 1746 年的《我的时代史》的序言中写道。[13]“我们应由后人评判，”他在 1775 年的修订版序言中写道，“但如果我们足够明智，就可以通过评判自己来抢先行动。”[14] 这里有几个需要预先考虑的因素交织在一起：首先，需要确保叙事权威不会落入外人之手，比如某些“未来的 19 世纪本笃会僧侣”，否则他们可能会被授权讲述国王的故事。[15] 与此相关的是，弗里德里希二世需要捍卫自己政策中有争议的方面并使之合法化，例如他对神圣罗马帝国传统权威结构的挑战，或是他经常违反条约义务。[16] 总的来说，正如于尔根·卢所表明的那样，弗里德里希二世对声望和死后名誉表现出了异乎寻常的关注，即使在他的继任君主中也是如此，尽管在塑造和控制自己历史地位的决心上，他很像20世纪的英国政治家温斯顿·丘吉尔爵士。[17] 此外，他有一种纪念最勇敢、老练的军官们功绩的愿望（可能是出于战术上的动机）。“我为许多军官（在战斗中）赢得的不朽的荣誉而感到自豪，”1746年，他在《我的时代史》的序言中写道，“我用这篇微不足道的文章表达感激之情。”[18]

这种面向遥远后代的做法也强调了国王所宣称的目标，对他所处时代的历史记录代表了对事件公正真实的描述。毕竟，一个面向未来世代的叙事不能被指责为基于宣传或利己的动机，或对当代敏感问题做出让步；作者不需要考虑读者或他的王公同僚，他可以“在沉默中大声说出许多人的想法，描画出君主们本来的样子”[19]。作者的权威地位进一步保证了真实性。首先，国王有特权查阅国家秘密档案——弗里德里希二世在1748年《勃兰登堡家族回忆录》的序言中打趣说，他寻求并获得了查阅自家档案的许可。[20] 还有一个问题是作者的个人经历。大多数历史——这是弗里德里希二世反复提到的一点——是由谣言和可疑的间接证词编造出来的“谎言和谬论”组成的。[21] 相比之下，弗里德里希二世的历史讲述的是国家大事，其作者是一位真正掌握实权的人。他的写作目的很直接，即实现色诺芬在《远征记》中所描述的他亲自指挥手下10 000名士兵撤退的直观性，或者西塞罗向他的朋友阿提库斯讲述当时的政治事件时的场景；这些文本仍然很鲜活，因为“这是身处伟大场景的一个演员的讲述”[22]。这反过来又确保了像《七年战争史》这样的作品，对未来可能再次陷入与奥地利的冲突的统治者和军事指挥官有指导意义。[23]是否具有政权经验所赋予的权威显得如此重要，以至弗里德里希二世会质疑伏尔泰书写政治史的资格，尽管他对这位法国哲学家的作品充满热情和钦佩。[24]

弗里德里希二世的历史著作是一种内在的反思，还是一种以塑造特定的君主形象或者为某些行为辩护为目的而采取的修辞策略？弗里德里希二世不遗余力地从这些作品中抽出个人的主观性，在1775年《我的时代史》的序言中宣称，他只在必要的时候才谈论自己，而当这种情况发生时，他会以恺撒的方式，用第三人称来谈论自己，“以避免令人反感的自我主义”[25]。在《七年战争史》的序言中，他甚至更加明确地表达出：“在这么长的一部作品中，如果总是以自己的名义谈论自己，我会感到难受。”[26]但这种对自己的抹杀与作者声称的他作为君主的身份和经历赋予了他特权的观点之间存在着紧张关系。正如约翰内斯·库尼施所指出的那样，在这些作品中投入的工作可能发挥了一种心理上的功能。弗里德里希二世间歇性地受到自我怀疑的困扰，尤其在涉及他觉得存在判断缺陷的战役时，他向知己凯特描述的生动的梦境表明，他一直渴望得到已故父亲的认可。[27]也许反复叙述他统治时期的事件有助于内心的安定——如果无反证的话，那么这种假设似乎是可信的。

对历史著作的另一种观点强调它们的交际和宣传功能——例如安德烈亚斯·佩卡呼吁，阅读国王的文学作品需要去了解语境和修辞性内容。佩卡认为，历史和政治文章不是个人信念的陈述，也不是心理澄清的行为，而是为了达到特定目的而设计的政治工具。关于这一点值得注意的是，尽管《勃兰登堡家族回忆录》是国王在世时出版的唯一历史文本，许多其他文章和片段还是或多或少地在一个小圈子的读者群中流传。例如佩卡认为《对瑞典国王查理十二世的军事才能和性格的反思》就是国王和他的高级官员之间的一种加密的交流方式。它的目的是处理在“七年战争”的黑暗岁月中流传于勃兰登堡–普鲁士的政治和军事精英之间的批评声音。批评国王攫取军事主动权的人——无论是战略上还是战术上——经常会把弗里德里希二世和查理十二世联系起来，暗讽这位普鲁士国王的错误——例如他坚持要在库纳斯多夫开战——源于对模仿那位瑞典冒险家的渴望。该书的目的在于通过对查理十二世的全面批判，消除这些担忧，同时不引发对国王及其对战争的应对的更直接的议论。[28]

无论我们如何衡量这两种观点各自的正确性——在我看来，它们是互补的，而不是相互排斥的——问题仍然存在，为什么弗里德里希二世如此热衷于书写历史？其他的文学形式明明也可以满足国王的心理需求和政治目的。为什么历史——对勃兰登堡的发展进行客观而综合的叙述——吸引了他那么多的才华和注意力？弗里德里希二世对法国启蒙运动时期的历史著作的推崇显然是一个重要因素。孟德斯鸠的《罗马盛衰原因论》（1721）给他留下了深刻的印象。弗里德里希二世发现这部作品的“哲学”特质很吸引人：鲜活的核心思想（罗马的扩张根植于罗马“民族精神”的气质）充满力量和一致性，对“有用真理”的追求，以及试图从特殊性的主题超越、上升到一般性和普遍性问题思考的野心。[29]

更加重要的影响来自伏尔泰。没人比他对这位普鲁士国王有更大的吸引力，同时相比其他任何作品，弗里德里希二世最钦佩的是伏尔泰的《路易十四时代》，一部关于17世纪和18世纪初期法国的全面的、全景式的文化和政治历史。这部作品中的一切都杰出非凡，1738 年弗里德里希二世在读过部分手稿后向伏尔泰写信感慨道。这部作品充满了睿智的见解，判断不偏不倚，没有任何虚假或庸俗的内容；欧洲从未出现过如此精湛的作品——它优于古代的任何历史著作。《勃兰登堡家族回忆录》写于 18 世纪 40 年代末，当时两人的文学交流正处于最密切的时期；1750—1751 年伏尔泰访问柏林期间，弗里德里希二世在他的帮助下修订了该书。如果把它和《路易十四时代》放在一起阅读，会看出两者在结构、语气和风格上非常相似。[30] 事实上，这些相似是如此明显，以至同时代的许多人认为，《勃兰登堡家族回忆录》的公开发表版本是由这位法国哲学家代写的。

弗里德里希二世的历史性

把弗里德里希二世和伏尔泰对比进行解读，就是把前者放在启蒙运动独特的历史感知的框架内。[31] 弗里德里希二世的历史著作确实带有启蒙运动的印记。他对自己作为一名历史作家所处的有利位置的反思，体现了启蒙史学方法的自我意识，并让人想起哥廷根历史学家约翰·马丁·克拉顿尼乌斯的“透视主义”，克拉顿尼乌斯的历史解读入门书在 1742 年出版。[32] 弗里德里希二世的著作也具有明显的世俗主义性。他在《勃兰登堡家族回忆录》的一段话中暗示，宗教的历史是文化史的一个子类，因为宗教和风俗习惯一样，会随着时间的推移而改变。“所有附着其上的内容都是人的工作；和人类一样，宗教注定要灭亡。”弗里德里希二世毫不掩饰自己对基督教宗派的工具性和冷静公正的看法："所有的（基督教）派别为国家的福祉做出了同样的贡献。"在政府的眼中，各种基督教宗派都是一样的，想走哪条路去天堂由每个人自己去选择。国家不需要对个人的宗教信仰感兴趣，"只要他是一个好公民——这就是我们对他的全部要求"[33]。在弗勒里的删节版《教会史》（1766）的匿名序言中，弗里德里希二世进行了一番伏尔泰式、模拟历史的反教义的激烈宏论：在此，基督教的演变被描绘成狂热分子、操纵者和轻信者白痴行为的结果。他的分析甚至出现了解构语境逻辑的闪光点，这为19世纪初期的"圣经批判"提供了动力：例如，弗里德里希二世认为，基督神性的教条是基于对"上帝之子"一词的过度字面解释，第二圣殿时期的犹太人用这个词来表示有美德的人。[34]

弗里德里希二世的著作还揭示了一种典型的启蒙式（以及伏尔泰式）的历史进步性意识，经历了各个阶段的成熟和完善。弗里德里希二世回顾了他的祖先，选侯阿尔布雷希特·阿基里斯（1414—1486)——一位传说中的骑士比武大赛的参与者——的运动天赋，并思考了自15世纪以来勃兰登堡和欧洲的价值观是如何变化的："在那个粗犷的时代，身体的敏捷性得到了与荷马时代同样的尊重。我们这个更加开明的世纪更看重的是思想上的才能和美德，而不是军事上的美德。这些美德令一个人可以超越自身的条件，使他可以把激情踩在脚下，使他变得仁慈、慷慨和热心。"[35]这种认为历史是一种不可阻挡的进步的观点，可以表达为一种过去与现在之间令人眩晕的距离感。"世纪与世纪之间多么不同啊！"弗里德里希二世在《勃兰登堡家族回忆录》的《道德、风俗、工业以及人类精神在艺术和科学上的进步史》一章中惊呼。被浩瀚的海洋分割开来的国家在风俗习惯上的差异几乎不可能“比勃兰登堡自身的风俗习惯差异更大，如果我们将塔西佗时代的人与捕鸟者亨利一世时代的人相比，把亨利一世时代的人与（选侯）约翰·西塞罗时代的人相比，或者把后者与普鲁士国王弗里德里希一世治下的居民相比”[36]。

我们完全有理由认为，弗里德里希二世的历史著作——特别是《勃兰登堡家族回忆录》——既是对伏尔泰的回应，也是一种向启蒙运动的风格和价值观看齐的行为。但它们同样应该被理解为勃兰登堡-普鲁士思考链条上对国家及其历史思考的延续和修正，这不仅体现在历史书中，如我们所见，也体现在弗里德里希二世最近几代祖先的政治言论、遗嘱，以及公开表演中。弗里德里希二世不是第一个研究自己王国历史的人，也不是其家族成员中第一个思考“历史”对一个刚刚摆脱无能和默默无闻的欧洲国家有何意义的人。

前一章认为，到 17 世纪 90 年代，大选侯治下新生的历史书写开始在勃兰登堡-普鲁士历史中纳入这样的观点：国家代表着前进、创新和打破传统的力量。当普芬多夫构思关于大选侯统治的叙述时，他将他对勃兰登堡对外关系的描述嵌入对勃兰登堡在欧洲国家体系地位的空前动态和微妙的描述中，认为大选侯是解决体系所产生的开放式困境的选择者，在这个体系中，其他国家的未来行为永远无法被精确预测。

但弗里德里希二世对这些先行者不屑一顾：“我不认为哈特克诺赫或普芬多夫是历史学家。的确，他们是宏大作品的作者，他们编纂事实，但他们的作品是历史词典而不是历史本身。我不把洛塞留斯算在内，他的书不过是一本散漫的编年史，在那本书里，人们不得不为一个有趣的事件付出 100 页无聊的代价：这样的作家只不过是工人，他们小心翼翼地、毫无辨识地积累大量无用的材料，直到建筑师将它们塑造成应该有的形式。”[37] 弗里德里希二世在《勃兰登堡家族回忆录》的补充章节中指出，17 世纪没有产生“一位优秀的历史学家”。“普芬多夫写了一部关于弗里德里希·威廉的历史，为了确保没有遗漏任何内容，他既没有漏掉他的大臣们，也没有漏掉任何他能找到名字的侍从。”弗里德里希二世声称，普芬多夫和德意志作家一样，像学究一样写作，而不是像天才那样，他的散文笨拙而拖沓，充斥着倒装和修饰语。[38] 这无疑是对普芬多夫的《大选侯弗里德里希·威廉的伟大事迹》极不公平的评价。但这种评价在那个时代非常典型，普芬多夫被认为是老古董，而像孟德斯鸠和伏尔泰那样“哲学的”历史学家，则会谴责 17 世纪的前辈，认为他们只不过是古物学家和枯燥的博学之徒。[39]

尽管如此，弗里德里希二世还是在一份陈述他的研究方法的声明中承认，当他准备写作《勃兰登堡家族回忆录》时，他“参考”了洛塞留斯、普芬多夫、哈特克诺赫的编年史。我们知道他参考的是埃德曼·乌泽翻译的普芬多夫的大选侯传的德语译本（其中可以加上一点，因为弗里德里希二世从未读过这本书的拉丁语原著，所以他没有资格批评作者的散文风格）。[40] 当然，国王非常熟悉他的曾祖父大选侯弗里德里希·威廉的政治遗嘱。他甚至可能已经认识到政治遗嘱的史料学力量——他当然把自己的政治遗嘱（部分仿照大选侯的政治遗嘱）看作自己的历史著作的“姐妹篇”。

弗里德里希二世对他继位之前勃兰登堡马克的历史书写，代表了我上文追踪的思想脉络的进一步发展，还是某种新的突破？这一问题的答案模棱两可。如果我们把《勃兰登堡家族回忆录》置于洛塞留斯、普芬多夫、哈特克诺赫以及大选侯统治时期的档案记录的背景下，那么其最显著的特点之一就是几乎完全抹去了国王与庄园之间所有冲突的痕迹。相反，洛塞留斯在颇为稚拙的霍亨索伦编年史中明确提到了1655—1660年的北方战争之后普鲁士庄园反对大选侯政策的抗议，以及大选侯平定马格德堡叛乱。[41] 正如我们所见，普芬多夫在《大选侯弗里德里希·威廉的伟大事迹》中寻找同一主题时借鉴了这些段落。

庄园这一主题在哈特克诺赫关于普鲁士地区的宏伟历史记录中表现得更为强烈，这本书将普鲁士历史的核心意义放在了热爱自由的爱国者反抗专制王权、捍卫古老自由权的抵抗中。[42] 哈特克诺赫强调古代权利和现代特权之间的连续性。他把普鲁士人的传统自由追溯至该国“最古老的居民”萨尔马提亚温迪人，他们通过建立整个普鲁士民族默许的“人民共和国”来进行自我治理，“他们没有特定的领主，而是在全体会议上审议他们认为合适的问题，当他们打算做某事时，必须得到所有人的支持”。[43] 哈特克诺赫认为，这种自由状态一定会持续下去，因为直到11世纪，不来梅的编年史家亚当还报道过，普鲁士人“不会容忍在他们中间出现国王”[44]。从由普鲁士人、波兰人、立陶宛人、萨尔莫吉人、库洛尼亚人、利沃尼亚人、捷克人以及其他民族组成的种族混合的原始联邦中，哈特克诺赫时代的普鲁士人通过继承获得了现在的自由权。在“新的”或者说“现代的”普鲁士史中，哈特克诺赫将这一传统追溯至15、16世纪，当时的庄园带领着普鲁士城市和农村腹地的各阶层，对抗条顿骑士团的高压统治，以捍卫自己的特权。[45] 简而言之，哈特克诺赫是普鲁士的特权和自由的倡导者，在他看来，普鲁士的历史是城镇和农村政治精英对抗君主权力的典范，无论是来自波兰王国、条顿骑士团团长，还是他们的继任者——勃兰登堡的霍亨索伦家族。[46]

这种王权和庄园之间的冲突在弗里德里希二世对国家历史的叙述中完全消失了。弗里德里希二世在一定程度上用了一种巧妙的手法来消除它：他把对庄园的压制追溯到乔治·威廉统治时期，特别是“三十年战争”期间强大的施瓦岑贝格伯爵执政期间。施瓦岑贝格是马克伯国（从1614年起成为勃兰登堡属地）一个古老天主教家庭的后裔，在1620—1630年断断续续地担任枢密院成员。1638年，当选侯从饱受战争蹂躏的勃兰登堡逃往柯尼斯堡时，施瓦岑贝格获得了几乎独裁的权力。为了恢复对领土的部分掌控，施瓦岑贝格试图利用从勃兰登堡-普鲁士蛮横的贵族那里勒索来的财政捐款，组建一支规模不大的勃兰登堡军队，但没有成功。

按照弗里德里希二世的说法，施瓦岑贝格成了地方联合自由的掘墓人。在“三十年战争”之前，弗里德里希二世写道，庄园仍然是“政府的主人”：他们提供津贴，控制职权，确定军队的人数并供养他们，保卫国家的一切必要措施都需要征求他们的意见，法律和治安在他们的监督下执行。然而，施瓦岑贝格单方面打破了他们的权力：“施瓦岑贝格——弱君的强臣，把君主和领地的所有权力都集中到自己身上：他以自己的权威施加影响，庄园没有被留下任何其从未滥用过的权力，而只能……全然服从宫廷的命令。”[47]

在对施瓦岑贝格的刻画中，值得注意的不仅是他的党派特征（它准确地再现了庄园反对施瓦岑贝格政策的戏剧性观点），还有对这位大臣影响力的极端夸大。[48]施瓦岑贝格的“独裁”，是对“三十年战争”中最糟糕的一个阶段的极端危机状况的应急反应，实际上这只持续了不到两年（1638—1640）。这种代理人专制统治的短暂而不成功的试验，并没有终止或者严重削弱庄园的权力。相反，真正削弱庄园特权的，是大选侯（1640 年继位的弗里德里希·威廉）以及他的继任者弗里德里希三世 / 一世（1686—1713）和弗里德里希·威廉一世（1730—1740）逐渐改变了中央政府和农村精英之间的关系，实行新的永久税种，建立和维持常备军队（取代旧有的地方武装），重新配置贵族土地所有权的法律地位，以及许多其他措施。

弗里德里希二世非常清楚这一点：与庄园的冲突一直是大选侯统治时期的核心主题之一，更不用说他的政治遗嘱了。普芬多夫甚至洛塞留斯都把这场斗争放在了各自叙述的中心，哈特克诺赫也是如此，他关于波兰-立陶宛联邦以及普鲁士公国和普鲁士王国的历史，都严谨地关注着国内对王权的限制。[49] 然而，弗里德里希二世在对他曾祖父统治的描述中却没有留下任何这方面话题的痕迹。即使在非常合适这个话题出现的地方，弗里德里希二世也小心翼翼地避免提及。例如，在《勃兰登堡家族回忆录》的一段中，弗里德里希二世将大选侯的统治与法国路易十四的统治进行了比较，然而即使在评论路易早期与法国贵族投石党运动的斗争时，他也没有将之与大选侯相对比，明明大选侯在掌权初期也因税收、壮大军队、任命官员等权力问题而与地方贵族频繁对峙。

弗里德里希二世的疏忽因以下事实更加引人注目：伏尔泰的历史著作提供了一个将主权和征服与国内精英的从属关系联系起来的叙事模板。他的《亨利亚德》——弗里德里希二世将之视为史上最伟大的史诗，甚至超过荷马的《奥德赛》和《伊利亚特》——描述了法国君主艰难战胜颓废自私精英的故事，后者利用偏执和宗教热情扼杀国王的权力。聚集在巴黎反对亨利四世的等级会议成了各种派别和阴谋诡计的游乐场，他们的辩论回响着“地狱般的呐喊”[50]。在弗里德里希二世读过的《路易十四时代》手稿中，巴黎议会被描绘成自命清高、无纪律、懒惰的贵族的喉舌，他们以“古老法律”和“神圣权利”的名义反对国家的合法财政和政治措施。伏尔泰多次指出，一个幸福的国家是贵族完全为国家服务的国家，只有这样，旧封建制度的“暴政”和“哥特式野蛮”才能被克服。[51] 简而言之，弗里德里希二世决定将勃兰登堡的选举权和王权的巩固排除在他的叙述之外，这与他导师的实践相背离，后者赞美法国的绝对君主制，因为它代表了一种更理性、更强大的治理形式，这种形式战胜了旧领主的特殊权威。

没有冲突的霸权

为什么弗里德里希二世要这样修改记录？部分原因在于，强调中央行政权与庄园之间冲突的叙述似乎不再恰当。此时，地方贵族服从中央政府的划时代进程已基本完成。旧庄园所剩下的权力和自主权，只是通过地方精英权力网络体现出来的“联合的潜在可能性”[52]。他们在政治上日益受到衰竭的冲击，且这种冲击因经济衰退而加剧。18世纪下半叶，地主贵族进入了危机时期。18 世纪 40 年代以及五六十年代的战争和经济崩溃，再加上政府通过国家储备系统对粮食市场的操纵，以及因地产拥有者家庭的自然增长而造成的人口过载，使土地阶层承受着越来越大的压力。容克地主的负债急剧增加，在许多情况下他们破产或被迫出售土地，土地通常是卖给手里有现金的平民。土地流转的频率越来越高，挑战着传统农村社会结构的凝聚力。[53]

弗里德里希二世在社会方面比他父亲保守得多。[54] 与他的父亲不同，弗里德里希二世本人——尽管他刻意塑造了节俭、苦行的形象——过着一种明显的贵族生活。[55] 在他看来，贵族是唯一能够在军队中担任军官的群体，部分原因在于他们是唯一一个天生具有荣誉感的社会阶层。由此可见，贵族财产的稳定性和连续性对军事国家的生存至关重要。虽然弗里德里希·威廉一世有意淡化贵族的社会优势地位，但弗里德里希二世采取了“保护”政策，其目标是防止贵族的土地被转让给非贵族。其中包括慷慨的税收优惠、对经济困难家庭的临时现金赠与，以及防止土地所有者过度抵押地产的努力，但这些基本上是徒劳。[56] 当这些措施失败后，弗里德里希二世的第一反应是加强国家对土地销售的控制，但事实证明这适得其反。对土地转移的控制极大地限制了对财产处置的自由。因此，政府必须调和相互冲突的优先特权。弗里德里希二世政府希望恢复和维护贵族阶层的尊严和经济稳定，但它却试图通过暂停地产阶层的基本自由来实现这一目标。

为了寻求一种不那么具有干涉主义色彩和争议性的方法来支持贵族利益，国家资本农业信贷合作社最终建立，专为老牌的容克家族服务。这些机构以补贴利率向境况不佳或负债累累的土地拥有者发放抵押贷款。每个省都建立了独立的信贷合作社（1777 年在库尔马克和诺伊马克，1780 年在马格德堡和哈尔伯施塔特，1781 年在波美拉尼亚）。[57] 国王想让人们知道这些措施，于是在《自胡贝图斯堡和约以来的回忆录》中，用了冗长的篇幅讲述他为改善贵族状况所做的努力。[58] 的确，弗里德里希二世的许多维护贵族的措施始于“第二统治时期”，即《胡贝图斯堡和约》（1763）后，但弗里德里希二世对贵族的尊重以及他对贵族特殊社会地位的重视（被要求作为军官和指挥官为王国服务），在其整个统治时期都很明显。[59]

与他的父亲和曾祖父所信奉的矛盾模式不同，弗里德里希二世认为自己是贵族中的领导者。他从《爱国书，或阿纳皮斯特蒙与菲洛帕特罗斯的通信》中观察到的真正含义是，"进行明智以及温和管理的君主制"，更像"寡头集团政治而非独裁专制"，因为那些受雇于议会、司法和财政机关、外交部门、军队和国内政府的人（在弗里德里希二世时代几乎都是贵族），"全都参与君主统治"。[60] 总的来说，弗里德里希二世更喜欢基于协商而不是基于冲突的主权合理化。因此，他声称反对霍布斯关于主权起源的论述，因为在他看来，霍布斯的论述假定，臣民必须使自己完全丧失权利，通过服从君主来获得个人的保护。恰恰相反，弗里德里希二世认为，最初签署"社会契约"的臣民不是在胁迫下拥戴君主的，而是因为后者的智慧、能提供的保护，以及臣民期望从统治者那里获得的成就；为此，他们还会对国王说："我们要求您尊重我们的自由。"[61]

因此，弗里德里希二世把对过去的叙述与现在的优先考虑结合起来，让过去与他的国家的政治和社会目标一致，这很可能是一种有意识的操纵。他不可能错过普芬多夫提过的冲突主题，更不用说两位弗里德里希·威廉的政治遗嘱了。由于《勃兰登堡家族回忆录》是为出版而写，我们可以把它看作针对贵族的修辞表演，这些贵族的年轻一代在第一次和第二次西里西亚战争中为他英勇战斗。弗里德里希二世坦陈，自己的角色是选择素材的人，这些素材来自普芬多夫和他的同事们所谓的未经修饰的、不加选择的叙述，他们只是把自己研究获得的原始材料扔在纸上，让读者去理解这一切。他经常承认选择对于历史叙事的构建至关重要，这一观点可能是从伏尔泰那里学来的，伏尔泰的《风俗论》认为，人们关于过去可以讲述不同版本的故事，“他必须克制自己进行选择”。伏尔泰写道，过去是“一个巨大的仓库，你必须从中获取任何有用的东西”[62]。

然而，国王的历史记录将国内的政治冲突隐去会产生问题，即产生一个潜在的困境。与庄园的斗争不仅仅是一个插曲或一系列事件，它还可被用来描述和解释国家的产生和历史轨迹。

伏尔泰在《路易十四时代》所展示出来的方法论代表了一条打破这种僵局的道路。伏尔泰对路易十四统治时期的某些军事和政治事件有详细的叙述，其先决条件是它们确实处在伏尔泰叙述的中心位置，即法国文明的进步达到了前所未有的高度。路易十四统治时期，最重要的内容不是国王的条约和战争（伏尔泰认为所有战争都是让社会滑落到野蛮状态的可悲重演），而是艺术和科学在“最开明时代”的繁荣发展。遵循着老师的模式，弗里德里希二世在勃兰登堡政治简史中附加了三篇文化史论文，着重介绍了迷信和宗教史、“道德、风俗、工业以及人类精神在艺术和科学上的进步史”以及“勃兰登堡的现代和古代治理史”。正如我们所看到的，所有这些都受到一种强烈的进步主义驱使。[63]

伏尔泰的“时代”范式——《圣经》中预言的“世界君主”救赎继承的世俗化版本——帮助弗里德里希二世关于勃兰登堡-普鲁士国家演变的叙述，从与庄园之间的冲突的国内渊源中浮现出来。他的叙述因此获得了一种吸引人的前进动力，这种动力不是来自以牺牲传统社会和政治形态为代价来巩固君主权威和权力，而是来自对更广泛的文明思想的呼吁，这是伏尔泰帮助建立的一种常见的启蒙式时间性——一种把当下作为全人类奋斗的终极目标来赞美的思想。然而，弗里德里希二世并没有简单地全盘采用伏尔泰的模式。伏尔泰把国家事务置于一套更高的价值体系之下，涵盖了文化生活的所有领域；而弗里德里希二世，正如乌尔里希·穆克所展示的那样，颠倒了优先顺序，将国家及其所作所为置于故事的中心。“国家”不仅仅是人类精神进步的有利条件；它是这出戏的主角。由于文化和习俗需要被认真考虑，它们被从对国家有利的角度进行权衡。例如宗教派别的价值在于是否能够培养优秀“公民”，道德、风俗、艺术和科学因其给国家带来的益处而得到评估。[64]

但弗里德里希二世式的“国家”本身并未以这种新兴的方式被描述，它的进程并没有被定义为一种进步。对大选侯和普芬多夫来说，新生的选侯国与传统权威持有者争论，以此为自己存在的过程进行辩护，这是勃兰登堡–普鲁士历史叙述的中心。与此相比，在弗里德里希二世的作品中，国家被认为是一种额外的历史事实和逻辑必然。[65] 弗里德里希二世对伏尔泰的独特的改编结果带来了一个奇怪的、没有定论的叙事。在普芬多夫、哈特克诺赫和大选侯的著作中，变革的载体被如此有力地描绘出来，为最终来源模糊的弥散的变革潮流让路。变革始终存在于国王对过去的反思中，但它已成为反思意识的一种属性。它并不在某个特定的历史过程中。权力运行的国内环境变得模糊而无形。在普芬多夫的叙述中，至关重要的议会和辩论从视野中消失了，一并消失的还包括每一次权力决策都代表着从众多可能的未来中做出一个无法逆转的选择的感受力。

普芬多夫把大选侯的传记写成了一个关于由不可预见的偶发事件驱动的变革故事，而弗里德里希二世坚持认为历史体现了某种永恒的普遍规律的运行。“脆弱和不稳定与人类的行为密不可分，”他说，

“但动摇君主制与共和国的革命都源于不可动摇的自然法则。”据此，国王认为，人类的激情驱使一代又一代的演员改变了历史大剧院的场景。“如果没有这些动荡……，宇宙无疑会保持不变，就不会有新的事件了。”[66]在人类事务的所有破坏和变化中，人们可以看出某些主题的永恒重复——野心所释放出来的反叛力量是国王经常重复的主题，不仅在历史论文中，还在当弗里德里希二世还是莱茵斯堡王储时所创作的《反马基雅维利》中。有时，国王甚至觉得，在历史展开的过程中，就像在自然界的运动中一样，可能有一个循环的、自我重复的维度。他在《我的时代史》中指出，任何一个致力于研究历史的人都会很快发现，“同样的场景总会重复上演——改变的只有演员的名字”[67]。他在《勃兰登堡家族回忆录》中推测，也许国家历史的进程与行星的运行相似，总是回到其原来的位置。[68]这些段落暗示了18世纪中期历史和自然科学之间的密切联系，它们提醒我们，“哲学”的声望是如何推动这个时代的历史写作朝着可概括的原则的方向发展的。但国王的反思也是一种表演。这种表演是摆出一副见过世面的哲学家的姿态，使我们远离那种来之不易的历史成就感，这种感受曾激发了“父亲的训令”和普芬多夫对大选侯统治的史诗般的概述。

抉择的时代

可以肯定的是，弗里德里希二世对历史时间的流逝所带来的变化表现出了敏锐的意识。弗里德里希二世在《反马基雅维利》中写道，如果路易十二时代的指挥官再次出现在他的时代，他就会因当今庞大的军队，和君主们在战争以及和平时期维持军队的能力而震惊。[69]“马基雅维利自己会怎么说呢？假如他看到欧洲权力关系的转变，那么多伟大的君主在他的时代无足轻重，但在今天发挥着作用；国王们稳固的权力，统治者进行谈判的方式，他们在彼此宫廷中安插的全权间谍，以及欧洲的这种平衡，这一切都建立在几个重量级的君主结盟共同对抗野心勃勃的和平破坏者的基础上。”[70]弗里德里希二世观察到，他自己所处的时代和马基雅维利所处的时代之间存在着如此根本性的差异，以至这位意大利作家的许多观点都已经过时了。自马基雅维利时代以来发生的“大事与小事的根本转变”意味着“（他的）大多数思想不再适用于我们这个时代的国家生活”。[71]

然而，还有许多其他段落似乎明显缺少历史发展感。弗里德里希二世运用了古希腊和古罗马的范例，就像马基雅维利自己所做的那样。他认为，历史应该是一个永恒的模范宝库——应该只有“好君主”的生活和事迹被保存——这将使历史书更薄，但也更有启发性。[72]他把这一见解应用到对他年轻的侄子同时也是继承人的教育中。“他不应该烦扰于君王的统治顺序，”弗里德里希二世告诉这位年轻人的导师，“只要他记住了那些在国家中扮演重要角色的杰出人物的名字。”[73]考虑到现在可以观察到的国家形式的多样性，弗里德里希二世追求的不是历史的因果关系，而是即使在一个物种之中也能产生如此多样性的“丰富种类”[74]。他认为，国家的历史可以被比作一个生物的生命周期，在这个周期中，变化被限制在一个永远自我重复的序列中：“就像一个人出生，存活一段时间，然后死于疾病或年老一样，共和国建立，繁荣了几个世纪，最终成为某个特定公民野心的牺牲品，或成为敌人武器的牺牲品。一切都有自己的时间框架，包括所有的诸侯国，甚至最伟大的君主也只有他们所分配的时间，地球上的所有事物都受变化与腐朽法则的支配。”[75]对普芬多夫来说，未来的压力强制性带来了进行选择和做出决策的任务，由此界定了国家权力机关的责任。

对弗里德里希二世来说，这种由君主在不同未来的可能性中做出选择的决策时刻，重要性较低。这种差异也可以从弗里德里希二世关于君主应该如何为未来做准备的思考中看出。在这方面，弗里德里希二世区分了我们所谓预备的渐进模式和随机模式。前者假定当下的持续性，而后者则不然。一方面，弗里德里希二世在其1752年的政治遗嘱中主张，统治者应该持续扩充现有资产。在国王的领地内，仍有许多地区拥有丰富的耕地，可供新的农民社区定居。排水工程将提供更多耕地。丝绸“产业”仍处于起步阶段：6年之后，王国的桑树种植园就可以收获叶子、喂养大量的蚕了；诺伊施塔特的刀具和剪刀工厂应该在某个时候扩大；贸易量必须继续增加；等等。[76]弗里德里希二世解释说，所有这些企业应该在君主的头脑中形成一连串的“项目”线。因为“一个管理良好的政府必须像任何哲学体系一样拥有无懈可击的理论基础。一切措施都要深思熟虑；财政、政治和军事都必须朝着一个共同的目标努力，那就是国家的强盛和国力的增长。但这个系统只能从一个头脑里产生”[77]。

另一方面，君主的职责也包括与当前情况完全无关的、专注于未来情景的“政治幻想”。这种“空想政治”要求君主将自己从当前的现实中抽身，在“想象中的无尽牧场”漫步。这些设计的重要性在于，无论多么遥远，它们都有可能在某一天得到实现。[78]例如，有一天，在与奥地利的战争中，普鲁士有可能征服波希米亚，然后用它来交换萨克森。[79]空想政治关注的是长期目标，实现这些目标并不是一个持续的过程，而是不可预见的、可能非常遥远的偶发因素的作用。

这些思考可能会让弗里德里希二世更接近普芬多夫关于大选侯统治时期的记录中那种一丝不苟的选择。但重点大不相同。在普芬多夫的叙述中，决策算计涉及许多其他参与者不可预测的行为。相比之下，这里的问题是当时机成熟时，通过展示武力来抓住主动权。这些推测的动机并不是偶然性的相互作用，而是君主的意愿。毕竟，国家的政策或“政治制度”是君主的主意，他必须“制定制度，然后实施它”。由于构成这个体系的思想是他一个人的，因此只有他有能力确保这些思想的成功。但这反过来也暗示了对决策时刻的贬低；而对普芬多夫来说，这个决定是在一个快速变化的环境下、在各种不确定性中做出的选择；对弗里德里希二世来说，这个决定是支持一个已经明确定义的目标的意愿表达。“当需要迅速做出决定时，独立统治的君主不会措手不及，因为他把所有事情都与预先设想的最终目标联系在了一起。”[80]

在弗里德里希二世统治期间发生了很多重大危机事件。“七年战争”将普鲁士推向崩溃的边缘，并很可能导致这个从大选侯手中继承下来的国家分崩离析。第一次瓜分波兰——虽然从柏林的角度来看，短期内没有什么危险——却是一个将回响带入20世纪的重大事件。然而奇怪的是，在弗里德里希二世对过去、现在和未来的推理中，却没有表现出重大事件带来的那种令人战栗、恐惧的震动。偶然性被意志所排挤，决策发挥了抵抗短期冲击和干扰的“系统”功能。

我们只能推测出现这种奇怪的冷静状态的原因。一厢情愿的想法以及故作姿态肯定在其中发挥了作用。这个自称“哲学王”的君主倾向于把自己描绘成远离动荡“事件”，在情感生活中冷静自制，在追求目标方面始终如一（或者他是这么想象的）的样子。普芬多夫笔下的大选侯则笼罩在地缘政治的困境中，需要聆听枢密院官员的不同建议，小心权衡各种行动可能导致的危险场景，而这些对弗里德里希二世来说毫无吸引力，后者无论是作为一个男人还是作为一位君主都努力表现出其拥有绝对的自主权。最后，弗里德里希二世直觉地认为，历史受制于自我重复的循环模式，从而削弱了事件、决策以及决策发生时刻的重要性。正如弗里德里希二世常说的那样，在一个万物轮回的世界里，国家是经历成熟和衰退循环的生命形式，或者是被锁定在圆形轨道上的行星。决定胜利和失败、条约和联盟的策略固然非常重要，但最终，它们在本质上是历史重复结构的产物。政治决策时刻无法获得普芬多夫所强调的哲学地位，也无法达到后来俾斯麦所推崇的高度。

时间的暂停

在安托万·华托的《意大利剧院的爱情》中，11 个人站成半圆形，面对观众，围在一个弹吉他的男人身边（见图 3）。他们穿着意大利喜剧人物的服装：俏皮的阿勒奇诺、傲慢的大学博士、神气活现的上尉、首席女高音和副首席女高音。然而，他们并不是站在舞台上。火把的光线照在弯曲的树枝和一缕缕树叶上。在画面右上方的角落，一轮明月正依偎在云层之中。在夜间的森林里，这些精心打扮的人物似乎不合时宜。黑暗若隐若现地笼罩着他们，掩盖了服装所透露出来的哑剧般的欢乐。在脱离了舞台的场景后，这些符号化的服装呈现出

“所有枯竭的悲伤信号”[81]。它们在时间上也存在错位。1716 年，当华托画这幅画时，即兴喜剧已经在走下坡路了。1766 年，当它首次出现在无忧宫的画廊时，它唤起了一段模糊而遥远的过去。[82]

图 3　安托万 · 华托的《意大利剧院的爱情》(1718)；版画作者查尔斯 · 尼古拉斯 · 科钦，1734

来源：The Trustees of the British Museum

弗里德里希二世是华托绘画的狂热收藏家。他收藏了许多这位法国艺术家的画作，以至今天柏林–波茨坦仍然是华托作品的第二重要地点，仅次于巴黎。华托（1684—1721）是雅宴体风格最著名的画家，以描绘戏服人物所处的梦幻般的田园场景而闻名。这些画面给我们印象最深的是它们的永恒性；画中的人物似乎漂浮在一个半戏剧半神话的闪闪发光的世界里。他们弹琴、听音乐、交谈，或者只是在放松，除了享受这一刻的快乐，没有任何明显的目的。在对“华托的宇宙”的赏析中，研究艺术历史和哲学的法国作家勒内·于热试图捕捉华托所有作品的独特氛围：“可见的、虚构的，他们就在我们面前。在他们虚假存在的镜子中，那些对称的面孔，‘永不’和‘永远’，认出彼此，并与对方和解。毫无疑问，他们一直都是如此；毫无疑问，他们从未存在过。他们是活着的吗？在看似静止的溪流中，人们看到一股难以察觉的水流带走了所有的东西……他们已经离开我们了，他们（华托的人物）抛弃了我们，他们温柔而遥远，没有意识到我们的存在，他们轻轻地旋转，一步一步地离开。”[83]华托的朋友、古文物收藏家安妮·克劳德·德·凯吕斯在一篇遗作评论中指出，华托的作品“没有任何主题……也没有表达任何激情”，因此它们缺乏“绘画中最刺激的维度之一，即行动”，这是一种能够赋予任何构图以“与灵魂对话，抓住并引导灵魂的崇高火焰”的东西。[84]正如托马斯·卡瓦纳所指出的那样，华托让凯吕斯感到困扰的是，他的画作未能提供“叙事的跳板”。在华托脑海中浮现的那些时刻与任何我们可以称之为历史的东西都不一致；它们“未能走到一起唤起一个更大的、更具包容的时间性，将那些个体时刻嵌入它们所阐释的持续的故事中”[85]。

弗里德里希二世从来没有写下他对华托画作的异乎寻常热情的原因，但他的文字毫无疑问地表明，他从这些作品中看到了自己生活的特质。1742 年，他劝自己的朋友和前导师约尔丹：“用华托而非伦勃朗的笔法来画自己！”[86]在写给他的情人阿尔加罗蒂伯爵的情爱致辞中，弗里德里希二世宣称这位年轻英俊的伯爵（在文中被称为“帕多瓦的美丽天鹅”）的精神似乎把他带进了一个画廊，在那里“最美画作的迷人景象不停变化”，“最后的画作美丽绝伦”。在被提及的画家名单中，最后一位就是华托，似乎他的画作最能捕捉到激烈的瞬间，弗里德里希二世还为这个主题写了一首诗。[87] 1761 年 4 月，在“七年战争”中最黑暗的一年里，他在给妹妹阿梅莉的信中写道：“真正反映我们现状的不是华托的作品，而是使用深色，仅仅表现最灰暗的题材的西班牙风格作品。”[88]

在弗里德里希二世统治期间，他作为收藏家的兴趣确实扩大了。1755—1779 年，他开始在国际上竞拍代表宫廷类型的伟大画作——在此期间，他获得了鲁本斯、凡·戴克、拉斐尔、柯勒乔和提香等人的画作。但这些购买并不意味着国王个人品位的根本改变，正如阿斯特丽德·多斯特尔特指出的那样，它们标志着他从“皇家私人收藏家”到“收藏之王”的转变。[89] 雅宴体风格的作品继续主宰着国王在无忧宫的常用私人房间。[90]

国王对华托如此感兴趣似乎并不特别令人惊讶——这位艺术家在 18 世纪 30—40 年代的身价极高，因为他的作品正风靡欧洲。但即使是在这样的背景下，弗里德里希二世收藏华托和其他雅宴体画家的作品的决心也异乎寻常，尤其是对一位君主来说——在当时，雅宴体风格与巴黎金融界的艺术偏好联系在一起。[91] 特别有趣的是弗里德里希二世对这些绘画的认同感很强，他既倾向于把自己投射到它们永恒的风景中，也想象着华托的笔触“画下”了自己的存在，仿佛画家抓住的不仅仅是某个特定的形象，而是唤起了某种类似的意识形式。华托的画作将时间划分在暂停的瞬间，随意地割开刚刚流逝的过去与临近到来的未来。它们用这种方式抓住了弗里德里希二世对时间质感的体悟。在一首初版发表于 1761 年的《时间颂》里，弗里德里希二世说

“世界上没有一股如此坚固的力量 / 能不（被时间）冲刷带走”：

没什么能停下你的暴力
正是我思考的那一瞬间
已经离我而去
……
就如不可分割的一点
或是无知无觉的原子
（时间）流逝，而我随它而逝。[92]

瑞士学者亨利·德·卡特曾一度是国王的法语口语、写作导师，他回忆起 1758 年夏天与弗里德里希二世的一次谈话。他发现国王正在聚精会神地进行数值计算。随后进行了下列对话。

弗里德里希二世：“啊，你好，亲爱的朋友，猜猜我在计算什么。”

德·卡特：“您的财宝——……”

弗里德里希二世：“唉，我已经没有财宝了，我仅有的一点儿财宝很快就会花光，再猜猜看。”（这次对话发生在“七年战争”的第三年。）

德·卡特：“也许您在计算这场战争已经花了多少钱？”

弗里德里希二世：“我知道得太清楚了，我不需要计算了。来吧，别害怕，猜猜看！”

德·卡特：“陛下可能计算的事情太多了，很难恰好猜中。”

弗里德里希二世："那你就不敢猜了？先生，我在计算我活了多少分钟。这个计算我已经做了一个小时了。多么大的数目啊——浪费了多少分钟啊！这时间不停地飞逝，这时间一天天、几个小时、几分钟地向前拖行，人们对它漠不关心，常常毫不在意，而大自然每时每刻都在向我们呼喊：'凡人，利用你的时间；永远不要忘记那一刻的价值，因为那一刻承载着浩瀚的时间，不要让琐事加速你的时间的飞逝。'"[93]

对"承载着浩瀚的时间"的提及，对瞬间和整个永恒的矛盾混合，无疑是华托对国王的意义的线索。如果说华托捕捉到了所有人类经历的短暂性，那么在更大的时间景观内，将这些瞬间的经验单元定格下来的，正是古希腊罗马时代的思想遗产。弗里德里希二世在1760年的一份备忘录中坚称，良好的文学教育必须把对古代的研究和现代的作品结合起来，通过比较古代作家和对同一主题进行研究的现代作家的文章来建立对诗歌的美的理解。[94]对弗里德里希二世来说，"古典"并不受历史或时间的限制；这是一个有关想象和观点的宝库，可以像在过去那样鲜活地活在当下。[95]在1737年4月写给伏尔泰的信中，弗里德里希二世对莱茵斯堡宫展开了幻想，莱茵斯堡宫是他在1740年登基之前居住了多年的宫殿。他提出，与人们普遍认为的相反，雷穆斯并没有被他的孪生兄弟——罗马神话中的缔造者罗穆路斯杀死，而是流亡到北方的格里内克湖岸边，也就是他自己未来的宫殿所在地。梵蒂冈派来的僧侣们徒劳地寻找雷穆斯的遗体，但在建造宫殿的过程中，工人们偶然发现了标有古代铭文的石头和装满罗马钱币的瓮，因此有了"莱茵斯堡"这个名字，它实际上是"雷穆斯堡"的变体。当伏尔泰回信责备王储沉溺于这种难以置信的幻想时，弗里德里希二世生气了——他只是在开玩笑！然而，从这一刻起，他在所有莱茵斯堡的信上（写给他父亲的信除外）都署名“雷穆斯堡”。[96]

从年轻时起，弗里德里希二世就与古罗马的伟大历史人物建立了密切的关系。1732 年 1 月，他告诉父亲的一位大臣格伦布科：“马略、苏拉、辛纳、恺撒、庞培、克拉苏、奥古斯都、安东尼和雷必达不时会过来聊天。”[97] 在无忧宫，国王推广的社交方式仿效贺拉斯所举办的罗马乡间聚会，在这种聚会上，饭桌上只有“简餐，因机智的交谈和对愚昧之人的讽刺而生动有趣”[98]。

这种与古罗马的选择性的强烈亲近感意味着一种类似的、循环的历史性，而不是线性的、发展的历史性。现在和过去之间打开了大门，时间围绕着一个时代和另一个时代的类比而展开。对普芬多夫和大选侯来说，最近的过去对当代经验明显是暴政，即使不是完全停止的话，那么也是相对的。我们可以从弗里德里希二世为自己做出的极具特色的埋葬安排中看出这种时间限制的痕迹。他的安葬并未遵照通常的王朝仪式。他没有选择在霍亨索伦家族陵墓中安葬，而是在无忧宫的花园为自己选择了一处墓地。他写道，他将按照古罗马人的方式被焚烧，他的骨灰将被单独埋葬，远离他的父亲和祖先。[99] 取而代之的是，罗马皇帝的半身像竖立在墓穴周围的柱子上，与他相伴——其中最重要的是马可·奥勒留。[100] 弗里德里希二世读过苏埃托尼乌斯的《罗马十二帝王传》，其中提到罗马皇帝被埋葬在美丽的花园中。另一个例子是诗人贺拉斯，他的名字在弗里德里希二世出版的作品中出现了 180 多次，其《颂歌》以这些诗句结尾：

仁慈的朱庇特在此赐下长久的春日
与温暖的冬天，而奥隆的山坡
未曾妒忌费乐纳斯的葡萄
它属于丰饶的酒神

这些蒙福的山谷会召唤我们两人
去那里撒下温热的灰烬
以应有的泪水浸湿
你诗人朋友的眼眶[101]

声名的跨时空流传，使这种在遥远的历史时代之间的轻松旅行成为可能。罗马人的声名就像一条连接古代和现在的高架高速公路，穿过中世纪和“三十年战争”期间肮脏、暴力的城郊。声名也是通向遥远未来的桥梁，也是弗里德里希二世能够相信的唯一永生形式。活在后代的记忆和崇拜中可能是这位国王最根深蒂固的愿望之一。[102] 他在 1734 年写的《荣耀颂》中提出，追求名望是古代伟大英雄的主要动机。他们对声名的追求是一种“欲望”，这种“欲望”打磨了荷马、维吉尔和伏尔泰的韵律，也是国王本人的一种强烈的激情。[103] 为了声名，君王“不顾残酷的死亡”，请求这位世俗的神明：

挽救一簇微弱的花火
来自存我心中的魂灵
请你抬手打开壁垒，
然后，预备运行你的进程

我将为汝生，为汝亡。[104]

这些伴随着国王一生的名利幻想的一个显著特征是，它们关注的只是国王本人。弗里德里希二世下令按照古老的方式焚烧自己的尸体，然后把尸体存放在“别墅”的花园里，这使他远离了那个时代代表欧洲王朝的传统做法。传统做法倾向于隐藏君主的个性，将其嵌入家族的世代传承中，不把注意力集中在君主个人身上，而是集中在他的政权和家族的尊严上。相比之下，弗里德里希二世选择不以国王的身份下葬，而是以哲学家的身份下葬，这个姿态使他与所有祖先不同，也与同时代的王室成员不同。选择无忧宫也是如此，他希望葬在那里的阶地上。正如佩卡指出的那样，无忧宫并不是一处“豪宅”——它并没有展现出“君王的富丽堂皇和王朝的伟大”，而是专注于“个人修养和私人品位”。[105]弗里德里希二世也以这种方式，拒绝被纳入一个大于自己的叙事中，而是以一种独特的个性在后人的永恒声名中寻求庇护。

在很大程度上，这种脱离宏大叙事的态度，是1786年国王去世后人们仍然崇拜他的一个特征。18世纪八九十年代，出版了一系列纪念这位已故君主的出版物。但迄今为止最著名和最成功的，是由柏林启蒙运动最有影响力的出版人弗里德里希·尼柯莱编辑的，关于已故国王逸事的两卷本汇编。[106]在这些随机的记忆碎片中（尼柯莱的汇编只是众多类似的逸事书籍之一），国王或是从马上摔下来，或是用出格的俏皮话回应无礼的行为，或是忘记某人的名字，或是纯粹凭着勇气战胜逆境。[107]奇闻逸事因内容紧凑和令人难忘，在口头上传播的速度如同在文学中一样迅速，就像今天的笑话一样。这些逸事专注于国王的人性，似乎与政治和历史毫无瓜葛。弗里德里希二世的记忆浪潮下的奇闻逸事，就像华托的绘画一样，形成了超脱于时间的独特时刻，拒绝被纳入宏大的历史叙事。

结 论

弗里德里希二世的历史性与大选侯以及他的宫廷历史学家普芬多夫的历史性形成了鲜明的对比。普芬多夫曾敦促他的同时代人把古希腊和古罗马的历史放在一边，把重点放在他们自己时代的历史上。他曾把国家想象成一种必须通过争论和斗争才能存续的东西。对弗里德里希二世来说，古罗马人在过去和现在都是最重要的权威和灵感来源，这远远重要于他们灭亡后充斥着狂热和错误的几个世纪。当他将自己的现在与中世纪的“野蛮”进行对比时，他看起来就像一位线性的阶段论者，但这是一种视觉错觉，就像地球表面看似平坦一样，只有在时间曲率的巨大尺度下才有可能。他认为国家是一种永恒的逻辑必然——他对国家发展出现代形式的历史环境不感兴趣。普芬多夫是间断论的理论家，弗里德里希二世试图将最具创伤性的变化嵌入永恒不变的规律和法则的连续体中。与强大的地方精英的冲突主导了大选侯的国内视野，并成为普芬多夫、洛塞留斯和哈特克诺赫撰写的历史的核心议题。然而，弗里德里希二世在自己的叙述中抹去了国家历史的这一段落，摧毁了普芬多夫所阐释的叙述框架，取而代之的是一种核心不受历史干扰的叙述。

我们已经对做出这种选择的原因进行了反思。于尔根·卢和佩卡认为自我中心主义、近乎病态的虚荣心是这位国王的核心和主导属性，这显然是一个重要因素。如此强烈地坚持自己独特性的人不会希望自己被嵌入“历史”的相互依存之中。弗里德里希二世最珍视的是过去，因为过去是与他自己的成就对话并产生共鸣的光辉榜样的宝库——其余的都是尘土和垃圾，是人类愚蠢行为的目录，不值得纪念或效仿。这些偏好与停滞和保守的社会政治产生了共鸣——尤其与领地贵族有关，这些贵族不再是王权在地方上的对手，而是弗里德里希二世式军事国家不可或缺的社会脊梁。

做出这种选择最深层的原因，无疑是朱迪·巴特勒所说的“权力的精神生活”。我们习惯于认为权力是一种来自外部的压迫。但是，假如我们自己实际上“始于对初始权力的服从”——例如，父母的权力呢？巴特勒认为，如果我们将权力理解为自我意识形成的一种力量，“那么权力就不仅仅是我们反对的东西，也是我们赖以生存的东西，以及我们在自身存在中庇护和保存的东西”[108]。这个思路与弗里德里希二世的潜在关联几乎不需要强调。对一个在残酷暴虐的家长手中经历了痛苦的童年和青年时代的男人来说，与权力的遭遇始于一个在国王父亲面前畏缩的男孩的恐惧，一位曾是国王儿子的国王。在王朝家族的背景下，权力是出生和继承的功能，“历史”以一代代父子相承的“航线”得到呈现。[109]拒绝与自己的男性祖先埋葬在一起，拒绝与父亲强塞的女人生下儿子，并对她敬而远之，把自己置于父亲建立的国家结构之外，将自己与遥远而不是最近的过去紧紧相连，想象自己是一个不受时间束缚的独特人物，弗里德里希二世在策划如何逃离这些个人的纠缠，而心理上的束缚从未放松。

弗里德里希二世的同性恋身份与这些想法有关。他曾公开地为他所爱的男性身体之美而感到愉快，他写诗赞美英雄“主动或被动地回应他们柔和亲切的朋友”，把耶稣描述为使徒约翰的“该尼墨得斯”，并用安提诺乌斯①和来自古典时代的男性情侣的雕像来装饰他的公园。[110] 这些信号体现出弗里德里希二世对异性恋期望的明确拒绝，例如他戏剧性地羞辱不受他待见的妻子，将她描述为“女性中无可救药的尖酸刻薄的典型”。弗里德里希二世所珍视的田园文学传统，长期以来一直受同性恋激情的影响。渴望欲望的实现可以发生在一个与时间和历史隔绝的空间里，摆脱父权制和异性恋的束缚。[111] 弗里德里希二世明确拒绝继承王朝所伴随的繁衍后代的义务，宁愿寄情于完善一种田园生活，在这种生活中，青年人的个人自由和坦率的交往可以无限地持续和加深。[112]

这些不那么私人化的倾向，天衣无缝地融合到弗里德里希二世对国家和权力更广阔的视野中，这种视野是非历史性的，悬浮在零重力的永恒法则和循环运动中。这种愿景反过来又与其统治时期的政治经济产生共鸣，在此期间，削弱传统农业精英的权威的必要性已经被“保护”制度所取代，该制度旨在保护他们免受猖獗的社会变革的影响。国王从早期国内冲突的叙述中脱离出来，使他可以把自己的国家像一个天体一样悬挂在一个国际体系的引力场上，而这个国际体系的运动，尽管不得不在危险的权力平衡中不断调整，但从根本上保持了稳定性。[113] 其结果是，启蒙运动后期渐进的历史性和国王对自己历

① 在希腊神话中，该尼墨得斯是特洛伊国王的儿子，宙斯垂涎其英俊的外貌将他绑架到自己的宫殿担任侍臣。最早的神话形式没有色情内容，但到了公元前5世纪，人们认为宙斯绑架该尼墨得斯是基于一种同性恋的激情。安提诺乌斯据传是罗马皇帝哈德良的同性恋情人。——译者注

史地位非动态的认知之间，产生了一种悬而未决的紧张关系。

毫无疑问，作为历史学家，弗里德里希二世在某些方面预见到了普鲁士学派的政治史学，该学派的著作将改写19世纪和20世纪初期德国人关于普鲁士的历史。[114] 在很大程度上，他远比他的导师伏尔泰更看重政治和军事史。他最著名的作品《勃兰登堡家族回忆录》在后人的记忆中留下了深刻印记。国王那些尖刻优雅的格言（“天才在丹麦比在其他任何地方都罕见”）[115]，以及那些令人难忘的人物刻画，使得他的作品生动而广受欢迎。例如，对于奥古斯特三世（波兰国王和萨克森选侯），他写道：“懒惰使他温和，虚荣使他无法产生任何需要综合考虑的想法，尽管他缺乏宗教信仰，他还是服从于他的忏悔者；尽管他没有爱的能力，他仍是一个顺从的丈夫。”[116] 他的笔描绘了大选侯、第一位普鲁士国王和他的父亲，以及其他许多人，在19世纪和20世纪普鲁士的史学中引起了共鸣。

但如果说国王的历史著作预见或者体现了发生在18世纪末19世纪初改变德国和欧洲历史意识的历史主义革命，那就有点儿过头了。它们至多代表了侧身步。① 大选侯和他的宫廷历史学家开创了哲学上重要的思路，弗里德里希三世/一世和弗里德里希·威廉一世以不同的方式延续了这一思路，但当这个思路在政治和文化上显得过时的时候，就被搁置在一边了。取而代之的是，弗里德里希二世接受了一种扩散的、衍生的历史范式，以破坏其连贯性的方式，使其适应自己的偏好。由他自己建构起来的弗里德里希二世式的细节——人物刻画和警句——产生了持久的影响，而不是他叙述的底层逻辑。弗里德里希

① 在英语中，侧身步是指与原先运动方向相比，发生90°转向的运动。——译者注

二世无法被轻易纳入一个现代的、线性的历史性无情地取代旧的、循环的历史性的序列之中。

19 世纪中期在普鲁士出现的新史学的核心，是一系列更多地归功于前人而非弗里德里希二世的论点，尤其是普芬多夫效仿霍布斯对勃兰登堡-普鲁士国家历史轨迹的建构。利奥波德 · 冯 · 兰克和约翰 · 古斯塔夫 · 德罗伊森，两位 19 世纪最伟大的普鲁士历史学创始人，都把选侯行政部门和庄园之间的长期斗争作为各自的普鲁士史的中心，强调国家权力的内在和外在投射之间的相互依存关系。而对深刻影响了 19 世纪和 20 世纪历史哲学的格奥尔格 · 威廉 · 弗里德里希 · 黑格尔来说，君主行政权和传统权力的联合体之间的对立，以及国家的普遍和日益抽象的权威与地方特权的传统、排他附属之间的对立，似乎以典范的方式捕捉到了历史本身的动向。

第三章　时间之河上的船夫

“时间的洪流按照它应有的轨迹奔流，”1852 年，俾斯麦在给他的岳母路易斯加德·冯·普特卡默的信中写道，“如果我把手伸进去，是因为我相信这是我的责任，而不是因为希望改变它的方向。”[1] 俾斯麦在他的整个职业生涯中反复使用这个比喻。“人类既不能创造也不能引导时间的流向，”这位退休的政治家可能会这样告诉参观他位于弗里德里希斯鲁的庄园的游客，“他只能乘着它旅行，靠着或多或少的技巧和经验掌舵。”[2] 在时间的旋涡中掌舵的船夫形象，表达了一种对流动的历史运动的感觉，这种感觉在俾斯麦所处的 19 世纪中期的环境中是如此常见，以至很难把他看作一个与众不同的灵魂。

从 1786 年弗里德里希二世去世到 1862 年俾斯麦被委任以高级公职，“历史”的概念经历了一个语义扩展的过程，尤其是在讲德语的欧洲新教国家。普鲁士法律理论家卡尔·冯·萨维尼在 1815 年写道，“历史并不是纯粹的事例集合”，而是“通往真正了解我们自身状况的唯一途径”。[3] 这是会令弗里德里希二世感到困惑的说法。毕竟在他看来，历史是一个装着好的和坏的例子的仓库。如果不是，它怎么能提供关于自己状况的知识？答案是，或者说曾经是，“历史”一词已经超越了构成它的事物、事件和人的总和，意味着一个包罗万象、不可逆转的变化过程。这并不是说18世纪的历史思维中没有对划时代变化的认识——恰恰相反：启蒙运动的史学具有强烈的发展意识，通常被概念化为一段经历了一系列“阶段”的旅程，类似于一个生命体从成长、成熟到衰老的里程碑。但伏尔泰从未想到，像黑格尔在《世界史哲学讲演录》导言中所提到那样，区分构成历史内容的无数具体行动和事件序列，与作为囊括了各种转变过程的历史本身，可能是有趣或者有益的。

俾斯麦声称自己年轻时就读过黑格尔的书却并未理解。对黑格尔来说，从这个难以理解的巨大意义上讲，历史几乎具有神学的尊严，因为它揭示了理性或“精神”随着时间的推移逐渐展开的印记。并不是每个人都赞同这种理性进步的历史方程。但黑格尔理性进步主义的强烈反对者兰克仍然肯定，历史是从内部被一种运动激活的，这场运动渗透并涵盖了生活的各个方面：“世界上出现的精神，本质上不是概念性的，它以它的出现填补了它存在的所有边界，它的任何部分都不是偶然的，它的出现在万事万物中得到解释。”[4] 尽管他们之间存在种种差异，但两人有共同的观点：第一，在绝对整体的抽象中思考历史是有意义的；第二，这种整体是一种由内在力量或本质驱动的运动形式。[5]

这是19世纪历史意识与众不同的根源。革命和拿破仑时代的剧变使19世纪的知识分子对不连续性和根本性变革的问题敏感起来。过去储存的“例子”逐渐失去了焦点，失去了对现在的启迪；现在重要的是历史运动更宏大的模式，人类世界的所有现象都是它的“产品”。[6] 正如恩斯特·特勒尔奇所说，“变动”这一动词成为 19 世纪德国历史意识的活跃因素：“历史事物的不断改变……不能单纯地将其想象为一系列离散的个体行为；更确切地说，个体行为是通过一种变动的集合而融合在一起的，变动的集合流过它们，将它们相互融合，从而使它们连续不断，（变动的集合）很难用逻辑术语来描述，但对它的观察和感知是历史意识的本质。”特勒尔奇认为，不把具体的行动和事件看作独立的事物，而是将其看作溶解在变动的激流中的能力，是标志性的才能，是历史的“认识器官”。[7]

俾斯麦既不是历史学家也不是历史哲学家，但他的思想在特勒尔奇看来是历史性的。本章探讨这种历史性的性质。其核心是俾斯麦从根本上承认 1848 年的革命开创了一种新的动荡的政治形式。他对这个情况的反应是矛盾的。一方面，他发展了完善的政治技巧，以应对革命后政治生活的变化和不可预测性。他把自己和同时代人的注意力都集中在那些稍纵即逝的机会上，在这些纷繁复杂的机遇中，决策成为可能。这种“当下时刻的神化”将这位政治家转变为一位决策者，他的任务是不断解读当下的内部结构。

但这位想象中的决策者并没有在动荡的历史中运作，他站在这场斗争之上，挥舞着一种源于某种不可移动和永恒的东西的权威：王权。对俾斯麦来说，正是君主制国家及其持久的结构防止了易变的历史退化为纯粹的混乱，从而保证了政体的特性和连续性。当政治生活中一系列势力威胁要破坏国家的行动自由时，俾斯麦采取了极权措施——制定非常法或威胁发动政变——以稳定该体系。对政治力量或多或少的自由互动以及君主制国家结构的永久性的信奉，在俾斯麦作为政治家的生涯中产生了一系列紧张关系，但他也从未解决过这个问题。

这一章依次反思了以下几点：1848 年的遗产，历史的变迁与挑战，19 世纪中期的文化政治和文化话语的突出时刻，以及君主制国家作为一种稳定系统和构想历史的工具的特殊地位。这一章的最后一部分反思了俾斯麦在 1866—1871 年建立的普鲁士-德意志在一战结束后瓦解时所发生的事情，动摇了以国家为中心的历史性，这种思想深深扎根在德国的文化生活中。

当俾斯麦思考历史的浩瀚和自己在其中的渺小时，他想到了河流和激流。但当他思考自己预测和控制事态发展的能力时，他发现了其他不那么浮夸的修辞手法。因此，本章以对俾斯麦政治的隐喻之一——国际象棋游戏的反思作为开篇。国际象棋比其他任何隐喻都更能体现出俾斯麦所理解的主动介入历史洪流的意义。

棋 手

对任何研究过 19 世纪德国历史的人来说，这幅于 1875 年发表在讽刺杂志《喧声》上的漫画（见图 4）属于文化斗争时期的经典插图。所谓文化斗争，主要指 19 世纪 70 年代，俾斯麦首相领导的普鲁士-德意志政府与德意志各州，尤其是普鲁士的天主教会之间的文化冲突。我们看到首相和他的死敌教宗庇护九世俯身在棋盘上。教宗执黑棋，指代神职人员的黑袍，但也指代俗语中对神职人员的诋毁，比如“黑暗阴险之人”。棋子用飘浮的文字注明身份，这是那个时代讽刺杂志常用的方式。有些带有法律的段落符号，另一些则带有印有“修道院法案”字样的旗帜，这与1875年的“宗教团体解散法”有关，该法律将天主教会的精神秩序排除在普鲁士的土地之外。“日耳曼尼亚”的形象高于其他棋子。有一枚棋子像是一个墨水瓶，似乎代表了新闻界。在俾斯麦的右手边，我们看到一盒被吃掉的棋子，上面写着“被拘留”，它指的是被关押的不服从命令的神父——文化斗争年代的一种常见情况。在教宗一边的棋子标有“通谕”、“教学大纲”（谴责现代自由主义信条的“错误大纲”）和“禁令”的字样。图4中的文字表明白棋对胜利充满信心。教宗说：“上一步棋对我来说相当不愉快，但游戏还没有结束，我还准备了另一步非常好的棋！”俾斯麦回答：“那将是你的最后一步棋，因为再走几步你就会被将死——至少在德国是这样。”[8]

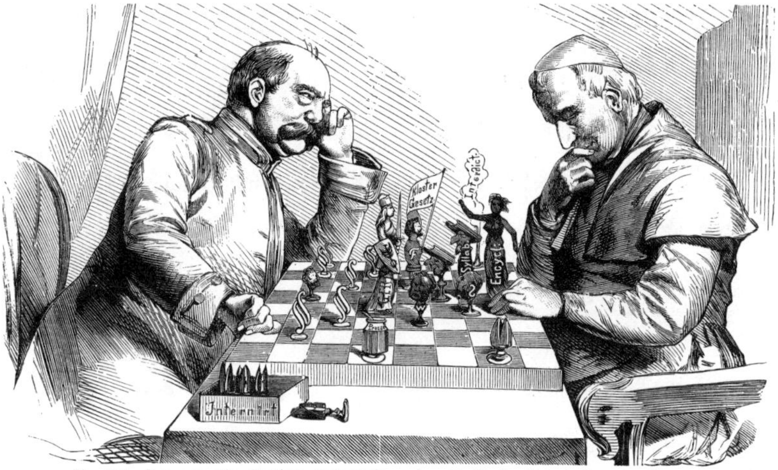
Zwischen Berlin und Rom.
Kloster Gesetz
Syllab
Encycl
Internirt
Der letzte Zug war mir allerdings unangenehm; aber die Partie ist deshalb noch nicht verloren. Ich habe noch einen sehr schönen Zug in petto!
Das wird auch der letzte sein, und dann sind Sie in wenigen Zügen matt — — wenigstens für Deutschland.

图4　威廉·肖尔茨，《柏林和罗马之间》：俾斯麦和教宗庇护九世在棋盘上发动文化斗争。讽刺画来自《喧声》（1875）

来源：Wilhelm Scholz, *Bismarck-Album des Kladderadatsch. Mit dreihundert Zeichungen von W. Scholz*(Berlin, 1890), 86. 剑桥大学图书馆授权使用

这是那些极为浅显的讽刺漫画之一，它的指向是如此明显，以至似乎没有什么理由可以去更深入地探究它。让我感兴趣的不是它蹩脚的讽刺寓意，而是选择用国际象棋来隐喻俾斯麦和他的天主教对手之间的政治斗争。国际象棋在其漫长的历史中有许多意义。在中世纪的浪漫传统中，国际象棋游戏是情爱邂逅的机会，尽管游戏本身经常被视为人类努力和命运变迁之间的紧张关系的寓言。[9] 根据莎士比亚学者威廉·普尔的说法，国际象棋是“中世纪和文艺复兴时期宫廷、贵族娱乐甚至两性平等的象征”，尽管它也与赌博、战争和色情许可联系在一起。[10] 在 16 世纪末期和 17 世纪，它经常被用作政治或道德冲突的寓言，在 19 世纪，它被用作“生命游戏”或对人类存在的沉思。[11] 但到了 19 世纪末期，它还获得了其他含义。在这个时代，国际象棋游戏正经历着一个职业化的阶段，伴随着越来越正式的国际比赛和越来越扩展和标准化的协会结构，它因其逻辑复杂性、战略强度和创造新情况的能力而最受看重。

在《国际象棋手纪事报》于 1878 年发表的一篇文章中，赫里福德的棋手埃德温·安东尼称赞了“国际象棋的无限性”，并为他的说法提供了数学上的理由。

> 要估计出哪怕是很少步数的实际走法的数量也超出了计算的能力，但要得到这个数字的近似值是非常简单的。以库克的《概要》中每一种开局的变体为例，我们发现第一位棋手在第二、第三和第四步中的走法分别为 28、31 和 33 种；第二位棋手则分别有 29、31 和 33 种。当然，双方玩家在第一步中都有 20 种走法的选择。假设每一种应对开局的走法的数量都是一致

的，不管上一步怎么走，那么根据上述数据，双方前四步可能的走法数量是 318 979 564 000 种。

安东尼指出，即使考虑到合理的走法占可能的走法的比例通常很小，走法的多样性仍然是巨大的。以任何棋局的前 10 步来推算，下棋的走法总数达到了令人眼花缭乱的 169 518 829 100 544 000 000 000 000，作者承认这个数字可能还是少说了。如果把这个数字想象成一个贯穿时间的行为序列，其含义就是令人难以想象的：考虑到整个世界的人口是 14.83 亿（根据莱维塞尔估计），即使地球表面每个男人、女人和孩子永不停歇地在无穷无尽的时间里以每分钟一组的速度下着棋，且没有一组是重复的，也需要超过 2 170 亿年的时间来完成。[12] 这种强调游戏的流动性和无限性特征的计算是那一时期话语的典型内容。在刘易斯 · 卡罗尔于 1872 年发表的《爱丽丝镜中奇遇记和爱丽丝在那里的发现》中，爱丽丝在爬一座小山时，整个画面被灌木篱墙分割成方形的田野，像一副延伸到地平线之外的棋盘，她惊呼："这是一场在整个世界进行的国际象棋比赛。"[13]1889 年，当时被称为"国际象棋霸主"的人，历史上第一位无可争议的国际象棋世界冠军，奥地利棋手威廉 · 施泰尼茨（后入籍美国）观察到，"下棋的无限组合使人能够练习和锻炼大脑的逻辑思维能力和想象力"[14]。棋局的复杂性使得对远见的运用变得既重要又不可能，这一张力体现在白王后对爱丽丝自相矛盾的自夸中，她说她的记忆能够"双向"工作，因此不像爱丽丝，她能够记住尚未发生的事。[15] 国际象棋既不断变化，又由一长串离散的选择时刻组成，每一时刻都可能改变整个比赛的进程，这是国际象棋文献中一个专门分支的"问题"研究所捕捉到的游戏特征。

正如施泰尼茨所说，国际象棋之所以受到尊重，是因为它“提供了一种不受偶然因素影响的智力技能测试”；在这方面，它与纸牌等游戏完全不同，并且“完全不适合赌博”。[16]

施泰尼茨被同时代的德国人誉为“棋盘上的毛奇”，他以有力和灵活的打法而闻名，这使他能够击退当时著名的对手：祖凯尔托特、布莱克本、齐戈林和冈茨伯格。施泰尼茨喜欢并且坚持在棋盘中心“一个强大而无懈可击的位置”开局。然而，正如他的曾侄孙、报纸编辑库尔特·兰茨伯格指出的那样，他也因“在显然毫无希望的情况下试图避免失败的绝妙谋略”而出名。他回忆起与自己宿敌伊曼纽尔·拉斯克的一场著名比赛，在那场比赛中，“他处于绝境，但放弃了防守行动，大胆尝试以牺牲棋子为代价的进攻，以很少有棋手能够抵抗的气势驾驭他的有生力量”[17]。

“力量”一词在这里的使用很有趣，因为它把我们带到了当代人认为在棋盘上所发生的事情的核心。在19世纪的手册中，棋子不仅是个体的象征——“小块积木”，还被命名为“力量”，或者说“Kräfte（德语‘力量’一词）”，体现了运动和压力的原则。组合，是以把对手推到薄弱位置为目的力量组合，在国际象棋文献中有很多这方面的资料。

施泰尼茨之所以出名，不仅仅是因为他长期以来一直是国际象棋的霸主，还因为他为国际象棋理论奠定了一个新的基础。[18]施泰尼茨是基于这样一种认识组织他的棋局的，即成功的下法不是由游戏本身的外在计划驱动的，而是由对任何时候棋盘上力量平衡的清晰“评估”驱动的。他的成就是将国际象棋的话语从一个浪漫的天才概念中抽象出来，而集中在杰出棋手的智力上。伊曼纽尔·拉斯克曾挑战施泰尼茨并最终赢得世界冠军，用他的话来说，将其集中在“棋子的力量，他们合作的力量”上，它们的相互作用类似于“数学书”中的“叫作力量的向量”。[19]施泰尼茨仍然是“国际象棋科学化趋势的最伟大代表”，但他从一种具体的物理学的角度对国际象棋的严格理解，从未完全取代对大胆棋法和意外组合的古老的“浪漫”崇拜。对国际象棋的讨论继续以一种未解决的张力为标志，即寻求辨别游戏内在的客观“理性”，以及尊重偶然的动作与本能和意志的大胆表达之间的张力。[20]围绕着一场被认为需要“斗士的所有品质：力量、洞察力、责任心和无畏的勇气”的游戏进行的修辞的增加有助于解释为什么它被广泛用作政治隐喻，既作为“社会秩序必要性的论证”，又作为痛苦本质的戏谑体现。[21]

19 世纪中期的观察者们，很自然地用国际象棋来类比俾斯麦作为政治家的特质。1870 年 9 月，英国特使罗伯特·莫里耶爵士在给后来的英国驻德意志帝国大使奥托·罗素的信中写道：“不要忘记，俾斯麦是由两个部分组成的，一半是一位有着最大胆的战术组合和识别正确组合、正确时机的最迅捷眼光的伟大棋手，他会牺牲一切甚至是他的私人恩怨以确保棋局的成功；另一半则是有着最为奇特而强烈憎恶情感的鲜活个体，他可以牺牲一切，除了他的战术组合。”[22]霍斯特·科尔于 1866 年 3 月发表在《喧声》上的诗作《国际象棋的胜利——东方寓言》描绘了一场国际象棋比赛，对手双方是喜怒无常的“首相”和一位坚定的公民；首相发现自己输掉了棋局，便把棋子从棋盘上扫下来，扔到对手的头上，哭喊着：“现在我赢了！”——这首诗暗指了俾斯麦和议会进步运动之间的激烈冲突。[23]外交部殖民司主管保罗·凯泽观察到，在那场终止俾斯麦政治生涯的与德皇威廉二世的冲突中，俾斯麦威胁要引发一场危机，然后废除现行的议会形式；此行动是“国际象棋的整个棋局中最出色的一步，这对国王来说意味着被将死”[24]。

俾斯麦的母亲威廉明妮·门肯是一位杰出的国际象棋棋手。俾斯麦经常将国际象棋用于比喻自己和他作为政治家所面临的情况。他在回忆录中谈到了他在圣彼得堡任职期间俄国外交的“政治棋步”。[25]关于普鲁士和俄国同意合作镇压波兰叛乱的 1863 年《阿尔文斯勒本协定》，是“一步好棋”，通过这一步，俾斯麦能够“决定君主反波兰派和亲波兰派之间的棋局，当时俄国内阁中的泛斯拉夫分子正在博弈”[26]。还有一些文章不同于“严肃的”积极举措和“纯粹的外交棋步”，中立地用这个词来指代任何形式的国内或国际政治举措，或者用它来描述旨在让自己或对手处于不利地位的战术策略。[27]

这些事件反映了这个比喻的传统意义，但俾斯麦也在其他一些段落中更深入地挖掘了国际象棋的类比，以揭示其政治推论的内在结构。在一系列与自己的老朋友和支持者利奥波德·冯·格拉赫的著名信件中，俾斯麦坚称，在对外关系中，永远对所有观点持开放态度是非常重要的，即使涉及与法国篡位者拿破仑三世的结盟或者某种程度上的和解。“我必须保持这种可能性，”他写道，“因为如果 64 个方格中有 16 个从一开始就被禁止的话，人们就不能下棋了。”[28]1866 年胜利后，他在回忆录中为与奥地利和解的政策辩护时，也使用了同样的类比。他认为，严重击垮奥地利，将会在被征服的敌人身上激起复仇精神，“保留与现在的对手交朋友的可能性”，“将奥地利视为欧洲棋盘上的一枚棋子，把与它恢复良好关系作为留存备用的一招”，才是更明智的做法。[29]

俾斯麦并没有在《思考与回忆》中明确说明，在运用国际象棋的比喻来表达他对政治的理解时究竟是什么意思，但他在 1857 年与格拉赫的通信中所提及的一篇有趣的文章，让他的观点更清晰了一些。在上一封信中，格拉赫反对不区分继承和传统赋予的合法权力与那些伪造的主权的政策，比如拿破仑三世在革命的恶魔之火中锻造的皇位。俾斯麦以一篇引人入胜的当代政治文化综述作为回应：他问道，哪个国家没有经历过革命动乱？美国吗？英国的现代面貌难道不应该归功于 1641 年和 1688 年的革命吗？他接着说，格拉赫错误的根源不在于他没有认识到现代世界的这些特征，而在于他对这个世界的潜在逻辑的错误理解："我也承认我在原则上反对革命，但我并不认同将夏尔-路易-拿破仑视为唯一的革命代表，甚至作为最卓越的代表，我不相信能在政策上如此应用这一原则，哪怕最牵强的结果也优于其他思路之上，即某种意义上代表着存在战无不胜的唯一一套王牌，其中最小的牌也可以赢过另一套的所有牌。"[30] 这里有趣的地方是纸牌与国际象棋之间的含蓄对比。在这封信所提到的纸牌游戏中——俾斯麦可能指的是惠斯特，游戏的运气决定了一套花色成为王牌，胜过其他花色的牌，而不管互相间牌面的大小。国际象棋则完全不是这样。棋盘上的棋子不会互相抵消，而是相互保持平衡。每一种力量都是不可忽视的：即使是小兵也能杀死国王。

1848 年的意义

格拉赫本希望看到在牌局中被击败出局的那股力量是革命。格拉赫是一个敏锐聪明的保守派，但面对 1848 年的事件，他的反应像一个反动分子：他想象历史的卷轴可以被重新卷起来，革命可以不发生。俾斯麦对此有不同的看法。对他而言，1848 年革命所带来的变化是不可逆转的，它们必须被接受。俾斯麦确实不同情革命的支持者。他对 1848 年 3 月发生在柏林的事件的态度，体现在回忆录中一个象征性的、可能是杜撰的场景中。在书中，俾斯麦在他的领地上向农民们提议自我武装，向柏林进军，从首都的起义者手中“解放国王”，赢得了广泛的掌声。[31] 在回忆录的另一个场景中，俾斯麦回忆起在三月最炎热的日子里，他与普里特维茨将军和默伦多夫将军一起在柏林。当有人提出该怎么做的问题时，据说俾斯麦就坐在钢琴前，调皮地弹奏起步兵进行曲的音符。[32]

然而，尽管俾斯麦蔑视 1848 年德国城市街头骚乱的始作俑者，并对“旧普鲁士”的君主政治文化有着不可否认的眷恋，但他很快就适应了“三月事件”带来的新形势。1848 年 4 月 2 日，俾斯麦在柏林重新举行的联合议会上发表演讲，提出议院应感谢革命者在 1848 年 3 月所取得的成就。他宣称，他自然不能支持这项行动，他对君主制受到侵犯感到震惊，但这并不等于拒绝接受新政府的权威。相反，俾斯麦明确表示，他接受新政府的方案，认为这是“未来计划”。他补充说，他这样做不是因为他想这么做，而是因为他所谓的“环境力量”迫使他这么做。然而，他也承认，“这个部门是唯一一个可以带领我们走出当前的形势，进入一个有序、守法状态的部门”[33]。如果我们相信回忆录的话，这句话的戏剧效果就更强了，因为他在离开讲台时哭了。历史学家海因茨·沃尔特恰当地将这段演讲描述为俾斯麦的“为旧普鲁士的葬礼之歌”[34]。4 月底，俾斯麦在写给勃兰登堡一家报纸的信中，再次传达了上述信息。他坚称，无须担心东易北河的地主精英会以恢复旧制度为名反对事件的进程："正如每一个理智的人一样，地主们会承认抵抗毫无意义，时间的洪流也不可能被阻断或者筑堤堵塞。"[35]

换句话说，俾斯麦很快就承认了革命所开创的新政治秩序。但这到底意味着什么呢？普鲁士革命的遗产是复杂的。一方面，革命动乱期间和之后颁布的政治改革创造了一个新的普鲁士，其中最重要的是宪法和议会、全国选举，以及至少按照前游行审查制度的标准相对自由和具有批判性的媒体，政治生活拓宽到前所未有的范围。另一方面，1848 年秋冬的反革命停止了由之前春天的起义开始的民主化进程，巩固了君主行政机构的权力。为了理解 1848 年对俾斯麦历史观的影响，我们需要看看在那一年发生的转变的两个特点：国家权力的巩固，以及为促进议会和社会利益的互动而进行的政治开放。

1848 年 12 月 5 日的普鲁士宪法（王国历史上的第一部宪法）的决定性事实是，它不是由民选议会强加给政府的，而是由国王批准或"强制实行"的。诚然，新宪法与当年春夏在柏林由革命国民议会的普鲁士自由派起草的宪法草案有很多共同点，但它并不是在他们的权威下发布的。当它出现的时候，议会已经被国王的军队强行解散，代表们也被遣送回家。宪法律师卡尔 · 施米特后来说："当宪法是由君主单方面颁布的时候，毫无疑问，它就是基于君主的宪法权力……君主是以君主原则为基础，根据其国家权力的充分性颁布宪法，还是以人民的立宪行为作为宪法基础，即以民主原则为基础，这两项原则从根本上是对立的，因此不能混为一谈。"[36] 这个问题被同时代的一幅政治漫画巧妙地捕捉到了，漫画的标题是"普鲁士颁布宪法的方式"，画面中国王和他的大臣们用大炮向人群发射宪法。

普鲁士王权（指革命期间的国王和聚集在王座周围的保守派集团）如果承认宪法确实赋予了议会一定的主权，就可以将施米特的理论打成谎言。相反，他们将一项条款置于宪法的核心，该条款允许行政部门在没有议会参与的情况下，以法律的力量发布紧急法令。第105条第2款规定，“在紧急情况下，（议会）在休会期间可以颁布具有法律效力的法令”。正如君特·格林塔尔所展示的那样，这一条款并不仅仅是为了在议会休会期间确保政府的连续性而制定的保险措施。相反，它从一开始就打算为国王提供一种保守意义上的修改宪法的手段。1849年5月30日，它被用来以富豪的三级选举权取代1848年承认的民主选举法，旨在削弱左派通过议会向政府施加压力的努力。[37] 在税收方面，“十二月宪法”也使竞争环境向有利于君主行政机制的方向倾斜。第98条规定，所有国家的收入和支出必须事先向议会申请，并通过预算法获得批准。第60条规定，国王和议会在行使立法权方面是伙伴关系——如此深远，如此紧密。[38] 但第108条规定，在任何一年达成的税收和支出协议都将无限期地继续下去，直到它们被新的法律修正——这一条款从理论上赋予了政府在预算未能达成协议的情况下绕过议会的权力。[39]

正如汉斯-克里斯多夫·克劳斯所表明的那样，这与保守的观点完全一致，即赋予议会赋税和拒绝征税的权力的公权社会将只会是名义上的君主制国家。当议院在1849年9月24日和25日讨论这个问题时，保守派联合起来捍卫第108条。其中一位就是年轻的俾斯麦，他认为普鲁士王室没有义务像英国王室那样将自身置于无能为力的境地，他说道：“英国王权看起来只是国家建筑圆顶上的一个装饰，而我们的（普鲁士王权）则是它的中心承重柱。”[40] 这种对君主制国家行政机构在宪法上保持超然地位的信奉一直是俾斯麦政治的中心特征。在不断变化的公共生活格局中，它是永恒的，是一种凝聚力的源泉。[41]

这一切都不意味着革命可以逆转或取消。1848 年释放出来的力量与政治行政部门联系的渠道是狭窄的，但它继续在普鲁士国家的公共生活中流动。一位政治家想要在“三月革命”后的普鲁士取得成功，就必须熟悉一个全新的世界，包括议会派系、选举、竞选、政治丑闻以及通常十分激烈的公开辩论。[42] 管理新体制的核心人物是奥托·冯·曼陀菲尔，他是一位坚定而冷静的职业官僚，在 1850—1858 年担任普鲁士的“外长–首相”。俾斯麦在回忆录以及当时与同僚的通信中对曼陀菲尔相当鄙视，但这位“外长–首相”对俾斯麦不断演变的政治观点和技巧的影响可能比俾斯麦愿意承认的要深。曼陀菲尔比任何人都更能使普鲁士的政治文化适应后革命时代的现实。曼陀菲尔认为，政府的目的是调解构成公民社会的组织利益的冲突力量。他重新平衡了政府的财政政策，取消了东易北河地主精英们所享有的特权。他向反对财政改革的保守派农村人士指出，普鲁士国家竟然继续像“贵族的地产”一样被管理，这是不可想象的。[43] 正如安娜·罗斯所表明的那样，曼陀菲尔一直在阻止浪漫主义的贵族极右势力发动“反击”，抹杀 1848 年革命。[44]

曼陀菲尔还采取措施确保中央政府的团结和凝聚力。1852 年，他请求国王下达内阁命令，确立“外长–首相”作为大臣与君主之间正式沟通的唯一渠道。这份重要文件标志着一种最终理解行政统一的尝试，这是拿破仑时代的改革者在 19 世纪 10 年代为之奋斗的目标。[45] 后来，在野心勃勃、冷酷无情的俾斯麦担任首相期间，1852 年的内阁命令为权力集中提供了一种机制，足以确保内阁和行政部门在一定程度上保持统一，它在俾斯麦政治生涯的最后危机中扮演了关键的角色——我们之后再说。

曼陀菲尔并没有将新议会政治的动荡视为政变的理由，而是将其视为自己权威的支柱，对于外长-首相的不可或缺性，还有什么比他管理地方议会冲突力量的能力这个理由更好呢？事实上，曼陀菲尔的一位极端保守的批评者格拉赫曾在1853年指责外长-首相故意在普鲁士的土地上制造危机，以使国王相信他的不可或缺性——这一指控后来将（更公正地）针对俾斯麦。[46]

最根本的一点是，曼陀菲尔接受了革命后形势的动态，并专注于开发成功管理它们的工具。其中，最重要的是舆论管理。曼陀菲尔认为，现在是时候超越1848年以前作为常态存在的传统媒体与政府之间的对抗关系了。这一愿望在1850年12月成立的"中央新闻事务署"中结出了果实，该署的职责包括管理为资助新闻事业而拨出的资金，以及培养与国内外报纸的"关系"。[47] 在19世纪50年代初，中央新闻署成功地建立了一个深入省级媒体的新闻联系网络。

因此，曼陀菲尔的创新预示着从一种基于通过烦琐的审查机构过滤新闻材料的控制形式向一种更细致的新闻和信息管理系统的转变。[48] 所有这些都令人信服地证明了1848年所造成的变化是不可逆转的。曼陀菲尔在1851年7月写道："每个世纪都有新的文化力量进入传统生活的领域，这些力量不会被摧毁，而是被整合在一起。""我们这一代人认为媒体就是这样一种力量。随着人民更多地参与公共事务，这种参与一部分由媒体表达，一部分由媒体提供和指导，其重要性也随之增加。"[49] 曼陀菲尔在1849年初当选普鲁士议会议员时发表的一次演讲，透露出了他的后革命政治形式的历史性：“旧时代已经一去不复返了！……在那时，人们谈论反动是很流行的事情。只有目光短浅之人才会想建立旧时代。回到过去腐朽的状态的尝试都会是竹篮打水。”[50]这个演讲与俾斯麦 1848 年 4 月 2 日在柏林制宪会议对第二届联合议会的讲话，有着令人难以忽视的共鸣。

后革命时代的秩序结构是俾斯麦学习政治技艺的舞台。1851 年，他获得了自己的第一个有薪职位——法兰克福邦联议会的普鲁士代表，在那里他最重要的职责是用曼陀菲尔政府的现金贿赂亲普鲁士的记者和报纸编辑。他后来因管理了一个庞大的友好记者和报纸网络而闻名，在他的努力下，招募了许多 1848 年革命后失落的激进分子。[51]俾斯麦与 1848 年的关系也有主观和个人的因素。只有在革命期间，他才开始将自己的政治想象力与君主制和国家本身的命运联系起来。他终其一生都承认，革命是他自己的公共生活事业得以建立的有利条件。在改革与开放政治权力结构的过程中，革命为像他这样的人创造了新的机会。他在退休后写的回忆录中承认，他永远不可能在“1848 年以前的时代”开启政治生涯。年轻的俾斯麦缺乏能让他快速晋升到高级政治职位的社会关系，而在漫长而缓慢的官僚晋升道路上，他缺乏耐心和坐冷板凳的耐力。[52]

对革命重要性的这种不情愿的让步背后是一个更广泛的语义修辞膨胀的过程，它将“革命”一词从一个表示过去特定事件的术语，如巴士底狱的风暴或罗伯斯庇尔的倒台，转变为一个不可逆转的包罗万象的过程，一个影响范围包括整个人类的世界历史规律。[53]保守派政治理论家弗里德里希·尤利乌斯·斯塔尔是 1848 年及其后俾斯麦周围一位有影响力的人物，他在 1852 年柏林大学的一次演讲中捕捉到了这种语义转变，随后将其以小册子的形式出版。在《革命是什么？》中，斯塔尔区分了纯粹的动乱和“革命”：“革命是指人民采取主动，对当局使用暴力吗？和起义一样吗？一点儿也不！革命不是单一的、独特的行为，是一种持续的状态，一种新的事物秩序。起义、驱逐王朝、推翻宪法——这些在各个时代都有发生。但革命是我们时代真正的、世界历史的标志。”[54] 以这种方式扩展概念并不一定意味着接受1848年革命的合法性。斯塔尔的演讲敦促听众和读者从一种鲜明的道德选择的角度来看待当代政治，或者尊重上帝的法则，或者屈从于普通人的骄傲和欲望。但对俾斯麦等不太信奉神权的人来说，“革命”的语义膨胀更容易将1848年的事件与历史的运行混为一谈。无论革命的实际执行者多么可鄙（在俾斯麦看来），他们都是历史变革的执行者，其结局是不容否认的。

没有什么比俾斯麦与威廉二世的最终争端更有力地表达他对1848年革命分水岭地位的坚持的举措了。这位冲动的新君主决心收回其首相的权力，于1890年初要求俾斯麦将1852年的内阁令归还给他，即授予曼陀菲尔“外长-首相”的高于其他大臣的权威。奇怪的是，俾斯麦在3月18日，也就是1848年柏林革命爆发的那一天，写了一封辞职信，以他自己职位的复杂历史谱系来回应这一要求，该谱系基于对1852年内阁令的“起源和意义”的描述。他指出，这是自由党议员梅菲森在1847年的第一次联合议会上提出的。它实际上是在1848年春天被提出的，作为“确保这种统一和稳定的程度”的一种手段，如果没有这种手段，“宪法生活的本质”所暗示的“部长责任”就无法实行。只有当一个人回到没有首相责任的专制主义时代后，才能放弃1852年君主所承认的首相权力集中。“但是，根据现在盛行的——也是恰当的——宪法设置，一个基于 1852 年法令原则，安排一个高于部长团体、具有主导性权威的职位是不可或缺的。”[55] 这看起来可能只是对历史的一种投机取巧的呼吁——毕竟，其目的是捍卫自己的首相职位，防止其权力受到削弱。但不仅仅如此。自 19 世纪 50 年代以来，俾斯麦就明白，这个曾经的专制国家的宏大结构陷入了一切都在运动的动荡环境之中。

政治的变迁

赫尔穆特·沃尔夫写道，对俾斯麦来说，“当代世界的所有力量都有它们的前史，能够让我们对这些力量的特质有更深刻的洞察”。俾斯麦的推断力在本质上是“演化性的”，把注意力集中于“在持续不断的波动中追踪历史演进的过程”。[56] 他认为欧洲列强踏上了旅程，其特征可以通过参照它们的过去来阐明。现代英格兰生长在 1688 年“光荣革命”和 18 世纪末 19 世纪初工业革命的土壤中。法国仍在努力适应 1789 年大革命所释放的力量。俄国的沙皇专制是始于彼得大帝和叶卡捷琳娜二世的现代化之旅的结果，但渗透到俄国政治社会的自由异见运动也植根于其深厚的历史。波兰民族从来没有接受过 1772 年、1793 年和 1795 年的分治判决，并且永远不会停止重建波兰国家的努力。[57]

这种历史推理模式在俾斯麦作为政治家的实践中留下了印记。我们已经看到，他和曼陀菲尔一样声称，接受 1848 年革命带来的变革性影响。他和曼陀菲尔一样明白，新的力量已经进入政治生活，面对未知和无法理解的未来，必须谨慎管理这些力量的互动。各种表现形式的自由主义、政治天主教、民族主义运动、议会派系和联盟、新闻界和公众舆论——这些都是政治家别无选择的工具。它们不在他的直接控制之下。即使是保守派也完全有能力走自己的路——俾斯麦在第一届普鲁士议会中多次抱怨，人们在公共生活中倾向于高估他对保守派的控制——后者被认为是他的意识形态盟友。[58] 但是，即使这些力量不能被领导或控制，它们也可以保持平衡或相互对抗，可以引入新的力量来平衡旧的力量。

以这种方式运行系统要求决策者具有极大的灵活性。因此，国内外都需要迅速转变的联盟和组合——就像在国际象棋比赛中一样。他对权力理解的历史观在他的技巧和实践中表现得和他的话语一样鲜明。俾斯麦自觉地与任何单一利益集团的意识形态保持距离——他向格拉赫暗示，对一个棋子感到特别同情的棋手，不可能有效地玩这个游戏。[59] 尽管他认为他的朋友中有许多“老保守派”（包括格拉赫），但他从未采纳他们那怀旧的社团主义政治。另一方面，他也不是或者不可能是一个自由主义者。尽管他将君主制国家尊为具有自主行动能力的行政机构，但他对公务员的“第四等级”并不感兴趣（在他的一生中，他对政府的“执笔人”有一定的鄙视）。

所有这些不结盟的结果是摆脱了意识形态的束缚，能够从一个阵营跳到另一个阵营，牵制对手，或者利用他们之间的差异。在 1862 年的宪法危机中，他基本没有羞辱过自由主义者，而是向他们提供议会赔偿，这让他的保守派盟友感到懊恼。他与自由主义势力合作反对天主教徒和保守派（19 世纪 70 年代），反之亦然（19 世纪 80 年代）：他挥舞着民主选举权，作为反对精英自由主义的武器，就社会问题征求社会主义者的意见，然后试图用社会保险立法的铁臂来削弱他们的地位；他通过佯作支持民族主义戳穿了后者的敌对姿态。他于1883年在帝国议会上宣布："有些时候，人们必须以自由的方式进行治理；有些时候，人们必须以独裁的方式进行治理。"[60]在他的职业生涯中，不时会有一些人惊讶到喘气，他们前一天还看到俾斯麦在为他们的事业效力，第二天却发现俾斯麦从敌人的阵地上轰炸他们。他多变的政治特质激怒了他的盟友和敌人——他们有时是同一类人，但这让他们一直猜不透。这是他成功的关键之一。

在俾斯麦的权力棋局中，最重要的时刻是他推动了由普选产生的德国议会。1866年6月10日，他提议重组德意志邦联，不包括奥地利，以一个民主选举的国家议会为中心。他为自己的决定辩护，这让他的朋友和敌人都感到震惊。他表达了自己的信心，"在做出决定的时刻，大众将永远站在国王一边"，换句话说，扩大选举权将用大众保守主义的压石来制衡自由主义者。[61]这种假设并非毫无道理：1848年保守派的成功反动员以及拿破仑三世在400万农民选票的支持下于1848年12月当选法国总统，都证明了这一点。[62]这一策略事与愿违：现在进入政治圈的民众并不是俾斯麦所想象的那种恭顺的乡巴佬。普选的第一个也是最引人注目的受益者是中央党，该党在南部、西部和东部的天主教徒中取得了巨大的成功，从而在国会大厦中形成了一个强大的反对集团。然后是社会民主党，他们在选举中取得了显著的优势，即使是严厉的《反社会党人法》也无法阻止他们。

俾斯麦的回忆录写于19世纪90年代，当时普选的结果已经十分明显。在回忆录中，俾斯麦对这一政策提出了一种奇怪的矛盾解释。他写道："普选的实行，是反抗奥地利和其他外国势力的武器。""在这种生死攸关的斗争中，人们不会考虑武器是什么，也不会考虑使用这些武器将会摧毁的价值观。”但随后出现了一个更具原则性的辩护：“即使在今天，我仍然认为普选是一项合理的原则，不仅在理论上，而且在实践中也是如此。”他认为，这是因为现代政治是一种平衡各种社会力量的实践。“更理智的阶级”往往相对富有，他们的权益必须得到保障，但那些“欲望分子”的利益也必须得到保障，对他们来说，财产只是一种愿望，而不是现实。然而，后者的利益必须在不让政治变革“危险加速”或损害国家结构的情况下得到照顾。如果政府未能做到这一点，那么其结果将是“回归专制主义”。专制主义在现代社会是行不通的，因为即使是最好的政府治理也需要公众的“批评”。而这种批评只能来自“现代意义上的自由媒体和议会”。因此，政府的职能是在君主和立法机关之间进行干预，保护政治进程不受暴民政治的干扰，也不受权力集团和王室宠臣的阴谋的影响。毕竟，“广大民众”组成的国家必须小心翼翼地前进，“因为通往未知未来的道路还没有铺上平坦的轨道”。[63]

这些反思不应该被解读为对俾斯麦政治动机的坦率揭露——我们正在处理的是一场精心策划的回顾式自我辩护。在这个讨论的背景下，重要的是理性化的历史观。一列火车——我们或许可以称之为历史——在铁轨上缓慢前行，但铁轨是在破碎的地面上铺设的，它将进入一个未知的、无法理解的未来。它的步履维艰是它内部不断变化的力量平衡所决定的。无论这辆火车朝哪个方向行驶，几乎没有比这更能完美地体现出线性时间了。[64]

俾斯麦将政治理解为各种力量相互作用的产物，在1867—1871年监督德国宪法的制定过程时，他将这种理念注入宪法之中。这部宪法态度开放。最重要的是，它没有致力于创建一个联邦政府。尽管它确定了不同宪政机构（联邦参议院、帝国议会、皇帝、首相）的权利和责任，但几乎没有提到由谁或什么部门来承担政府的职能。在这方面，它与1848年法兰克福议会代表起草的国家宪法草案完全不同。1871年的宪法是为各种力量相互作用的框架而设计的。在这个框架中，就像在国际象棋中一样，只有基本的游戏规则是确定的——结果和玩法的选择是开放式的。此外，与瑞士和美国的早期联邦宪法相比，1871年的德国联邦宪法并没有规定设立宪法法院。在德国，正如奥利弗·哈尔特所展示的那样，联邦制度的演变更多的是由各部分之间的随机互动所驱动的。[65] 宪法法院的缺失反映了俾斯麦对宪法作为一种不受限制的权力工具的理解——首相的政治权力活动不受非执政裁决者的评判或制约，这位公正的裁决者能够决定宪法演变的基本方向。

俾斯麦对各种力量相互作用的开放态度可能暗示了他与路德维希·罗豪的现实主义思想的密切关系。路德维希·罗豪是后革命时代一位有影响力的理论家，他在1853年提出，所有政治理解的基础在于或应该在于对"塑造、承载和改变国家的力量"的研究。像曼陀菲尔和俾斯麦一样，罗豪看到革命释放了新的历史力量，这些力量是无法从世界上消除的："（最近）年轻的社会力量出现了丰富的新增长，所有这些力量都要求在国家生活中得到承认，无论是单独承认还是联合承认。对今天的许多国家来说，资产阶级的自我意识、自由的观念、民族感情、人权平等的观念、党派政治和新闻，这些都是社会生活中相当新的因素。"[66] 和俾斯麦一样，罗豪的现实主义植根于1848年的革命：它试图解释这场革命的失败，同时去应对革命成功之后的后果。罗豪认为，在那场剧变之后，现实的政治必须对历史变革和"不断变化的对立政治和社会力量”有所觉察。[67] 俾斯麦很可能认可这些观察（我不确定，因为据我所知，他从未对罗豪的工作做出评价）。但此处有一个根本的区别：现实政治的理论家罗豪是一位自由主义者，他对国家最终从属于社会力量抱有激进的同情感。他写道，一个国家的宪法是“由国家内部部分潜在、部分活跃的力量之间的关系决定的”。每一种社会力量都有权获得与其规模相一致的官方认可，而国家权力本身完全由国家包含在其内部的社会力量的总和组成。[68] 俾斯麦会憎恶后一种说法。对这位普鲁士政治家来说，君主制国家不是社会或政治力量的表现或玩物，而是持久的结构，这种结构使这些社会力量有可能在不使整个体系陷入混乱的情况下发挥自己的作用。

神化时刻

在让-莱昂·热罗姆于1859—1867年创作的油画《恺撒之死》（见图5）中，古罗马的元老院变成了犯罪现场。翻倒的椅子见证了刚刚发生的一场斗争。一具尸体躺在前景中，覆盖着白色织物。在中间的位置，穿长袍的人走出了房间；所有人都举起了剑，除了最后一个（布鲁图斯？），此人尚未举剑，但想必很快就会。远处的背景是一道通向日光和广场的拱门。从被谋杀的恺撒到即将离去的议员以及充满阳光的拱门之间的目光的短暂旅程，也是一段通向未来的旅程：这一重大事件的消息将从会议厅传到广场，进入公众的视野，最终与罗马的历史融合在一起。热罗姆的这幅画描绘了一个叙事密集的场景，散布着刚刚发生的事情的线索，以及对接下来将要发生的事情的暗示，仿佛画家试图将更多的时间压缩进画面中，而不是一个静态的二维平面图在逻辑上能够容纳的时间长度。《恺撒之死》是典型的“情节画”，在 19 世纪 40—80 年代欧洲学院派的画廊展览中越来越占主导地位，正如尼娜·吕布伦认为的那样，历史画和风俗画的传统融合产生了饱含某个特定时刻的图像。[69]

图 5　让-莱昂·热罗姆，《恺撒之死》（1867）

来源：巴尔的摩沃尔特艺术博物馆

国际象棋的一个显著特点是以瞬间之时来衡量，每一个瞬间都有一系列新的、不可预见的机会和威胁。游戏是历时性的，但它也在力量的平衡被暂时冻结的时刻发生演变，在这样的时刻中，必须对下一步做出决定。俾斯麦的政治理念也是如此——如果政治才能意味着要处理各种力量之间的关系，而这些力量的相对实力和相互关系是不断变化的，那么是否成功就取决于能否在特定的时刻采取行动，比如当前的情势（无论多么短暂）恰好有利于一个特定的行动方案。“抉择时刻”和“决定性时刻”（两者并不完全相同）是构成俾斯麦政治自我叙述的连接点。俾斯麦在1850年秋天问一位政治伙伴，如果人们不能确定在“决定性时刻”君主的支持是否会到来，那么为建立普鲁士主导的德意志邦联而寻求与奥地利进行军事对决有什么意义呢？[70]他在1873年5月对威廉一世说，应该推迟向帝国议会提交新的新闻法，“直到德国刑法典的统一为起诉和谴责新闻界应受惩罚的行为创造了一致的基础时刻”[71]。在1878年夏天给巴伐利亚国王的一封信中，俾斯麦承认，如果新的议会不能支持反对社会民主党的措施，那么可能有必要考虑解散，“但我不认为今年秋天会出现做出这一决定的正确时机”[72]。在关于德国的《王朝与族群》一章中，俾斯麦指出，他总能成功地赢得普鲁士君主（威廉一世）“从德意志角度对发展计划”的支持，因为“在决定性时刻”威廉一世总是倾向于国家事业。[73]1870年11月，“在皇家头衔问题至关重要的时刻”，俾斯麦在回忆录中写道，正是他自己的花哨步法使巴伐利亚国王同意宣布“德意志皇帝”的计划。在这种情况下，机会之窗是如此之窄，以至俾斯麦用“脆弱的纸张和不好用的墨水”在餐桌上潦草地写下了这封决定性的信，并以最快的速度亲手将其从战火连绵的法国送到巴伐利亚国王面前，后者当时因牙痛而在旧天鹅堡卧床不起。[74]这里的意义在于，即使是最轻微的延迟也可能改变历史的进程。当然，政治决策的时机被造成某些限制和机会的情况打断的想法并不新鲜。大选侯曾恳求他的庄园给钱，他提到了“当前形势”的紧迫性。不同的是，在俾斯麦的时代，时事形势似乎既更难解读，也变化更快，以至干预、选择和决定的压力成为一种生存条件。

俾斯麦以这种方式构建了自己的叙事风格和自我理解，阐述了一种属于经验和解释学范畴的对时代的感知，以“时刻”的支配地位为标志。历史学家德罗伊森在 1851 年指出，1848 年的革命与此有关：通过释放大众作为公共生活中不可预测的因素，革命给欧洲政治带来了一种无法逃避的“对当下的恐惧”[75]。19 世纪中期电报带来的信息革命非但没有废除时间（像有些人声称的那样），反而为越来越小的时间单位带来了越来越大的价值，尤其是在股票交易所这样的市场环境中，获取信息的速度可能会带来商业优势。[76] 休 · 泽姆卡认为，在 19 世纪，工业和时钟的时间对生活所有领域的渗透“为过度感知时刻创造了条件”，这一时刻具备了挖掘隐藏意义来源的窗口的高度解释功能。[77] 乌尔里希 · 劳夫将时刻的扩散（巧合、创造、洞察、决策、启示等）视为现代时间意识的特征。[78]

对俾斯麦的文本进行文学分析不在本研究的范围之内，但值得注意的是，他一生最亲密的朋友约翰 · 洛思罗普 · 莫特利所著的《尼德兰联省共和国史》（1860）是一部充满了决定、危险、机会、命运和启示的书。俾斯麦很熟悉这部作品，莫特利在每一章都把主人公的行为置于独特的时间范围内。其效果是提高了对每一个历史情况的偶然性、机会的时间有限性、威胁的突然性，以及往往对主角隐藏的、揭示事件真正含义的同时性的认识。[79] 当然是莫特利能够看到和理解这些时刻，而不是故事中的演员——从这个意义上说，它们只是历史学家杰出的诠释能力的产物。

这是俾斯麦同样向往的崇高立场。俾斯麦于 1850 年 12 月 3 日在普鲁士议会的讲话中，为普鲁士放弃（由普鲁士主导的）埃尔富特联盟并接受在奥地利领导下复兴德意志邦联的决定进行了辩护，该决定仅于 4 天前在《奥尔米茨条约》中提出。俾斯麦拒绝了那些民族主义议员的论点，后者谴责奥尔米茨是普鲁士的耻辱。他认为，在如此重大的问题上，普鲁士政府的决策不应该被公众情绪所左右，而应该基于对某一特定和偶然时刻的威胁和紧急情况做出冷静而准确的评估。“在这个如果我们全副武装赶往边境，邻国就将拿起武器反对我们的时刻……在这个（对普鲁士当局的）信任精神出现在那些通常唾弃它的人身上的时刻，在这个触及对外政策的每个问题……都事关战争与和平的时刻，为什么普鲁士要冒着诉诸战争的风险？”

俾斯麦的目的不是在立法机构赢得朋友（这篇演讲的效果恰恰相反），而是为了向宫廷推荐自己作为未来高级职位的候选人。有趣的是，俾斯麦之所以能做到这一点，是因为他没有把自己定位为某一趋势或原则的倡导者，而是把自己定位为一个独特的、有能力解读这一历史时刻的行动的人。[80] 在 1870 年的战争中，他反对军事指挥把他排除在决策过程之外的努力，其核心思想也是同样的。他说，战争的成功不仅仅是在战场上的胜利。处理武装冲突的更大后果需要政治技巧：“毕竟，要判断何时是开始从战争向和平过渡的正确时机，必须了解欧洲局势，而这是军事指挥官通常不具备的知识。”[81]

我们可以将这个关键时刻、时间点和瞬间的名单大大扩展——如今，这些回忆录的数字版本和大量通信的存在，使得追踪它们变得非常容易。潜在的要点很简单，这些对决定性时刻的提及——全书多处可见——并不是一种写作风格或隐喻。它们将我们带到俾斯麦理解政治时间的核心。如果说国内外的政治意味着试图管理众多国内和国际变量之间的互动，而这些变量之间的相互关系在不断变化，那么随之而来的高级职位和权力理所当然地属于那些能够预见、解读和利用机遇并做出果断决定的人。

在一个政治生活展现为一系列具有决定性的关键时刻的精神世界里，推测反事实的情景是有意义的。在这些情景中，人们选择了不同的道路，或者根本没得选择。例如，在讨论1848年事件的过程中，俾斯麦在回忆录中思考了如果普鲁士政府通过积极和无条件的行动成功地确保了德意志的统一，而不是等待19世纪60年代才会显现的机会，那么可能会发生什么。也许不出所料，他得出结论说，事情会与原本的发展轨迹一样。[82]但有趣的是，1848年仍然是这种对历史叙事的推测性调整的支点。

在另一个有趣的段落中，俾斯麦通过假设根本错误来解释德意志统一的延迟，根本错误是亚里士多德逻辑中的一个术语，表示将一个错误的前提插入演绎推理过程，从而得出错误的结论，即使这个过程在形式上是正确的。[83]换句话说，俾斯麦梳理了普鲁士国家的历史，把它想象成一棵决策树，其中每一步都创造了一个新的分叉点，寻找最初的“错误转向”——这一探索对弗里德里希二世来说似乎毫无意义（当然，除了在战斗的情境中，他承认有一些高风险的决策时刻可能对决定结果至关重要），[84]但对普芬多夫也一样，尽管他对当权者面临的选择情况很感兴趣，但他从未像俾斯麦那样在叙事中赋予“决定性时刻”以重要角色。俾斯麦（以典型的、自我夸大的、不合时宜的华丽修辞）表示，他自己和早先政治家之间的区别在于，他们没有（像自己一样）看到和理解历史可能性出现的时刻。[85]

俾斯麦在职业生涯结束时，将自己的职业生涯视为一连串划时代的决定性时刻——与他分享过许多决定性时刻的年迈君主显然同意这一点。1887年9月23日，是俾斯麦被任命为“外长-首相”25周年，90 岁的威廉一世在信中感谢俾斯麦将普鲁士提升到“世界历史上前所未有的名望和荣誉的级别”，并补充道：“我向你们发出这封信，是为了纪念过去 25 年中我们必须讨论和执行如此多重要决定的这座建筑的景象——愿它们永远为普鲁士与德意志的荣誉和利益而回响。”[86] 历史在流淌，但也在决定性时刻被分割开来。决策树的起止特征和时间流的连续运动是理解同一个过程的两种方式，就像国际象棋的逻辑可以通过复盘下棋顺序显露出来，复盘可以凭借时间，也可以凭借设想棋局中可能不曾真实存在的假定时刻的“棋式”而实现。赫尔穆特·沃尔夫在区分俾斯麦历史思维中的“演化性”和“比较性”层面时，几乎抓住了这种紧张关系。[87] 演化性思路是累积的、异步的和隐喻的：例如，国家和运动随着时间积累属性，逐渐变成现在的样子；比较性的选项和可能性则在事物的同步发展中达到相互平衡。

当然，这两者只是名义上的分离，因为如果一切真的在以一定的速度发展，那么良好的决策不仅需要权衡不同的目标和指标，还需要在不同的时间框架内同时工作的能力。俾斯麦回忆了他在 19 世纪 60 年代初处理石勒苏益格–荷尔斯泰因问题的曲折过程中所扮演的角色，他谈到了不同“行动层级”的问题，这些层级在今天被称为“优先级”，它们必须持续发挥作用，但它们的相对风险和收益是不断变化的。[88] 他对 1870 年危机的处理也是如此。当法国和普鲁士就西班牙空缺王位的候选资格发生争吵时，某种形式的德意志联盟出现在俾斯麦的愿望清单上，但这一进程的时机仍未确定。与法国的战争可能会受到欢迎，被视为加速解决德意志问题、走向统一的催化剂。但是面临来自巴黎的威胁而不宣战也是有用的，因为它们会提醒德意志南部各州岌岌可危的处境，因此需要在与普鲁士更密切的关系中寻求安全。俾斯麦也曾设想过一个长期的、完全没有战争的方案来解决普鲁士与德意志南部的关系问题。[89] 在他职业生涯的几乎每一个重要事业中，俾斯麦都以相对开放的心态参与竞争，不仅在方法和盟友关系上，而且在目标的顺序和时机上。

君主制国家与历史的意义

俾斯麦只有在拥有手段去遏制和引导国内各种政治力量相互影响的情况下，才能容忍它们之间的互动。除了他自己在智力、政治和战术上的优越性（这一点他从未存疑），最重要的是他在普鲁士君主制国家结构中的崇高地位，特别是他与君主的密切联系。

关于君主制在俾斯麦的想象中的地位，人们有很多可说。他在回忆录的开头一段中宣布，小学老师向他灌输德意志民族情感的努力从未动摇他"与生俱来的对普鲁士君主制的情感"。他说："我对历史的同情总是站在权威的一边。"[90] 在这部情感克制的回忆录中，俾斯麦与各位君主的相遇扮演着独特的角色，释放出在其他地方找不到的强大情感浪潮。他与年长的威廉一世的交往是长期相互依存关系的典范。[91]

"向上管理"是首相最紧迫的任务，这不仅因为他是一名帝国任命的官员（有时还不得不在没有得到国会议员多数赞同的情况下行事），还因为俾斯麦的历史想象力基于一种特定的观点模式，即君主制国家是一种特权结构，位于政治斗争和力量的相互作用之上。以普鲁士国王的特权为基础的帝国–邦联在宪法上的崇高角色是不容商榷的。这是政治软土中坚硬而不屈的节点。因此，俾斯麦对弗里德里希二世的强权国家有着强烈的怀念——俾斯麦不想回到专制时代，正如我们所见，他知道过去已经被“盖棺定论”。但他认为，旧国家的本质以君主制原则的形式保存了下来，这意味着君主的不可侵犯性，这些特权在一定程度上仍然超出了议会的权限。当 1848 年的消息传到他的庄园时，他首先且最主要的担忧是国王变得“不自由了”——他的意思不仅是国王在首都成为“囚犯”，而且君主制国家已经丧失了使其成为一个国家的政治独立性。君主本人是凡人（俾斯麦在他的职业生涯中见过三位普鲁士国王——其中两位是皇帝——他们在在位期间死去），但国家是永恒的。他在 1882 年写道：“个人的更替无关紧要……只有当国家及其机构被想象成拥有永远相同的人格时，它们才有可能存在。”[92]

尽管国家作为一个行使权力的机构（强权国家）是永久的和不可改变的，但维持其政治生活的具体宪政安排要视情况而定，是可以商榷的。关于俾斯麦是如何思考两者之间的关系的，从 1858 年的一个片段就可以看出。一次中风使弗里德里希·威廉四世国王丧失了行动能力，由于患病的国王没有子嗣，他的弟弟威廉亲王似乎即将登基。威廉瞥见了利用继位收回在革命后被君主制放弃的一小部分宪法权力的可能性。他向俾斯麦提出修改宪法的要求，作为他登上王位的条件。毕竟，他为什么要无条件接受一项他自己并未参与的协议呢？

在我们谈到俾斯麦的答复之前，我们应该回顾一下，在 1848 年 3 月的日子里，普鲁士的威廉亲王已经成为亲近国王的圈子里最激烈的反动者之一，他坚持认为步兵冲锋和葡萄弹是对街头政治骚动的最好回应。事实上，他如此直言不讳地要求镇压，以至国王把他送到英格兰去冷静。然而，一旦最初起义的冲击被平息，亲王很快就适应了新形势的要求。“过去的就过去了！”“三月事件”发生仅 3 周后，他就给卢多尔夫 · 坎普豪森的新自由派柏林政府写了一封非同寻常的信。“一切都不能回到过去了，愿所有这样做的企图都被放弃。”“帮助建设新普鲁士”现在是“每个爱国者的职责”。[93] 这位前“葡萄弹亲王”于 1848 年夏天从英格兰回来，准备在后革命的秩序下工作。

到 19 世纪 50 年代中期，王储已经加入了宫廷中的自由派。他上台后的第一个行动就是解雇曼陀菲尔和他的保守派大臣，代之以自由派的替代者，开创了后来被称为“新时代”的局面。然而，随着 1858 年摄政时间的临近，亲王被一个想法吸引，即通过强制修改宪法，利用过渡来巩固自己至高无上的宪政地位。在被征求意见时，俾斯麦反对这一举措，理由是这不仅仅是一个王朝家庭法的问题，而是一个政治和国家稳定的问题。但俾斯麦拒绝亲王的提议纯粹是战术性的，是应对当前政治形势的一种职能。

> 我认为，如果这是一个适用封建法律的案例，那么拒绝宪法就是正当的：根据封建法律，受遗赠人受父亲的约束，而不受兄弟的约束。但出于政治原因，我建议他不要触及此事，不要给我们的国家带来不确定性，这种不确定性甚至会因部分拒绝而产生。每当新的君主登基时，就唤醒对制度改变的恐惧是错误的……我从这样一个前提出发，即宪法问题从属于国家的需要及其在德意志的政治地位，目前没有迫切需要修改我们的（宪法），就目前而言，权力和内部凝聚力的问题是主要考虑因素。[94]

另一方面，每当俾斯麦认为君主制国家的权力和自治受到威胁时，他就准备推翻宪法，或者按照更有利于不受限制地行使君主特权的方式重启宪法。这种思维方式可以追溯到 1848 年普鲁士宪法的诞生，正如我们所看到的，保守派在其中植入了允许宪法被用来反对自己的条款。在 1862—1863 年的危机中，当普鲁士政府与州议会中的自由多数派在军事改革的资金问题上发生冲突时，俾斯麦援引了“间隙理论”①，认为在没有任何相反规定的情况下，如果没有与议会达成预算协议，政府就可以继续征税和进行制裁——这一论点最初是由保守派在 1849—1851 年的宪法辩论中提出的。[95] 俾斯麦未能让议会支持政府的目标，而后未经议会批准就实施了军事改革并征税。使用了合宪性可疑的措施来压制异议，包括对自由派议员的报复（违犯了给予议会豁免权的第 84 条）和对反对派媒体的压制措施，这些措施是在一个条款（第 63 条）的微弱掩护下发起的，该条款授权国王在“紧急”需要时发布法令，“以维护公共安全或解决不寻常的紧急情况”。1863 年，俾斯麦多次谈到废除选举法，甚至发动政变。[96] 就像他告诉王室大臣亚历山大·冯·施莱尼茨的那样，如果现行宪法和普鲁士君主制是“不可调和的”，那么必然要牺牲前者来保护后者。正是 1864 年丹麦战争的意外胜利，将俾斯麦从这种不可估量的风险中拯救出来，挽救了他的职业生涯和历史声誉。

在 1867—1871 年后，新的帝国宪法是俾斯麦自己创造的，而不是从他的前任那里继承的安排。然而在 1889—1890 年，在他职业生

---

① 间隙理论认为，在政治斗争中要善于在不同势力的间隙争取支持。势力之间的间隙会导致产生“割据”的状态，而割据状态下的间隙，能产生巨大的联合力。——译者注

涯的最后危机中，俾斯麦再次考虑通过关闭议会和单方面修改选举法来恢复行政部门（尤其是他自己的职位）的独立性。这一次，他引用了这样一种理论来证明自己，即既然宪法是建立在不同统治者之间的协议上，而不是建立在州政府的行动上，那么完全可以在只有君主同意的情况下修改宪法。[97]

这就是“法律政变”的理论。它从未推动对宪法的政治攻击，但它让原本看似温和的俾斯麦式历史观的局限性得到了明显的缓解，这种历史观是通过各种力量的相互作用展现出来的。在危急时刻，他准备像霍斯特·科尔诗中的大首相一样，掀翻棋盘，向对手投掷棋子。他仅仅是虔敬地向年轻的皇帝威廉二世宣讲不可能回到“专制主义”。俾斯麦对塑造现代宪政国家历史生活的竞争力量的看法在意识形态上是狭隘的。他很容易而且经常将对自己政策的反对与对整个体系的根本威胁混为一谈。天主教徒被指责为“不爱国的”外国主权代理人。他在给巴伐利亚国王路德维希的一封充满臆测的信中宣称，团结在中央党周围的力量可能看起来是在按照教宗的标准战斗，“但他们都是国家的敌人，即使天主教的旗帜不再覆盖他们，（中央党）与进步派和社会党的联系也是建立在敌视国家的基础上的”[98]。

俾斯麦从未承认社会民主党在政治舞台上的合法地位。尽管该党及其人员被施加了严厉措施，但民众对社会民主主义的支持急剧增加，这促使他寻求宪法第 28 条授权的紧急权力，以建立一个永久的例外状态，在此过程中，社会民主主义者将被明确地与政治体隔绝。[99] 俾斯麦在他的回忆录中的第三卷（是有争议的、“被封禁的”，直到 1922 年才出版）中写道：“社会民主主义（代表）对君主制和国家的战争威胁，应该被视为战争和权力的内部问题，而不是法律问题。”[100] 考虑到公众舆论的现状、新皇帝的怀疑态度以及德国皇家海军日益强大的结构，俾斯麦是否有可能将这一思路付诸政治实践是值得怀疑的，而他还没来得及尝试就被撤职了。

这些为了保护他的造物而采取的极端策略暗示了俾斯麦历史观的核心。俾斯麦的历史是发展的，但不是进步的。特勒尔奇写道，进步的理念是“基督教末世论的世俗化，是全人类要达到的普遍终极目标的理念，从奇迹和超越的领域转移到自然解释和内在的领域。相比之下，历史发展的概念仅指历史运动的性质和其本身的变化”[101]。俾斯麦的历史思维缺乏这种未来感。在特勒尔奇的意义上，它并没有世俗化。俾斯麦的上帝信仰是真实的，在心理上也很重要。这可以追溯到他在 19 世纪 30 年代末与政治保守的波美拉尼亚虔诚主义者的接触，其间他遇到了他后来的妻子乔安娜·冯·普特卡默，给予他一生的心灵慰藉和支持。“我无法理解，”他在 1851 年给妻子的信中写道，“一个对上帝一无所知或不想了解上帝的人怎么能忍受生活的蔑视和无聊……不知道我以前是怎么过的；如果我现在的生活像那时一样，没有上帝，没有你，没有孩子们，那么我真的不知道为什么我不能像抛弃一件脏衬衫一样抛弃这种生活。”[102] 俾斯麦一想到他职业生涯中发生的事情是上帝批准的，就感到欣慰。有时他几乎是欣喜若狂地表达了他自己的生活与神的旨意之间的和谐。在他的一生中，这种表达有足够的规律性，表明这种对信仰的依赖是他人格的永久特征，尽管它往往在压力、挫折、愤怒和绝望的时刻表现得最强烈。

然而，我们没有理由相信，这种天意意识赋予了事件的历史，甚至赋予了他自己在其中的角色以终极意义。俾斯麦不认同斯塔尔的信念，即国家的目的是传播基督教，或者根据神圣的计划为拯救世界做准备。他仍然相信天意，但这是世界运行之外的天意。信仰是俾斯麦抵御异常事件的个人保护，而不是其意义的关键。这是他的权力经验的一个依赖变量，而不是一种能够塑造的或为行动辩护的力量。[103]

在动荡的19世纪60年代，俾斯麦的政治成就、他对普鲁士权力和安全最大化的追求以及民族运动的愿望之间断断续续的协同作用，赋予了他在领导层面的方向感和未来感。但是，由于俾斯麦没有也不可能真诚地接受民族主义、自由主义或社会主义的目的论，他的历史仍然没有目标，起伏不定，没有预期状态的未来性。最晚到了19世纪80年代，他对外交和国内政策的态度都着眼于保护已经存在的东西。历史学家奥托·欣策在1926年写道："俾斯麦的体制更多地依赖于过去的力量，而不是未来的力量。"这与民众的"国家斗争"没有联系，他未能抓住"正崛起的大众"的愿望。[104]俾斯麦在政治上和智力上都依赖于君主制国家，因为它是唯一能够赋予"历史"力量的相互作用以连贯性的机构。但连贯性并不等同于重要性。一旦俾斯麦在对普鲁士有利的条件下实现了德国的统一，俾斯麦的政治事业就因严重的意义不足而受挫。

1918年与历史的终结

正是君主制国家让俾斯麦产生了一种错觉，认为自己在"俯视"政党，可以管理或至少从上面监督他们的互动。俾斯麦对政治的理解假设了一定程度的复杂性，这让人想起克劳塞维茨对战争的理解，在这个空间里，计划和理性认知所起的作用要小于沉浸式的、"基于身体的潜意识状况”、“面向世界”的行动模式。[105] 但这里有一个关键的不同之处。对克劳塞维茨来说，战争的压力和不可预测性迫使这位战争理论家彻底地进行沉浸式思考。[106] 相比之下，俾斯麦从君主制国家的高度审视政治。他的思考是一个非沉浸式的复杂视野。

俾斯麦对国家作为超然政治机构的尊重在 19 世纪的德国得到了广泛的认同。与“历史”一词一样，“国家”一词也经历了前所未有的话语升级。事实上，这两种思想存在于一种相互依存的关系中。一个广为人知但值得注意的事实是，现代德国最重要的现代国家理论学家也恰好创造了 19 世纪最有影响力的德国历史哲学。超出其他所有人，哲学家黑格尔帮助建立了作为研究和思考特殊对象的现代国家。它不仅是主权和权力的场所，也是创造历史的引擎，甚至是历史本身的化身。国家观念和历史观念之间这种明显的普鲁士式的亲密关系，在大学新兴的文化学科上留下了持久的痕迹。这种联系是如此强大，甚至渗透到了那些认为自己是黑格尔哲学反对者的人的思想中。年轻的兰克是萨克森人，他于 1818 年，也即 23 岁时来到普鲁士，1825 年在柏林大学就职，他没有逃脱黑格尔中央集权理想主义的传染。兰克宣称，国家不仅仅是一个政治机构，它是一种“道德上的善”，是一种“上帝的观念”，是一个拥有自己的“原始生命”的有机体，“穿透了它的整个环境，有别于万物”。在整个 19—20 世纪，历史的“普鲁士学派”仍压倒性地把国家作为历史变革的载体和推动者。[107]

这种超然的国家观念的影响是如此广泛，以至它为普鲁士的政治和社会思想赋予了独特的色彩。黑格尔的学生洛伦茨·施泰因在其著作《无产阶级与社会》（1848）中指出，与法国或英国不同，普鲁士拥有一个足够独立和权威的国家，其可以干预公民社会的利益冲突，从而防止革命，保护社会所有成员免受任何一种利益的“独裁”。因此，普鲁士有责任履行其作为“社会改革君主制”的使命。一个密切相关的立场是颇具影响力的保守派社会主义者卡尔·罗德贝图斯的观点，他在19世纪三四十年代辩称，一个仅基于财产原则的社会总是会将没有财产的人排除在真正的成员之外，只有集体化的威权国家才能将社会成员焊接成一个包容和有意义的整体。[108] 罗德贝图斯的观点反过来影响了极端保守的《新普鲁士报》的主编赫尔曼·瓦格纳的想法。（该报因旗帜上有一个巨大的黑色铁十字架而被称为《十字报》。）即使是最浪漫的保守派路德维希·冯·格拉赫（利奥波德的兄弟，曾与俾斯麦争论革命的邪恶不法性），也认为国家是唯一能够赋予民众使命感和认同感的机构。[109] 在19世纪末期，洛伦茨·施泰因的最有影响力的读者之一历史学家古斯塔夫·施莫勒创造了“社会政策”一词，以表达国家干预支持社会中最脆弱成员的权利和义务。施莫勒认为，让社会自行管理自己的事务，会引发混乱。[110] 施莫勒呼吁建立一个中立但持干涉主义的国家，这个国家要凌驾于阶级和政党的斗争之上，但这一主张并非没有受到挑战。在20世纪初，像维尔纳·松巴特和马克斯·韦伯这样“好斗的”理论家要求社会和科学将其注意力从国家转移到公民社会的竞争动力上。但他们的活动本身就是对德国社会和政治思想以国家为中心的倾向的不满的表达。[111] 国家仍然是一个重要的锚点和参照物。

如果社会的水位上升了，淹没了君主制国家的高地会怎么样呢？要想在历史的长河中前行，必须得有一艘船，一艘站在社会变革潮流顶端的具有永恒（或至少是稳定的）结构的船。但是如果船翻了，或者根本就没有船呢？如果一个人不是被卷在洪水之上，而是被卷入其中，被自己无法控制的力量所淹没，那么该怎么办？国家难道就不会成为纯粹的历史产物，其政治存在以激进的异质性为标志吗？历史难道不会反过来退化为纯粹的混乱吗？

在1918—1919年的战败和革命之后，这些问题对一些德国知识分子来说确实非常紧迫。1914—1918年的战争从很多方面暴露了旧君主制国家结构的不足。正如约恩·莱昂哈德基于科泽勒克关于法国大革命的研究所观察到的，经验空间的急剧扩展，打破了历史期待的视野。[112] 旧秩序的崩溃戏剧性地表现为最后一位德皇的逃亡和德国皇室的一连串狼狈退位。[113] 这些退位的结果——至少在普鲁士是这样——是国家的断头台。在许多受过教育的德国人看来，随后的一项和平协议无限期地中止了德国的主权独立。魏玛共和国在极端的政治不确定的条件下建立了新的民主国家秩序，摆脱了君主制前身的许多威权主义特征。借用卡尔·施米特的说法，"作为人民公仆的君主制国家"丧失了自己的特权地位，"陷入多元体系的游戏中"。它被迫成为"相互让步交易中的玩伴和政治帮凶，结果失去了自己的本质"。[114]

这些事件对德国人的历史想象的影响怎么说都不过分。"我们不再在一个全能秩序的保护下进行辩论和解释，"特勒尔奇在1922年写道，"而是在一个自我重塑的世界的风暴之中……在那里，无数曾经庄严的、严肃的（或者至少似乎如此）内容，如今仅仅成为短语和文章。大地在我们脚下晃动，不同的可能性在我们周围舞动。"[115] 特勒尔奇坚持认为，就大学历史系发生的事情而言，这不是历史学科实践的危机。历史学家一如既往地继续教学、研究和写作，历史学科的强大传统确保了这门学科会比周围的世界变化得更慢。相反，它是"历史思维”的危机，是历史和公共生活关系的危机，是它与政治和意识形态话语的哲学联系的危机，简而言之，是政治的历史性危机。[116] 许多作家和文化人物在 1918—1919 年的事件中看到了历史经验结构的断裂。在一项关于战时“知识分子动员”的研究中，库尔特·弗拉施指出，到战争结束时，传统历史解释中最重要的类别已经遭受了不可挽回的信誉损失。[117] 卢西安·霍尔舍认为，对一代知识分子来说，一战，特别是战败后的动荡和政治冲击是“一场颠覆时间体验的存在主义的雷雨”，并破坏了对“历史概念的根基”的信念。[118]

历史学家（当他们不是在书写历史，而是在“历史性地思考”时）从这种确定性的崩溃中得出了一系列结论。弗里德里希·迈内克认为，当前危机的原因在于历史意识和国家权力之间始终存在的密切关系，这种关系可以追溯到马基雅维利和普芬多夫。他认为，近代早期的国家已经发展出一种“与现代历史判断密切相关的勘测和判断”的形式。[119] 其结果是，国家结构的耗尽也必然会扰乱作为一种理解形式的历史的运作。迈内克想知道，这场战争和想象中的英美千年霸权时代的到来，是否意味着德国历史的终结。在一片和平的大陆上，欧洲国家将像“烧毁的火山”一样勉强维持它们在后历史时代的退休期。[120] 维尔茨堡大学研究希腊文化的历史学家尤利乌斯·卡斯特也提出了类似的观点。他在 1928 年写道，对历史学家来说，国家作为一个纯粹的权力机构，曾经是一个不言自明的框架概念。因此，对国家自主权的任何威胁都是对历史运动本身的攻击，否则在未来，历史将不复存在，因为到那个时候，国家被淹没在“全球社会”的结构中，沦落为仅仅是“人道主义政策”的管理者，专注于对资源和“人类经济”的管理，从根本上排除曾经是国家最终目标的外交政策和权力投射。“我几乎无须指出，”卡斯特写道，“在这种情况下，所有的历史生活都将终止。”[121]

俾斯麦学者汉斯·罗特费尔斯在20世纪20年代中期写道，1918—1919年帝国的失败和崩溃代表着一次创伤性的决裂。像他的许多同事一样，罗特费尔斯把俾斯麦时代理想化为“一个过去的时代，在那个时代，‘国家’被认为是‘凌驾于政党之上’的清廉存在”[122]。罗特费尔斯认为，通过无条件地将自己视作“国家的传统和利益”以及一个“超个人和超历史”的实体，俾斯麦比任何其他人都更能体现“永久和不变的国家观念”。1918—1919年这个国家的解体是德国历史上“最严重的物理崩溃”，它切断了历史延续的脉络。在凡尔赛被强加的和平解决方案体现了一种“史无前例的毁灭意志”，这是一种史无前例的试图将一个伟大国家的历史演变倒退两个半世纪的行为。[123]

著名的普鲁士历史学家奥托·欣策则没有那么夸张，但他也将战争的结束视为一个深刻的休止符。奥托·欣策写道，支撑俾斯麦政治的制度与“我们今天极度可悲和不正常的政治存在条件”之间存在着天壤之别：“俾斯麦的制度是一个装备精良的大国的制度，它很难适用于一个被强行解除武装、依赖国际社会、其间生活着没有自由的人民的国家，其作为国家的特征仅限于在技术行政自主层面上，在经济和政治领域具有一定程度的自治。”[124]这些回应反映了一战后困扰德国的深刻的政治危机，但它们也提醒我们，“历史”对威廉帝国的知识分子来说意味着什么。它获得了形而上的权威，在思想的领域成为所谓超越的“理念”（如“国家”的理念），与有缺陷的人性所释放的力量发生动态互动。向历史灌输（新教）神学假设和目标的倾向有助于解释为什么德国经历和遭受了如此强烈的“历史主义危机”。如果历史在某种程度上吸收了我们赋予宗教的基本的稳定和导向功能，那么传统历史思维的危机必然表现为“一个最重大、最困难的生活和文化问题”[125]。

并不是每个人都怀疑历史是理解未来的形式——特勒尔奇保持着冷静的头脑：他认为需要抛弃的不是历史本身，而是“自近代早期以来就与国家的冒险活动联系在一起的特定的历史性概念”。放弃民族国家的史学，转而关注欧洲的文化史，或许是一个好的开始。[126] 但在最极端的表现形式中，20世纪的“历史思维”的危机可能表现为全球对进步甚至发展叙事的排斥。1919年，敏锐观察德国知识分子生活的法国人保罗·瓦莱里宣称，现在已经无法区分先知和历史学家了。[127] 他在后来的一篇文章中评论说，历史是“有史以来在智力的化学作用下调制出来的最危险的产物”——它“产生梦想，使国家陶醉，产生错误的记忆，夸大人们的反应，让人们旧伤不愈，在睡梦中折磨人们”。尽管它痴迷于“事件”并声称提供了远见，但历史知识并没有阻止1914年战争的爆发。[128]

在1919年发表的一篇短文中，德国犹太哲学家特奥多尔·莱辛走得更远。他认为，历史与客观现实、生活或真相毫无关系。历史诞生于神话，是“人类梦想的织物”，其功能是赋予本质上毫无意义和混乱的过去以意义。历史神话最大的有害之处在于它坚持历史发展的进步特征，即历史事件本身揭示了“价值的进步层次，比如逐渐上升到更高、更好、更完整的阶段”[129]。莱辛认为，进步主义为“布尔乔亚-资本主义下的欧洲所传播的文化”的“腐烂灵魂的机械化”提供了“诱人的背景，……因为如果历史真的包含进步的希望，那么任何碰巧掌权的力量都可以基于它代表着自然进程的当前顶峰的信念，享受自己的权力，仿佛是理所当然的一样”。[130]

20 世纪初期的历史决定论危机是一个庞大而复杂的问题，其影响超出了本书的范围。可以说，在最极端的表现形式中，它可以表现为全球对历史的拒绝，从现代和“时间化”的意义上来理解，这是一种通过不断破坏先前的事态而展开的发展变化。罗马尼亚宗教和神话学者米尔恰·伊利亚德观察到，在某些情况下，人类可能会“反抗历史的噩梦”，并在“世俗时间的界限之外”寻求庇护。[131] 这种反应并不是德国人独有的。我们可以通过许多时代和国家看到，政治动乱和创伤导致了深刻的时间重组。德国案例的特别之处在于反抗的深刻性，以及它最有影响力的主体不是个人，而是一个拥有巨大权力的政权。

第四章

纳粹的时间观

1935 年春，瑞士作家、记者马克斯·弗里施参观了于柏林举办的民族社会主义大型展览“生命奇迹”。弗里施为这些展品在技术上的完美性而深深着迷：在前厅里，他对一件展品惊叹不已，那是一尊“内脏器官被内部照明系统映照出来的玻璃人，采用了德国尖端技术”。完美的模型演示了循环系统和心脏的工作原理，以至人们“不断地因才华横溢的策展者将几乎无法想象的概念可视化而感到惊奇”。一个悬挂着标语的房间中陈列着“手持铁铲的年轻金发男子”和“长发女子”的巨幅画像。只有当你走出开放的大厅时，展览潜在的政治目的才会显现出来：将理想化的图像、完美北欧身体的超大模型，与对先天性疾病、犹太人和其他“非雅利安人”的侮辱性描绘并列在一起。这不是对人类本身的赞美，而是对“北欧人”的赞美。

最奇怪的是主厅里巨大的“生命之钟”。这台钟有真人的 4 倍大，占据了整个题为“家庭、人民、国家”的中央展厅，每 5 分钟鸣钟一次，宣告 9 名新德国人诞生。在吊钟的塔楼下方，沙子从一个巨大的沙漏中倾泻而出，昭示着在同样的5分钟内，只有7名德国人死亡——净增2名。弗里施回忆道，人们的思绪总是被钟声打断。它的目的非常明显：证明生物学时间是不可避免的。[1]

本章将分析民族社会主义时间性的独特之处。它与那些将德国和意大利政权视为一般的“法西斯”时间性的表达，或将三个极权主义独裁政权统称为“政治宗教”的研究背道而驰。[2]关于民族社会主义及其同时代极权主义的政治宗教文献现在非常丰富。这类研究通过突出公共仪式的礼仪特征或关注共同主题，如重生、加速、对理想化过往的赞颂以及对神话和永恒思想的呼吁，在很大程度上揭示了极权政权之间的家族相似性。本章并不否认这些共性，但更关注的是民族社会主义政权对其时间定位的直觉有何独特之处。

从希特勒政权的文化实践和公开言论中描绘出一幅时间景观并非易事。在“第三帝国”的情境下，有意识或有组织地重建正式的时间框架根本无从谈起。他们没有像法兰西共和国那样试图重新设计日历，用“异教徒的”或“日耳曼的”日历取代犹太-基督教礼拜日历的愿望仍然局限于边缘群体。[3]它也没有一个连贯的“时间信条”。这并不是一个特有的困境：在本书所考察的政体中，没有一个产生过时间信条。我将尝试通过演说、印刷文本、图像、建筑环境以及相关的制度实践等各种材料来源追溯有影响力的说辞，并从中推断出一种集体意识，以此解决缺乏一致方案的问题。但这种方式在希特勒时代尤其困难，因为它提出了进一步的问题，即哪些材料和言论应该被视为一种以不同机构之间的竞争为标志的权力结构的特征。然而，追溯这一时期所有公共活动范围内的政治和文化话语的时间纹理，的确令我们有了分析“时间和历史的想象”的可能，这赋予了一个独一无二的破坏性政权的政策以“意义与合法性”。[4]这一章探讨了一系列的公共言论和设施，但它以并不显眼的临时博物馆作为开场，纳粹运动的一部分成员试图通过博物馆来庆祝和纪念最近的掌权。

革命博物馆

1933 年 9 月 15 日，一座全新的博物馆在柏林开放（见图 6）。它的目的是纪念最近改变了德国政治格局的事件。主展厅陈列着从共产主义街头战士那里收缴的成堆武器，以及从位于卡尔·李卜克内西大楼的共产党办公室偷来的物品。一个真人大小的男性时装人体模特歪歪扭扭地站在那里，面颊上涂着胭脂，表情怪异，穿着一件共产主义准军事组织红色阵线的制服，腰带上插着一把刀、一把手枪、一把匕首，右手拿着一根由金属电缆拧成的短棍。旁边是一个高高的玻璃柜，上面贴着“来自费舍尔基茨（一个贫穷的地区，以前由德国共产党控制，位于施普雷岛的南端，这个小岛现在是柏林市中心的一部分）的凶器”的标签，里面摆放着成堆的手榴弹、棍棒、刀、匕首、手枪、子弹和镶着共产主义徽章的尖顶帽子。墙上胡乱地贴着来自“斗争年代”的政治海报。相邻的一个房间被留作“荣誉殿堂”：纳粹党的旗帜装饰着新古典主义的纪念拱门和铭刻着阵亡纳粹党人名字的牌匾。

图 6　柏林革命博物馆入口（摄影师为英国考古学家克劳福德）

来源：克劳福德摄影档案。牛津大学考古研究院授权使用

柏林革命博物馆最初设在新政权的一个记忆之场，即阵亡的纳粹活动家和冲锋队成员霍斯特·韦塞尔的公寓楼内，位于犹太街和教区街的拐角处，但后来搬迁到了一个令人印象更加深刻的场地，即新弗里德里希大街。[5] 它的创始人是维利·马库斯（1907—1969），是霍斯特·韦塞尔的朋友和同志，也是柏林冲锋队第六团的指挥官。出席这场庄重的开幕式的嘉宾有韦塞尔家族的朋友和当地冲锋队的成员，其中包括德国末代皇帝威廉二世的第四个儿子——准将奥古斯特·威廉。随着时间的推移，该博物馆逐渐成为新兴的"民族社会主义柏林"的文化设施之一。[6]

与柏林革命博物馆同类型的机构还有很多。哈雷、卡塞尔和杜塞尔多夫也有类似的建筑，更不用说在许多其他地点设立的用于纪念民族社会主义运动的“成就”和“牺牲”的荣誉殿堂。这些并不是政权命令的结果，而是由各区冲锋队的领导层推动的地方举措，通常与大区当局合作。[7] 冲锋队建立这些机构似乎是为了宣传其在纳粹夺取政权中的作用。地方冲锋队领导层也参与了哈雷德国起义博物馆的开设，在杜塞尔多夫的革命展览馆中发挥了重要作用，并合力建造了多座荣誉殿堂。在柏林革命博物馆附近，冲锋队的军队曾遭遇共产党的殊死抵抗。位于拐角处的教区大街 29 号是曾经的柏林反战博物馆的馆舍，这是一个拥挤而混乱的场所，由和平主义者恩斯特·弗里德里希（1894—1967）创建，他利用图像和物品——包括伤残士兵的照片——来唤起人们对军事暴力的恐惧。1933 年 3 月，当地冲锋队洗劫并没收了博物馆，然后将其改造成冲锋队的休闲场所和刑房。[8]

对“革命博物馆”这个名字的选择值得注意，这反映了冲锋队对政权交替的革命性质的关注，以及“二次革命”的迫在眉睫，在这场革命中，1933 年 1 月的政治成就将带来深远的社会转型。展品的选择和展览的方式反映了对德国首都的“积年累月的争夺”所激起的小小的怨怼和仇恨。展品中有一张装裱的照片，来自 1932 年的一本图册杂志的增刊，展示了柏林警察局前副局长、犹太人伯恩哈德·怀斯（1880—1951）的宽敞公寓，照片上压着一副破眼镜。怀斯一直是魏玛共和国秩序的坚定捍卫者，有一个嘲讽性绰号“伊西多·怀斯”，并且是戈培尔在首都新闻界最招人恨的人物。纳粹漫画经常把他们的厌恶集中在副局长那副“犹太式”的圆眼镜上。[9] 戈培尔撰写并发表在政党日报《民族观察》上的一篇展览评论将该展览描述为“一个令人愉快而又可悲可笑的提醒物：伊西多·怀斯先生本人匆忙逃离‘家门’，并且留下了眼镜”[10]。

显然，革命博物馆的目标之一是宣传纳粹政权（或至少是政权的武装突击部队）击败反对势力的胜利。在展馆中设置一个用于展示缴获的共产党武器和徽章的“红色角落”，是同类展览的共同特征。[11]在共产主义报复的危险仍然作为一种切实的威胁出现在官方宣传中的时刻，这种炫耀战利品的行为并非无足轻重——从 1933 年秋到 1934 年春夏，纳粹党媒持续报道所谓的“红色阴谋”以及针对警察、纳粹官员和希特勒青年团成员的“红色恐怖”事件，还有被广泛宣传的针对所谓共产主义团体的审判，对收缴武器的描述在其中起到了突出的作用。[12]一位评论员说，这座博物馆是一个“恐怖物品陈列室”，其目的是让人们联想到如果民族社会主义者没有上台可能会发生什么恐怖的事情。保守派讽刺作家阿道夫·施泰因在 1935 年夏天写道：“柏林现在很热，但在革命博物馆里，一股冰冷的寒流会从背后袭来。”[13]

对政治时间性的研究者来说，这些机构比任何事物都更令人感兴趣，因为作为机构的博物馆一直都是操纵时间认知的工具。[14]博物馆的设备既可以用来拉开观众与所展示的时代或现象之间的距离，也可以建立一种即时感。正如马丁·罗斯所展示的那样，1924—1932 年，博物馆建筑大幅增加，这类机构的文化权威得到提升，博物馆的内容被戏剧性地“现实化”——革命博物馆的一些特征借用了魏玛共和国早期具有左倾色彩的“社会博物馆”，这些展览从内容上看都是指向当下的。[15]在布置革命博物馆风格的时候——给展品贴标签或者使用玻璃柜，策展人试图将观众与民族社会主义改革的现实联系起来，同时将魏玛共和国限制在过去，共和国的生命延续到了展览开始的 9 个月后。柏林市中心报纸专栏上的海报写着：“革命博物馆象征了一个被取代的时代。”[16]（见图 7）戈培尔在展览评论中指出，展出的物品只是遗迹，让人想起过去的时代。他写道：“只有在记忆中，……那些嗜血的（共产主义）恐怖的日子才会重现。”[17]另一位政党记者在 1937 年观察到，这些落败左翼的“象征”目的是唤醒人们对“一去不返的时代”的记忆。挂在墙上的左翼海报是“死气沉沉的破纸，就像上面写着的箴言一样死气沉沉”[18]。魏玛共产主义者的各种用品被放置在玻璃箱中并被贴上标签，就像是许多人种博物馆和日耳曼史前博物馆里缄默的陶器碎片和金属饰物那样。

图 7　街头报纸墙上关于柏林革命博物馆的广告

来源：克劳福德摄影档案。牛津大学考古研究院授权使用

这种将魏玛时代限定在过去，并假定魏玛时期的事件与纳粹当代的事件之间存在根本性断裂的努力，完全符合纳粹政权的公开言论所确定的首要任务，它将自己定义为两个时代之间的断点和一个新纪元的开端。[19] 希特勒在 1934 年 7 月的一次演讲中宣称："1933 年 1 月 30 日不仅仅是成立了新政府，更是一个新政权消灭了一个苍老衰弱的时代。"从魏玛政治史到纳粹夺权之间的转变被视为一种彻底的时间断裂。希特勒声称："我们民族社会主义者有权拒绝加入这条路线。"他指的是 1919—1932 年一连串"悲惨的"魏玛总理。[20] 以这种方式重组现在和过去之间的关系，可以让刚刚成为过去的战败者"体系"撤出现在。

否认现在和过去之间连续性的做法并非民族社会主义政权所独有。我们在法国大革命的早期就发现了这一点，在那些标志着共产主义和现代科学战胜了过去的信仰和迷信的苏联博物馆中也可以看到同样的情形，比如 1930—1936 年位于圣彼得堡圣艾萨克大教堂的"反宗教博物馆"。[21] 圣艾萨克大教堂被剥除了所有的宗教相关物品，其中一些物品组成了一个关于迷信和宗教信仰历史的展览。1931 年在此安装了一架傅科摆；一个 56 磅（约 25 公斤）重的镀铜铅球悬挂在从主穹顶顶部垂下的 93 米长的金属丝上，其摆动产生的缓慢旋转平面记录着地球的运动。这个博物馆的目的是证明信仰和启示被科学真理的实验观察取代的事实。但异乎寻常的是，民族社会主义博物馆给人的观感是，它所取得的成就不仅仅是与过去的决裂，还是一种新时代的开始。

如果我们审视位于哈雷市的另一座民族社会主义博物馆，就可以更清楚地看到这一点。它比柏林的同类博物馆更加令人印象深刻，开设于纳粹创建冲锋队、党卫队、国防军和警察之前，在 1934 年 6 月 14 日由公共官员和地方党派官员协作开办。哈雷“民族社会主义起义博物馆”（见图 8）是大区领导层的基地，旨在展示哈雷-梅泽堡地区政党的地域认同。它位于一座改造过的水塔内，被分为两部分。下层部分布置了一个类似于柏林博物馆的场景：正如一位新闻评论员所说，这是一个“没有干瘪的统计表的纸质博物馆”，是一个“来自最艰苦斗争时期的实在物品”的集合，包括“政治贴纸、臂章、会员手册以及铁质和木质的棍棒”（见图 9）。[22]

图 8　哈雷民族社会主义起义博物馆（照片来自官方导览手册）

来源：Kreisleitung der NSDAP Halle (ed.), *Führer durch das NS-Museum des Gaues Halle-Merseburg der NSDAP. Ehrenhalle der Nationalsozialistischen Erhebung, Revolutions-museum, NS-Archiv* (Halle, 1934)

图 9 哈雷民族社会主义起义博物馆一楼的场景（照片来自官方导览手册）

来源：Kreisleitung der NSDAP Halle (ed.), *Führer durch das NS-Museum des Gaues Halle-Merseburg der NSDAP. Ehrenhalle der Nationalsozialistischen Erhebung, Revolutions-museum, NS-Archiv* (Halle, 1934)

在这里，人们漫步在一个令人迷失方向的空间中，其中充斥着海报、文件、照片和生动的材料，比如布满弹孔的广告柱，或者被收缴的武器和炸弹的藏匿处。与之相对应的是，上层设有一个荣誉殿堂（见图 10），纪念该地区阵亡的纳粹党人。用博物馆官方指南中的话来说，这是“一个以鲜血见证国家和民族社会主义革命的纪念之地，一个颂扬新德国的沉思之地”[23]。这里没有展品，只有一个占据了建筑整个上层部分的巨大黑暗空间，里面陈列着“纪念壁龛和橱窗”，上面写着阵亡纳粹党人和在斗争中表现杰出者的名字。这种将纪念与历史动荡并置的做法完全是蓄意为之。一方面，正如高莱特·鲁道夫·约尔丹在博物馆开幕式的演讲中所说，这里有民族社会主义运动“永不停歇的斗争”；另一方面，也有“充斥着喋喋不休谈论政治的议会”。[24]

图 10　哈雷民族社会主义起义博物馆顶楼的场景（照片来自官方导览手册）

来源：Kreisleitung der NSDAP Halle (ed.), *Führer durch das NS-Museum des Gaues Halle-Merseburg der NSDAP. Ehrenhalle der Nationalsozialistischen Erhebung, Revolutions-museum, NS-Archiv* (Halle, 1934)

许多革命博物馆就是这样把记忆和纪念结合起来的。即使是相对朴素的柏林博物馆也有一间简单的纪念室，里面有铭文、徽章和名单。杜塞尔多夫的革命展既有代表胜利的党旗和展示魏玛时代物品的侧廊，又有一个用于沉思和纪念的大房间，房间里灯光暗淡，低沉的背景音乐是循环播放的霍斯特·韦塞尔的歌曲。但没有任何地方比哈雷民族社会主义起义博物馆更能清晰地表达这种并置：在那里，游客可以直接从下层的混乱抵达上层纪念室中的寂静。

在开幕式演讲中，哈雷民族社会主义起义博物馆的馆长兼创建者汉斯·哈内教授（1875—1935）讲述了双重结构设施背后的思想。他写道，这座博物馆并不是被规划为“多少有些价值的物品的仓库”，而是作为“以博物馆为媒介的荣誉殿堂的视觉延伸”。哈内认为，博物馆可以提供两种记忆。一方面，楼下的展品将唤醒许多“斗争和胜利时期不起眼的‘回忆’”，将过去的经历修复完整。“信箱和海报栏上的弹孔再次变成了呼啸的枪声，花哨的颜色变成了尖锐的惊叫声。”但在“整体结构”上，哈内解释说，“我们的博物馆也是对亡者的纪念”。他声称，这种纪念形式深深地植根于北欧人的过去。北欧民族对亡者的纪念有一个特点，那就是并不将亡者局限于天上或地下的世界，而是将他们融入活人的生活：“亡者仍然属于人类社会，亡者的国度是人类社会的全部存在领域的一部分。”[25] 简而言之，哈雷民族社会主义起义博物馆的上层–下层结构包含了两种时间性：一方面是冲突、破坏和间断的事件的历史，另一方面又是日耳曼“长时段的”记忆。

极权主义的对比

如果将这些展览与意大利法西斯为庆祝其政权的建立所做的类似努力进行比较，可以揭示出一个值得深思的反差。法西斯的超级展览“法西斯革命展”于1932—1934年在罗马展出，吸引了超过350万参观者。它不是传统的展览，而是一个充满活力的空间，人们可以在其中体验“行进中的历史”。一个由精心排列的大厅和房间组成的巨大综合体，营造了一种“永不停歇的运动和变化”，一种“煽动、压迫和迷失方向”的感觉。[26]

朱塞佩·泰拉尼将展览左侧的一个巨大房间设计为壮观的“房间O”（见图11），与纳粹的时间性形成了鲜明的对比。这个空间被一面巨大的照片蒙太奇占据，它高高地延伸成一个不对称的空间。我们在图像的右下角可以看到成群结队的人像波浪一样涌向两个巨大的涡轮机，大量抽象的手掌从涡轮机向左上角延伸出去，就像法西斯敬礼的动作一样，这一创意可能借鉴了布尔什维克建构主义者古斯塔夫·克卢蒂斯在1927年创作的苏联海报。[27]涡轮机沿着聚集的头和聚集的手之间的断层线拼贴，清楚地呈现出这一构图想要传达的历史动力。这与墨索里尼写给法西斯烈士母亲的一封信反映了同样的观念，泰拉尼似乎想让观众明白，不仅是政党（尤其是元首）将大量个体转变为由集体意志驱动的法西斯分子，而且这一转变也是通过涡轮式加速过程实现的。[28]

图11　朱塞佩·泰拉尼，法西斯革命展（1932—1934）的“房间O”

来源：Dino Alfieri and Luigi Freddi, *Mostra della Rivoluzione Fascista* (Rome, 1933),189

当然，这场法西斯展览中也有一个纪念室，即“烈士祠”，它是一个黑暗的空间，中心立着一个简易的十字架，上面刻着“为了不朽的祖国！”的文字，四周环绕着黑色金属带，上面刻着成千上万个闪闪发光的“现在！”。在这里，就像在纳粹革命博物馆的“纪念龛”一样，死者在永恒的当下被纪念。但是，这个纪念室和展览的其他部分之间的结构关系有根本性的不同。参观展览的游客需要穿过一排“法西斯长廊”到达神龛，两旁的石柱上面刻有一系列日期：1918 年、1919 年、1920 年等。唯一走出纪念室的道路则是回到时光长廊，重新进入博物馆的动态历史轨迹之中。纪念室冷峻的现代主义风格与其他房间炙热的现代主义之间存在着对立关系，但它们的目的都是“在仪式秩序中重绘”历史的时间序列，并将法西斯夺权作为一个历史过程的结果来呈现，从而不破坏历史本身的正统性。[29]正如《意大利人民报》周刊的一位评论员所说，展览中引人注目的现代主义元素“象征着法西斯主义的巨大力量，它将自己推上了历史舞台”[30]。换句话说，在法西斯博物馆里，历史以时间序列的形式围绕并包含着记忆的空间；而在民族社会主义的“革命博物馆”里，记忆的连续时间压倒并扼杀了历史。

这有助于解释一位法国游客的古怪言论，即法西斯展览在精神上是“如此彻底的布尔什维克主义”，以至“如果换一个标签，这件作品就将在莫斯科引起掌声”。[31]尽管法西斯和苏联的革命时间性存在着种种差异，但它们都是建立在一种动力十足的黑格尔主义的基础之上。正如斯蒂芬·汉森所指出的，马克思列宁主义建立在马克思主义思想的基础上，即“有效的革命实践靠的是利用合理的时间规律来掌握时间本身”。最终产生的是一种混合体，汉森称之为“超凡而理性的时间观”。[32] 弗朗辛·赫希指出，苏联民族志学家对纳粹民族理论的本质做出了回应，坚持认为“民族文化”并不必然有原始特征，而是“社会历史进步”的产物，执政党的干预可以加速这一进程。例如，在博物馆展示塔吉克人悠久而永恒的文化传承——比如塔吉克茶道，这个想法迅速失宠，取而代之的是刻画塔吉克人走向苏维埃民族身份的历史道路，而共产党的干预加速了这一进程。[33]

苏联对时间的思考建立在理论和实践崩溃的基础上，在这种模式中，进步和历史在本质上是同一件事情。苏联的“反宗教博物馆”并不是简单地将现在和过去作为二元对立的本体论进行对比。相反，他们将宗教的消亡视为一个仍在进行的发展进程的结果。1934 年参观莫斯科无神论博物馆的两位法国科学家报告说，他们首先参观了“宗教在几个世纪中的演变”，从最早的人类社区到不同帝国中宗教与世俗权力的交织，随后开启了从古埃及到沙皇专制的旅程。当他们离开博物馆时，导游解说道，如果宗教信仰在苏联消失，那就是因为在科学时代，“我们不需要宗教来创造奇迹”。[34] 对苏维埃和法西斯政权来说，政党代表了历史的顶峰，历史仍然被视为不断前行的进步机器。[35]

相比之下，对民族社会主义者来说，将历史视为不可阻挡的变革进程的想法的吸引力要小得多。诗人兼出版人卡尔·玛丽亚·霍尔茨阿普费尔（1890—1945）在为《大众观察》撰写的一篇关于“时间节奏”的专栏评论中写道：“每个人都有自己的节奏。”该报对时间性质的讨论出人意料地频繁。对德国人来说，季节更新和死亡的模式，即“自然中至日的两极化”，决定了生命的“脉搏节拍”。从这个意义上说，时间只是“永恒的一部分”；大革命——包括被公认的 1933 年革命——不仅是高层政治的成功时刻，而且是民族团体所有成员的“复兴时刻”，“我们每个人都以最非凡的方式感知上帝的时刻”。[36] 民族社会主义政权并没有试图从内部彻底改变线性历史的范式，促使其适应一个全面转型的政党的需要，而是设法完全回避历史，脱离历史进入跨历史记忆的种族延续时代。在这一点上，它类似于伊利亚德所说的早期人类，他们“将自己置于历史的对立面，历史则被视为一系列不可逆转、不可预见、没有自主价值的事件”，并且只能通过不受时间影响的模型来理解过去的事件和个体。[37]

希特勒本人就曾公然宣扬对传统历史形式的排斥。在《我的奋斗》中，这位未来的独裁者主张与旧德意志帝国以国家为中心的历史主义决裂。旧历史主义的核心是一种虚假的法律理论，其核心公理是“不惜一切代价保护当前人类机制中被称为国家的巨大怪物”。他声称，传统国家观念的问题在于将国家作为它的终极目的。但他认为，这一理论是本末倒置：“国家是达到目的的手段。它的目的是维护和促进一个在身体和精神上平等的生命团体。这一维护首先包括了种族存续，因此它允许沉睡在这个民族中的所有力量自由发展……没有服务于这一目标的国家是有缺陷的，甚至是失败的……我们必须能够明确区分出，国家是容器，民族是内容。容器只有在它能够保存和保护内容物时才有意义；否则它就一无是处。”[38] 他断言，通过“切断”国家与“民族义务”的联系，“资产阶级世界”已经掏空了国家的意义。国家的去民族化最主要的受益者是“犹太人卡尔·马克思”，他“能够从那些关于国家性质和目的的错误构想和观点中得出最终结论”[39]。曾经被理解为历史变革的驱动力和焦点的东西，在这里降级为外在的工具，站到了历史真正的核心角色——人民的对立面。在《我的奋斗》

中，希特勒将历史即进步的理念与“犹太人”联系起来，犹太人率先将自己确立为所谓“人类的恩人和朋友”，然后“突然也变得‘自由’，并开始呼吁人类所必需的‘进步’”。希特勒继续写道，通过这种方式，“犹太人”使自己成为“新时代的代言人”，“赞颂所有的进步，但最重要的当然是会导致其他人走向毁灭的进步”。[40]

我们从这一切中可以看出，德意志民族的年青一代对继承自旧帝国的历史教育形式消化不良。希特勒写道，当下历史教育的状况过于糟糕，如果德国人“从没有学习过历史”，就会“好得多，并且对民族更有益处”。“因为一个人学习历史不是仅仅为了知道发生过什么，而是为了让历史成为未来的老师，实现民族的存续。这是目的，而历史教学只是达到目的的一种手段。”[41] 因此，如果认真对待这些言论，未来的任务一定是与遥远的过去建立一种更加完美的同一性，未来的房屋必须使用产自遥远过去的、尚未受到污染的木材建造。希特勒写道，在“对一个共同的德国（祖国）的渴望”中，有“一口永不干涸的井，它会一次又一次地在回忆过去中预测未来，尤其是在不经意间和短暂幸福的时刻”。[42]

民族的救赎力量是如此之大，以至它可以终止线性发展的历史。如果民族的感召力和影响力保持不变，那么任何事件都不必不可逆转。“所有落败都可能成为后来的胜利之父，所有失败的战争都可能成为后来崛起的原因，每一次痛苦都使人类的能量更肥沃，每一次压抑都可能带来新的精神复兴的力量，只要血统一直保持纯洁。”[43]

我们在20世纪30年代德国主要的大型公开展览中发现了类似的时间重构。诚然，在博物馆和展览方面，并没有系统的、由政权驱动的政策，而且由于地区间的竞争关系，博物馆与政权优先权保持一致的所有努力都失败了。[44] 甚至在那些决心以自身的调查研究为政权服务的机构中，也存在着由自负、嫉妒和职业竞争引发的激烈派系斗争。[45] 然而，一次对大型展览的调查揭示了一个共同的基础模式。例如，在 1934 年，帝国德语文学促进会和普鲁士国家图书馆在柏林策划了“不朽的德意志”展览，旨在从参观者心中唤醒德语文学中的“永恒”意识，以“使德国的现在和德国的未来与德国过去的民族性建立新的关系”。[46]1937 年，由法兰克福市和纳粹党民族政策局策划的“世纪之镜中的德国面貌”展览在法兰克福开幕，该展览主张所有文化的基础都在于“继承而来的民族权力”；它志在揭露被“历史变迁”掩盖的“我国人民不可改变的固有血统价值”。[47] 在这里，历史也仅仅是偶然的，是一系列或多或少偏离基础模式的赋予过去、现在和未来以意义的随机事件。1940 年 11 月 8 日在慕尼黑开幕，随后在德国巡回展出的大型展览“德国伟人”共吸引了 65.7 万名参观者，这一展览在内容上更强调历史性，并不太关注民族主题。但即使在这里，“历史”的线性序列也被折叠成了一幅千禧年时空图景。1940 年的德国人作为史前原始日耳曼人的直接后裔和践行者出现在本次展览中，由此被重新激活的当下的“历史”在与遥远过去的邂逅中达到了顶点。[48] 慕尼黑历史学家卡尔 · 亚历山大 · 冯 · 米勒在展览目录中宣称：“最终，德国军队的铁蹄在一战中从波罗的海蔓延到阿尔萨斯，从佛兰德蔓延到克里米亚。在他们的靴子踏过的几乎每一寸土地上，古老的记忆就像我们过去的回声一般响起。”[49] 一位匿名评论者观察到，这次展览让参观者感到震撼和感动的并非历史发展的大势，而是“一种对不朽和超越世纪的前景的敬畏之情”。[50]

1937 年 4 月 30 日开幕的展览“给我四年时间”，旨在宣传纳粹夺取政权四年来德国的变化，并在一场宣传风暴中拉开帷幕。即便是这个展览也将历史发展逻辑置于新旧时代之间对立的扁平的时间本体论之下。正如戈培尔在开幕演讲中提醒参观者的那样，展示民族社会主义者自掌权以来所取得成就的唯一途径，就是将现在与纳粹在 1933 年继承的“绝望的毁灭时代”并列。他声称，这次展览将以“对立现象”的形式进行，因为那时和现在的对比就像“白天和黑夜”一样深刻。[51] 这里没有试图“再现历史”或是“让观察者参与一系列行动”，这是被揭示的真相，而不是历史。[52]

所有这一切并不意味着民族社会主义时代的博物馆在某种意义上是“不现代化的”。参观过 1937 年巴黎世界博览会德国馆的人都不会对德国博物馆在审美和技术上的现代性产生任何怀疑。由埃贡·艾尔曼设计的“给我四年时间”柏林展览的 2 号展厅就是一个成功的、在形式上创新的案例，这是一个旨在让参观者沉浸在一种充满活力且应接不暇的体验中的空间。[53] 它最显著的特点是比例的剧烈变化：在展厅的中心是一台机器，它是如此巨大，以至四周围绕着它的人群显得非常渺小。仅仅几步外就是一条长长的微型铁路，其上有微小的人形正往货车上装载原材料。展览试图讨论的主题似乎是关于工业的巨大倍数效应，它能够将人类个体的工作转化为相对他们的力量和规模而言显得惊人的成就。然而，对工业活力和现代性的诉求并没有转化为对政权本身的诉求。与罗马展览中的“房间 O”相比，对生产力和加速努力的描绘并不是对民族社会主义运动促成德国政治转型的隐喻，而是对新政权可以任意支配的原始力量的精彩演示。

遥远过去的临近

日耳曼史前史是纳粹政权活跃的时间理论家们特别感兴趣的领域。远古德意志帝国联盟是一个与罗森贝格办公室有密切联系的压力集团，它通过开发一种更具吸引力、信息量更大、更容易理解的展览模式，整合了提高日耳曼考古学知名度的种种努力。[54] 其目的是将日耳曼人千年间的生活演变描绘为既是一种能够抵御外来影响的自我封闭和本土形成的现象，又是生动且接近当代经验的事物。[55] 纳粹独裁统治的前期见证了大学里的考古学和史前史学的迅速增长，在赫尔曼·戈林的公开支持下，这个学科在各个研究机构和教学培训领域都得到了极大的发展。[56] 考古和史前主题在教科书中十分突出，并且在小说、电影和卡片的收集中引起了广泛关注，以至史前史可以被称为纳粹政权的宣传"广告"。[57]

并非政权中的每一个人都对日耳曼史前史抱有这样的热情。希特勒有时会对希姆莱对日耳曼考古学的热衷表示怀疑。阿尔弗雷德·施佩尔回忆希特勒曾说过："当我们的祖先还住在泥屋里时，罗马人已经开始建造宏伟的建筑，这已经够糟糕了；现在，希姆莱开始挖掘这些泥屋组成的村落，并对发现的每一块陶片和每一把石斧充满热情。"[58] 希特勒自身对日耳曼民族连续性的认识在地理上不如希姆莱认识得具体。他的民族历史是一部千禧年叙事，其中第三帝国的成就必然会"再现"罗马帝国在权力巅峰时期的成就，这一观点反映在他对新古典主义形式的强烈偏好中，这种偏好从他为现在和未来的民族社会主义德国建造和规划的公共建筑中体现出来。在这一点上，希特勒不同于那些热衷于德意志史前史的人（比如哈内），后者颂扬北欧人和日耳曼人而反对罗马。但无论采用哪一种变体，由此产生的时空图景的新颖性都是显而易见的：最近的魏玛政治史将变得极其遥远，而新政权的千禧年溯源——或是古希腊和古罗马，或是日耳曼人在中欧和北欧定居的漫长而晦涩的历史，或是两者都有——看起来（或者应该看起来）非常近。

这个愿景在党卫队祖先遗产研究会的文化工作中被制度化了。[59]但它也影响了许多地方行动者的议程。在1937年2月的一次演讲中，吕内堡博物馆馆长格哈德·克尔纳宣称，前一年颁布的新种族法是最新的史前历史研究的“界碑”，这门学科的主要目标必须是“重新发现祖先遗产”。他接着说，研究必须适应当前的需要，“这种适应包括：用这种方式探索我们祖先的历史，以便从研究中获得政治见解：利用文化遗产将研究扩展到习俗和信仰，以探索我们民族的独特之处和我们民族的思维情感特质”。[60]

在这种重新定位与将纳粹攫取政权的事件进行博物馆化展示的努力之间存在直接的联系，因为位于哈雷的德国起义博物馆的馆长兼设计师哈内教授是新学科的重要倡导者，这门学科将史前日耳曼人移民研究和人种学方法与民族的种族观念相结合，产生了一个关于日耳曼人在欧洲的起源和演变的超本质主义和生物学叙述。对于这种研究遥远过去的方法，哈内普及了“民族性研究”这个概念。1912年，他被任命为哈雷州立博物馆的馆长，这是一家建于1884年的尘封的机构，内有“图林根–萨克森历史与文物协会”的收藏品。在哈内的管理下，州立博物馆进行了改造：更名为民族性州立研究所，新建了一座大型主楼，用于展示藏品和举办会议。

哈内率先开发了一种展览实践模式，能够对日耳曼民族的现在和史前历史之间的连续性进行可视化展示。地图、模型和图例被用来使零散的古代聚落变得生动。哈内在 1914 年写道，他的目的是“揭示将我们这些生活在当下的人与史前世界联系起来的线索……，因为我们今天的文化和我们国家的史前文化首先是通过我们与我们祖先的同一血统联系在一起的”。[61] 除此之外，这也意味着与当时处于卓越地位的传统考古学存在对立，反对将更先进的考古发现归因于罗马工艺或影响——哈内的许多早期作品重点驳斥了各种“罗马假说”，以捍卫一种关于“独立存在的群体和文化圈”的、自主的“德意志考古学”，其独特性源自与特定自然环境建构起来的和谐关系。[62]

哈内对自己学科的理解一直是以民族为导向的，但直到一战结束后的几年，生物学和种族主义观点才开始主导他的思想。正是在这些年里，他成为“生物政治学”的拥护者，认为“民族科学是世界历史的基础和关键”。[63] 哈内的历史观不是关于断裂、冲突和变化，而是关于以季节为标志的周期性存在的永恒回归。他被仍能在图林根的农村和小镇社区观察到的各种季节性仪式深深吸引。例如奎斯腾节，一种据说起源于古日耳曼的公共仪式，与哈茨山脉的奎斯腾堡小镇有关：一个可能象征着太阳的花环被挂在一根 10 米高的杆子上，在每年五旬节当天的歌唱和庆祝活动中被焚烧和更换。哈内和他的合作者成了习俗研究的实践者，并记录了一系列具有地方特色的季节性仪式。哈内是如此喜爱这些仪式，以至发明了自己的“太阳节”和“年度演出”，他将《埃达》中的段落改编成剧本并交给当地的儿童乐团和青少年乐队表演。

哈内对于暗示了时间深度和连续性的周期性时间痕迹的深入了解，不仅仅是出于对知识的执着，这是一个摆脱历史困境的避难所。

对哈内个人而言，这显然与一战的创伤有关，或者更准确地说，与战争在失败、经济动荡和政治动乱中惨淡收场有关。在1919年5月写给其母亲的一封信中，哈内表达了一种混乱感：“每一个清醒和沉睡的时刻，真的是每一个时刻，思维都处于一种混杂的、疯狂的混乱。如今，人们的‘思考’建立在情绪、身体状况和随机影响的基础之上，事实上直到得出结论也并没有经过任何真正的思维过程，因为到处都有‘如果’和‘但是’的带刺铁丝网。所以人们按部就班地做这一天、这一小时需要做的事情，什么都不去理解，在表面上抱有很多、很少或者不抱任何希望。”在这封信里一段古怪的文字中，哈内将他的痛苦与历史本身的观念融合在一起。他写道，印刷机已经成了魔鬼的杰作：“我再也不能爱谷登堡了，我几乎想把他抹去——印刷机的发明真的是一种进步吗？对我来说，进步这个概念似乎比以往任何时候都更加不可靠。”[64] 伊利亚德所谓“历史的恐怖”也有类似的回响——一种极端异质性的状态，一种暴露于随机性的动荡环境之下的焦虑状态，其结果是完全无法预见的。历史学家罗特费尔斯以不同的方式提出了同样的观点，他观察到一战“对德国历史观念造成的冲击”促使历史学家开始寻求德国历史中的“范例”。[65] 但对典范的推崇不可避免地抑制了偶然性，就像伊利亚德所说的“古风文化人”那样，“艰难地容忍‘历史’，并间歇性地试图废除它”。[66]

预言战胜偶然

一旦我们熟悉了这种对时间性的重构，我们就会发现它在这个由民族社会主义塑造的世界中几乎无处不在。用“民族”取代“国家”，并让其成为在政治和历史思想中起支配作用的核心概念，这个过程早就暗藏了这种理念。在 19 世纪和 20 世纪初的德国，国家一直是历史和政治意识的重要参照点，这不仅是因为人们相信国家赋予不受约束的社会力量以凝聚力和意义，还因为它是构想历史最重要的中介。相比之下，正如我们所看到的，希特勒政权断然拒绝将国家作为历史斗争的目标或焦点。许多曾经看起来对德国历史而言不可或缺的东西，现在却被视为外来入侵者。民族社会主义历史学家阿道夫·赫尔博克在 1936 年宣称：“我们现在意识到，我们作为一个国家存在的过去并不总是由我们自己民族的力量所支撑。”他补充道：“在我们漫长的发展过程中，我们被外来形式引入了歧途。”[67] 希特勒在《我的奋斗》中也做出了类似的暗示，他将阶级形成和“进步”现象归咎于犹太煽动者的影响。[68] 一种以民族——不是作为一个族群，而是作为一种超越历史的种族存在——为中心的时间性，究其本质可能是非进步和非发展的。民族的历史最终只能是一部关于其自身认同的、关于拒绝屈服于外来力量和影响的历史。

这对民族社会主义政权的历史性有着深远的影响。俾斯麦曾以其对历史力量的政治家式精妙管理而自豪，这些力量的争执产生了历史的汹涌和运动。希特勒提出了一个更明确的设想。在他的体系中，各种力量的相互作用是在生存斗争的铁律下发生的。这不是棋局，而是一场殊死搏斗。希特勒写道，大自然“不知道政治边界。她首先把众生投放在这个地球上，观看各种力量的无规则博弈。在勇气和勤劳方面最强大的人，作为她最喜爱的孩子，有权成为生存的主人”[69]。政治中的重大抉择总是二选一的：要么存活下来并取得胜利，要么失败。

希特勒只知道一个未来，那就是“雅利安人”的军队注定要战胜所有对手。[70] 力量的相互作用本身并不具有内在的合法性——它是一股力量形成对其他力量霸权的一种手段。俾斯麦式时间图景的决策结构现在已经过时了，因为在这个世界上，政治的明确任务不再是平衡利益，而是追求单一的预定目标。[71]

亚当·图兹将古斯塔夫·施特雷泽曼①与希特勒进行了引人深思的对比，以阐明传统上对过去的“历史性的”理解与以民族命运为中心的理解之间的差别是多么鲜明。[72] 图兹指出，希特勒和施特雷泽曼对历史，特别是经济史的意义有着截然不同的理解。施特雷泽曼撰写了一篇关于柏林啤酒零售业的博士论文，采用了这样一种观点，即经济史受到了以内部压力和国际压力为标志的异质性的经济压力的驱动。施特雷泽曼认为，即使是像啤酒这样的本土化采购产业，也很容易受到现代化经济波动和全球体系功能失调所造成的混乱的影响。因此，要应对这些挑战，就需要根据不断变化的条件进行务实的调整。[73]

相反，希特勒设想的是一个自给自足的经济体，通过征服来获取所需资源，实现独裁专制、集中控制、面向共同目标，并确保不受国际压力的影响。施特雷泽曼在一战期间成为兼并主义者，因为他认定德国的利益在于争取到可靠的机会进入足够大的欧洲大陆市场，使其在规模经济方面能够与美国竞争。但是，当施特雷泽曼寻求市场和消费者，以便在最有利的条件下将德国插入未来的“经济历史”时，希特勒最终决定奴役或消灭消费者，并让后者腾出的土地上住满德国人。德国人绝不是国际市场力量的对象（甚至主体），他们将创造一个属

---

① 德国魏玛共和国总理（1923）和外交部长（1923，1924—1929），是一战后使德国恢复国际地位的主要人物。——译者注

于自己的经过历史检验可以自我维持的千禧年生产体系。民族理论家赫尔曼·沃思（1885—1981）是党卫队祖先遗产研究会的创始人，他在1928年写道，北欧民族意识的觉醒将导致“从不可阻挡的全面机械化和物质化中得到救赎，从所谓‘世界经济’的狂热时刻中得到救赎”[74]。这是一种对异质性的强烈拒绝，对国家被迫生活在他人或他物的时间中的秩序的拒绝。对希特勒统治下的德国人来说，走出历史的途径在于生物空间几乎无止境的扩张，即对生存空间的占领。民众将涌入整个欧洲平原，暂停世界经济史的运作，推动德国人走到历史的尽头，开启第三帝国平静的、人种学的千禧年时代。[75]

我们可以从希特勒作为一名政治家的处事方式中看到这种历史性的印记。希特勒完全有能力以现代政治家的方式，用一种渐进而有策略的方法做事。他在魏玛共和国各党派组织间调遣力量，他与胡根贝格和右翼团体“哈茨堡阵线”的谈判，他在纳粹党内部对反对派的管理，他在乌尔姆国防军审判时的伪装，以及在1933年后的外交政策中冷酷的机会主义，无不显示出他具备俾斯麦式的高超谋略技艺。然而，如果希特勒明确拒绝政治是“可能的艺术”这一概念，那么这并不是虚伪或自欺欺人。[76]相反，它反映了传统手段对非传统目标的屈从。在制定最终的政治目标时，希特勒指向终极状态，即当前所有需求可以被认为都已解决。他的政治演算没有建立在概率预测的基础上，尽管这种模型可以包含偶然成分且设想了超出计算范围的因素——相反，它是以意志和预言的名义表达出来的。尽管预言代表了对非周期性历史时间的未来的预测，为此必须权衡众多可能的风险和收益，但正如科泽勒克所观察到的那样，预言并未从根本上区分过去、现在和未来，它预见了一个已经给出的结局，把对千年时间的期许投射到一个被预示的未来之上。[77]

希特勒经常自称先知，最著名的是在 1939 年 1 月 30 日，当时他“预言”了欧洲犹太人的灭绝，因为“犹太人”会“成功”将欧洲各国卷入“另一次世界大战”，他指的是一场涉及美国的战争。希特勒一再重申的这一预言引起了大屠杀史学家的极大关注，因为它似乎为 1941 年 8 月丘吉尔和罗斯福签署《大西洋宪章》以来大屠杀的扩大化，以及紧接着在 12 月美国参战后向大陆灭绝政策的演变奠定了基础。[78] 希特勒的表述有一种原始的恐吓成分，它将犹太人视为人质，一旦美国敢参战，犹太人的命运就会成为定局。但他选择用预言来表达威胁这一事实是很重要的，因为它将未来设定为某种注定和继承的东西：“在我的一生中，我经常成为先知，并且通常都会受到嘲笑。在我争取权力的斗争中，犹太人嘲笑我的预言，即终有一日我将领导这个国家，从而领导整个民族，然后在许多其他事情中解决犹太问题……今天我将再次成为一名先知。”[79]

纳粹政权的“救赎式反犹太主义”本身就是一种在千禧年时间框架内运作的反向预言。[80] 保罗在给罗马人的书信中预示犹太人终将回归基督，尽管其含义一直存在争议，但这一预示长期以来一直被用来支持千禧年愿景，即犹太人全体皈依预示着基督徒和犹太人两者的末日。但这种对犹太人与救赎之间密切关系的假设，在 17—18 世纪的德国路德派和虔信派神学中很有影响力，却在 19 世纪被世俗化和倒转，犹太人只会带来世俗和消极意义上的世界末日的观点在当时逐渐形成。由此，特赖奇克颠覆了保罗的口号：“犹太人是我们的不幸。”

在纳粹反犹主义的末世论中，两条不同的思维链条汇合在一起。一种是旧末世论的世俗化形式，其中预示犹太人将加快基督教历史的完结，这一传统说法在诠释上的不稳定性为千禧年愿景的倒转创造了空间。另一个是彻底的更替论，其中末世思维仍然存在，即只有通过预言才能看到未来，但犹太人在其中没有位置。旧末世论仍然潜藏在19世纪反犹主义者的未来愿景中：犹太人忙于加速文化与政治的发酵和腐朽的进程，切断了基督教与民族之间的联系，并反将《新约》置于《旧约》之上。新末世论体现在纳粹彻底清除犹太人的未来愿景中：犹太人的救赎机构被德意志民族的救赎机构取代，而德意志民族作为新“上帝选民”的地位长期以来一直是新教德意志民族运动的核心议题。

在没有犹太人的未来，犹太人的整个历史和文化将属于遥远的过去。这一观念在布拉格党卫队建立犹太中央博物馆的努力中表现得格外清晰，这一博物馆由从隔都拉来的契约犹太专家担任工作人员，装满了掠夺来的宗教和文化物品，这将在未来唤起中欧尚待消灭的犹太人已消失的宗教、社会和文化生活。[81]这也许是纳粹政权的末世时间图景中最反常的制度表述。

在民族社会主义政权规划和资助的城市改造中，我们也可以看到类似的先发制人的结构。这些规划的惊人规模是众所周知的：对超过50个城市的中心，围绕着巨大的南北和东西轴线、庞大的礼堂和集会区以及使附近所有建筑（包括最大的教堂）相形见绌的穹顶建筑和塔楼进行全面重建。这些项目旨在向国际社会发出信号，证明德意志民族“不是二流的，而与地球上任何其他民族，甚至美国人，是平等的”[82]。这些项目也旨在将政权锚定在千禧年的时间图景内。如果说古希腊和古罗马的荣耀仍能在“旧世界废墟的残垣断壁”中被窥见，那就是因为这两个古老的国家都投入精力建造了宏伟的公共建筑，这些建筑的残破轮廓仍然主导着当代人对它们的记忆。希特勒在《我的奋斗》中写道，传达古罗马辉煌的不是“公民个人的庄园和宫殿”，而是“国家的，也就是全体人民的神殿和浴场、体育场、马戏团、水渠、教堂等”。[83] 这样一来，与他所处时代的柏林形成的对比是多么残忍：“如果柏林面临着罗马的命运，那么将来某天后人欣赏到的将是一些犹太人的百货商店和公司的酒店，让它们代表我们这个时代最壮丽的作品，也是我们这个时代文化的典型表现。”[84] 从这个角度来看，纳粹政权规划的新古典主义纪念碑和建筑物是对千禧年未来的诉求，在这一未来中，德国也将基于“废墟价值”被评判。这不是一时冲动的幻想，而是一个在独裁者演讲和对话中反复出现的主题。希特勒在 1935 年《关于艺术与政治的演讲》中宣称，只有能够赋予遥远的后世持久的艺术遗产的民族才拥有“生命的道德权利”；这样一种艺术必须拥有表现民族之伟大的力量，即使这个民族本身已经消亡。[85] 1941 年 9 月，希特勒设想了一个未来，即东欧的斯拉夫人只能作为德国人管理下的居留地的农奴生存下来：“我们将成为他们的主人。如果发生革命，我们所要做的就是向他们的城镇投几颗炸弹，就这样。然后，每年一次，一队吉尔吉斯人将被带到帝国首都，以便用首都石碑的力量和宏伟来填满他们的头脑。”[86]

这些表述（还可以举出更多）的共同点是倾向于站在前人的后代的优势立场回望已经完成的未来。未来的吉尔吉斯奴隶充满敬畏地仰望着尚未建成的纪念碑。伟大建筑的废墟向未来的人类讲述着一个消失的民族所取得的成就。埃里克·米肖的评论巧妙地捕捉到这一愿景的古怪之处：“建筑通过在葬礼遗迹中展示其真正的宏伟来推动德国民族走向共同的命运。”[87] 将未来描绘成从过去继承而来的东西，这种预言的逻辑在这里也同样发挥了作用，就像党卫队在布拉格建立犹太中央博物馆的努力一样。总的来说，纳粹运动表现出预言的传统偏好，即对事件终极状态以及末日构想的描绘与实现——决战、最后解决、最终胜利。

奇怪的是，纳粹时代的专业历史学家所撰写的书籍和文章是我们最无从寻找这些操纵痕迹的地方。[88] 希特勒的著作从未成为新史学的模板。魏玛和纳粹时期盛行的“大众史”确实将乡村的过去理想化，并将现代化污蔑为破坏了前工业时代和谐状态的一种消极抗衡，但它也倾向于将强调民族连续性与其他方式相结合，包括进步主义和发展主义的社会历史形式，由此产生了一系列在对民族思维的投入程度上有所不同的混合史学模式。[89] 除呼吁一种更加坚定地以民族和大众为中心的方法外，纳粹政权从未着手规定一种特定的、公认的历史写作模式。[90] 就连历史学家瓦尔特·弗兰克（1905—1945）管理的新德国史帝国研究所，也因罗森贝格办公室、内务部、党卫队祖先遗产研究会和伯恩哈德·鲁斯特主导的教育部这几大机构的内部和相互之间的专业竞争与权力斗争而四分五裂。[91] 历史上不乏愿意“朝向”政权“努力”的历史学家，但他们基于传统技艺的历史实践最终形成了对迅速而根本的变革的抵制。无论如何，在新领导层的想法能够以任何一致的方式进入史学实践之前，这个短暂的政权就崩溃了。[92]

结　论

1933 年 4 月 1 日，戈培尔在一次广播讲话中宣告了反犹抵制行动，他声称现在是时候将“1789年从历史书中抹去”了。[93]他相信人们可以清空并替换某个时期的含义，从而瓦解过去，这种自信是一种执着于纪念日的政权的超时空时间观的特征，它是其短暂历史的重复性标志。戈培尔表明，通过赋予7月14日这一重要纪念日以新的含义，人们可以克服、取代被抛弃的过去。关于这一点，回顾一下戈培尔评论柏林革命博物馆的言论是很有趣的。“所有（展出的）物品中最有趣和最有价值的，”他注意到，“对任何收藏家来说都是无价的，是一张法兰西共和国五年（1794）风月25日从巴黎到尼斯的自由通行证，上面有罗伯斯庇尔的签名。”[94]这份文件是冲锋队从位于李卜克内西大楼的德国共产党总部抢来的。戈培尔表明，革命博物馆攻占并颠覆了法国大革命想象中的未来，将其困在与自己截然不同的时间图景内。

克服法国大革命不仅意味着与大革命开始阶段提出的权利、个人自由和政治公民意识决裂，还意味着逃离一种因法国事件已经开始或者至少被加快进程的时间观。彼得·弗里切基于科泽勒克的论点提出，法国大革命比其他任何现代事件都更能使历史观念成为一种“新事物的持续循环”、一列失控的火车、一系列“时刻”或“事件”，而这些“时刻”或“事件”可以以任何速度行进，因为它们没有被固定在一个周期性的时间结构中。[95]历史不再局限于过去，它正带着一种不可预测的暴力和破坏性力量在当下展开，这对当代人而言是前所未有的。人们可以争论这一转型在大革命之前已经奠定了多少基础，但革命在加速转型似乎是毋庸置疑的。

因此，在三个极权政权的背景中，民族社会主义的时间意识显得相当独特。独裁政权对其在时间中的位置的认知基础是对“历史”的彻底拒绝，以及对遥远过去和遥远未来的深刻连续性的逃避。如果说这意味着一种同质化的周期时间观，或者说我们一直在探索的时间意识在任何时候对所有群体和个人都同样有效，那就是荒谬可笑的。这一领域的最新研究强调同一时期时空景观的多样性，以及政治精英一直以来面临的困难是如何将自己的时间意识散布到整个社会层面的。[96]此外，对独裁政权而言，其独特的时间观可能在某些特定时刻比其他时刻（例如希特勒独裁统治初期，或斯大林格勒保卫战之后的动乱年代）表现得更具说服力。正如弗兰克-洛塔尔·克罗尔所说，即使在独裁政权领导层内部，主要民族社会主义者的政治思想和实践也是由一系列相当多样化的“历史哲学”塑造的。[97]纳粹时代的“种族科学”也是如此，它充满了内部矛盾和派系冲突。[98]

但不应该让这些意识形态的差异掩盖了它们共同的直觉轮廓。毫无疑问，理查德·瓦尔特·达雷强调的“血统与土地”的重农主义、希姆莱的生物学极端种族主义，和罗森贝格混合了雅利安主义、反犹太主义以及斯宾格勒主义的文化理论之间存在着重大差异，但它们思考过去和未来的方式都是相同的，反映了对同一基本时空的直观把握。罗森贝格在史前日耳曼人农舍的形制中发现了北欧部落曾经“带”到希腊的希腊神庙的“雏形”。希姆莱从苏联对德国入侵的顽强抵抗中看到了长久以来被淹没但可以为后代重新发掘出来的日耳曼遗传物质的证据。达雷梦想着未来能够重现古代日耳曼人在前基督教、前工业化时代的生活。这三位都蔑视历史教授所创造的那种分析性和“过度理性”的历史。[99]

平心而论，纳粹政权的一部分影响力来自它与“现代化和工业进步主题”的契合能力——毫无道德原则的技术官僚阿尔伯特·施佩尔的个人和职业生涯佐证了这一特点。[100] 但我关心的问题并非这个政权是否“现代”——在许多方面，它显然是的。我的问题是，我们应该如何将它的现代主义与那些从根本上否定现代性的特征之间的关系概念化。哪一个是更基础的？哪一个让我们更深入地了解了独裁政权的自我意识，以及它理解自身的能力？尽管生产力和权力最大化的线性活力很重要，但它们被嵌入了一个更大的、非线性的时间观中。正是这种时空观反过来赋予纳粹政权最终的和决定性的目标——摧毁欧洲犹太人，谋杀和奴役斯拉夫人，对政治进行生物逻辑化，铲除社会和性缘方面异常的人，建造宏伟的新古典主义建筑，以及占领一片具有“意义和合法性”的广阔的生存空间。[101] 并不是每个人都需要栖居于新的时间观中，比如阿尔伯特·施佩尔就不需要。只要那些不这样做的人愿意为那些支持者提供服务就足够了。

德国和意大利独裁政权之间的区别就在于此。与民族社会主义一样，意大利法西斯主义旨在改变过去和现在之间的现存关系。在意大利首都发掘古代建筑的目的不是保存已经流逝的过去，而是“模糊古罗马与现代法西斯之间的时空界限”。古代和文艺复兴时期的过去被动员起来为法西斯反现代主义服务，而古罗马被视为“一股生机勃勃的力量，将在当下发挥作用”[102]。民族社会主义和意大利法西斯主义的“混合”时间观之间的共同特征是不可否认的，但区别同样重要。也就是说，法西斯政权将这些时间政治学投射到一种逻辑基本上仍然是历史的、线性的和现代主义的时间观上，而德国政权以现代特质妆点自身，但以一种非历史性、种族连续性的方式表达了其最终的和定义性的主张。[103]

结论与尾声

随着俾斯麦的离开，情况发生了很大变化……
在 1890 年 3 月 19 日之前，如果你把时钟调到
威廉大街，你就总能知道现在是几点。
随着俾斯麦的辞职，正常的时间失效了。
现在有很多时钟，它们经常
以不同的速度前进，你必须留心倾听
才能知道有多晚。[1]

本书讨论的政权都没有对日历进行正式更改。它们没有推行一种新形式的时间准则。但每一个都有独特的时间特征。每一个都驶向不同的时间乐章。大选侯弗里德里希 · 威廉的早期国家管理着眼于未来并远离过去。这是一台历史机器，通过假设并在可能的未来进行选择来把控自身航向，并描绘出自己的故事。弗里德里希二世的世界在哲学的停滞中徘徊，以一位与古人融为一体的国王为中心。俾斯麦的历史观源于政治社会变革的汹涌势头与被认为是永恒且自主的君主制国

家结构之间的矛盾。民族社会主义者的政权并不是扎根于历史，而是建立在种族认同的非线性时间之上。

这些构想时间的方式在某种程度上具有合法化的功能。对大选侯弗里德里希·威廉来说，提出未来潜藏着“迫在眉睫的危险”，是打破那些将自己的权威植根于与过去的连续性的人的立场的一种方式。对弗里德里希二世来说，拒绝从矛盾和动态的层面理解国家历史进程有助于恢复性的目的，比如在社会经济变化面前稳住贵族。通过论证历史是在不可预见和转瞬即逝的时机中展开的，俾斯麦证明了自己作为一个极其老练的决策者的卓越才能。而纳粹政权从线性历史中的逃离赋予了它对种族自我实现的末日推想的追求以条理性。如果作为一种时间图景的“现代性”证明了某些形式的政治行为是正当的，并且限制或取消了其他形式，那么这同样适用于本书中涉及的每一种时间图景。

本书毫不动摇地将探究的重点放在一系列政府政权中的权力塑造者身上，从而摆脱了目前时间性研究中普遍强调的对无主体变化的扩散过程。相反，我们看到的是权力对时间性的扭曲，权威主张者对历史观的侵占，这一过程可能会有意识地甚至积极地针对竞争者的其他历史观。本书采用的按时序的、片段式的方法还有一个优势，那就是它抓住了一个时代与下一个时代之间关系的累积性和反思性特征。普鲁士的弗里德里希二世知道普芬多夫和哈特克诺赫的历史模板，但选择摒弃或忽略。俾斯麦欣赏弗里德里希二世的强权国家的政治自主性，但黑格尔的辩证目的论对他来说是不相容的。纳粹将俾斯麦作为日耳曼典范的化身来颂扬，但他们的种族主义、伪生物学的政治观点完全否定了俾斯麦的直觉，即历史是在君主制国家和民间社会力量之间的矛盾领域中展开的。公民社会和国家都没有得到希特勒运动的尊重——两者都被谴责为“犹太人”发明的自由主义政治理论。而纳粹拒绝历史的分量和深度，只有在以国家为中心的旧历史主义崩溃的背景下才有意义，这种历史主义对德语国家政治文化的控制曾经显得如此深刻和稳固。

在最近许多关于时间性的最重要研究中，叙述往往从内部出发，由一个或多或少明确的现代化理论开始。需要解释的问题是从“前现代”的周期性或循环性到“现代”的线性时间秩序的过渡。我对跨越三个世纪的政权时间观所做的调查使这种叙述变得复杂。我们看到的不是向现代性的线性推进，而是更多的振荡。思想氛围的变化与跨时代的反思过程相融合，在这个过程中，以前的政权历史性形式被拒绝、模仿或修改。弗里德里希二世的历史观并不明确地比普芬多夫的历史观更现代，它们只是有所不同。这并不意味着产生这些政权的社会没有以某种形式发生现代化。但它确实表明，社会现代化和历史性政权之间的关系可能比前现代和现代的时间性形式之间的二元对立所隐含的关系更为隐蔽。

本书是否描述了一条特殊的德国历史轨迹？国家在现代德国历史意识中的结构性存在可能是一个独特现象。事实上，19 世纪德国最有影响力的历史哲学家和最重要的国家理论学家是同一个人（黑格尔）。这一事实非同寻常，即使它显而易见。在 20 世纪 60 年代发表的一篇文章中，伦敦大学杰出的近代早期研究者赫尔穆特·柯尼希贝格尔观察到德国和英国在政治史的宏大叙事之间存在深刻差别。英国宏大叙事的核心是关于社会如何从君主制国家中解放出来的故事（有时被描述为辉格式）。许多德国历史叙事的核心是一个关于现代国家如何从传统社会的封建结构中解放出来的故事（有时被称为普鲁士式）。[2] 纳粹拒绝将国家作为思考历史的一种方式，只有在一个知识分子在这种以国家为中心的叙事中成长起来的世界里，这种方式才能引起共鸣。

将这些观察推向例外论的方向将是一个错误。大选侯在某些方面在他的同时代人中很突出，但他从 17 世纪 50—80 年代提出的论点也可以被置于 17 世纪关于国家权力的广泛论述中。弗里德里希二世的历史观更为独特，它蕴含着一种被美化的停滞，而没有诉诸延续或继承的思想，尽管它保留了启蒙历史感性的修辞色彩。俾斯麦的历史运动意识使他处于欧洲主流的中心，这只是 19 世纪更广泛主题的一个独特变化。德国并不是 20 世纪初见证历史主义危机的唯一国家，而伊利亚德的“历史的恐怖”也从来都不是指德国特有的弊病。纳粹对历史的逃避体现了一种时间意识的转变，这种转变在欧洲和其他地方的其他环境中也出现过。

事实上，创伤和时间性之间的关系可能有一个通用的维度，特别是当创伤涉及权力结构的暴力破坏时。文学学者发现后殖民写作倾向于围绕着循环的“创伤的时间性”来构建叙事。[3] 我们可以从布罗代尔的作品中看到类似的迹象，他是一位历史学家，与长时段在战后法国历史研究中的支配性地位有关。[4] 长时段与基于事件或是政治的历史形成对比，后者强调一种短期的时间跨度。但它也是一个躲避历史动荡的避难所。布罗代尔观察到，如果没有长时段，当代人就将被困在“短暂的当下时刻”，在这一时刻，他们“被隔离、成为囚徒”，无法“利用过去或从过去得到滋养”。[5] 因此，对连续性的坚持具有治愈的潜力，因为（法国）历史上的创伤事件被铭记为一系列重要时间节点，1815 年、1871 年、1914 年、1940 年等象征着失败和入侵的标志性事件意味着一连串“可怕的创伤”。对连续性的追求是对历史的逃避。“拒绝事件和事件发生的时间，”他写道，“是一种使自己置身事外、受到保护的方式，以便获得某种观点，能够更好地评估它们，而不是完全相信它们。”[6]

圣雄甘地的《印度自治》揭示了类似的关系，该书写于 1910 年，旨在对抗印度流亡激进分子的恐怖主义活动。在这一关键文本中，甘地并不将历史简单地视为“对世界战争的记录”，没有给灵魂力量的跨代际延续性预留位置。据这本书所言，历史是“爱的力量在平稳运行中的每一次中断的记录”，因此也是“自然力量”的记录。它是英国人试图让印度人保持对其自身文化劣势的认识的工具。[7]

需要明确的是，这并不是说非暴力的反民族主义者甘地或谨慎的民主主义者布罗代尔应该被放在接近纳粹运动的位置上。甘地的灵魂力量是人性的，而不是种族主义的；布罗代尔的长时段不是逃向非理性主义，而是一种精心控制的阐释工具。这位印度领导人在《印度自治》一书中对历史的抨击是有限的，也是工具性的：它对历史的理解具有特定的现代和西方式的认知，这种理解与殖民权力的破坏性结构紧密交织在一起。就像瓦尔特·本雅明口中的“历史天使”，在我们看到历史叙事展开的地方，它只能看到灾难，而甘地的眼睛至少在这一刻紧盯着历史的动荡和毁灭。[8]然而，这两个案例确实表明，政治混乱或创伤可以触发从偶然性的偏离，并朝向某种形式的连续性。

在德国的案例中，与众不同的也许不是动荡的具体内容本身，而是其振幅。本书所考察的 3 个时代的特点是最近都经历了战争和 / 或政治动荡：“三十年战争”、1848 年革命和统一战争，以及

1918—1920 年的战败和政治革命的双重危机。至少从对它们的形成发挥最大贡献的历史人物的角度来看待它们，我们所探讨的每一组时段都有一个经验和心理的维度。大选侯的统治是一次对“三十年战争”混乱局面的逃离。弗里德里希二世对静止状态的追求部分源于其性取向以及年轻时的经历。俾斯麦的两极历史观源于他对 1848 年革命的矛盾理解。而纳粹主义的千禧时间观是对 1918—1919 年危机所引发的“历史的恐怖”的一种独特的残酷表述，伊利亚德对此同情地做出诊断。

因此我们可以扩大特勒尔奇对一战结束时德国“历史思维”危机的洞察范围，因为我们的时间和历史想象比我们大多数人所怀疑的更深刻地被权力关系所构造，权力流动或结构的中断可以引发相应的历史性的重新调整。我们可以承认这一点，但不必假定这种因果关系中有任何可预测或自动化的东西：在中国，19 世纪大革命的巨大动荡导致了对“现代”、西式线性时间的吸纳；在德国，政治创伤产生了相反方向的调整，从发展的、线性的历史叙述转向以“存在”对“成为”的胜利为前提的千禧时间观。

对战后两个德国的粗略观察表明，尽管公民社会的解放（至少在西德）、平行历史观的扩散以及时间变化的加速使得总体模式更难辨认，但这种振荡模式在 1945 年后仍在继续。这两个德国是在相当不同的时间观下建立的。联邦德国承认自己是德意志帝国的“继承者”，也是“1867 年作为北德邦联成立、1871 年因南德各州的加入而扩大的……同一个国家”的“延续者”。[9] 民主德国宣称自己是一个新的反法西斯实体，至少从 1952 年该政权正式宣布自己为“社会主义国家”[10] 开始，就清除了与过去资本主义之间的结构性延续。同时，

1848 年德国革命作为一个尚未完成且迫切需要在当下完成的“民主化”实验，在东部地区重新出现。[11]

然而，战后初期，这两个国家都具有继承自两次大战之间的未来社会模式的印记，比如在联邦德国建立一个西方文化区，或者在民主德国建立一个无产阶级人民的国家。[12] 在 20 世纪 60 年代，这些旧的发展模式部分地被对未来的投机热潮所取代。[13]“未来学”作为一门新兴科学获得了西方政府和工业界的资助。学术界对长时段规划和社会主义乌托邦思想的复兴产生了浓厚兴趣。[14] 这是一个以加速变革为标志的“未来十年”，在这 10 年中，受哲学和历史启发的未来模型被科学的、控制论的预测所取代。[15] 1961 年柏林墙建成后，民主德国领导人瓦尔特·乌布利希开始强调技术是影响民主德国未来经济和政治权力的关键因素，而民主德国很快就会超越实行资本主义的西方国家甚至苏联。[16] 正如这个例子所表明的，未来学的愿景在本质上主要用于在当下评估和实现某些类型的变革工具。[17] 20 世纪 60 年代的未来学热潮引发了联邦德国历史学家关于未来的出版浪潮，其中包括科泽勒克对“过去未来历史”的基础性探索。[18]

早期未来学的乐观主义是短暂的。对良性“现代化”持续进展的信心与对当前发展方向的忧虑交替出现。[19] 1972 年，专注未来学研究的学术团体罗马俱乐部发表了一份名为《增长的极限》的研究报告，其结论是“如果目前世界人口、工业化、污染、粮食生产和资源消耗的增长趋势”保持不变，那么这个星球将在未来 100 年内的某个时刻达到增长极限，并且将伴随着“人口和工业能力的突然且不可控的下降”。[20] 在联邦德国，解放“人类未来”的倡导者批评了政府机构的技术官僚式、系统稳定式规划。[21] 人们对经济发展繁荣与自然环境破坏之间的联系有了更深的认识，这表现为围绕着污染和烟雾、酸雨、森林死亡、臭氧层空洞、“莱茵河死亡”的一系列道德恐慌。从20世纪80年代初开始，在北约双轨战略和中子弹恐慌的阴影下，这些担忧被人类对即将自我灭绝和地球上的生命将不可逆转地毁灭的想象所强化。这些愿景倾向于将民族国家的轮廓溶解在全球功能失调的全景中。

在民主德国，人们也会说起“未来的枯竭”。[22] 官方出版物中对未来的提及越来越少，在1971年埃里希·昂纳克被任命为中央委员会第一书记后，该政权开始将公共宣传的重点放在民主德国作为一个成熟的社会主义国家的现状上，而不是为了未来牺牲现在。曾经是一个重要节点的2000年从政权宣传中消失了。[23] 随着未来的政治影响力开始下降，该政权对过去进行了更多的投资，鼓励其公民（通过电视和广播节目、通俗书籍和展览）了解普鲁士的历史以及其他事情。由此产生的“普鲁士浪潮”的高潮是1980年克里斯蒂安·丹尼尔·劳赫塑造的弗里德里希二世骑马雕像被重新安放在菩提树大街上。[24]

鉴于平行历史性的扩散（在西方，国家在建立普遍时间性轮廓中的作用减弱，从而促进了这种扩散）以及预期视野的加速分裂和交替，詹妮·安德森认为，科泽勒克为现代绘制的“大变革”在1945年的断层之后“没有多大意义”。[25] 然而，这一时期真正令人惊讶的是现代主义范式本身的持久性。在对现代化的社会和生态效应的幻想破灭后，“历史仍然可以被容纳在‘现代化’的线性叙事中”这一“观点”得以幸存。“后现代”一词的盛行，在某种程度上是承认了还没有找到更好的方式来思考我们在浩瀚的历史时间中的位置。从史学角度来看，德国特殊道路命题作为研究中的主要叙事和组织原则的持续存在，表明了人们希望将现代性概念本身与发生在德国的灾难隔离开来。通过假设德国没有实现“现代化”，或者至少没有以一个适当的平衡方式实现现代化，而是走上了一条带来战争、独裁和种族灭绝的反常道路，历史学家们找到了一种防止纳粹主义污染现代性的方法。在这一方案的指导下，悔过自新的德国现在可以重新被世界文明国家团体接纳。海因里希·奥古斯特·温克勒将现代德国历史描绘成对“通往西方的漫长道路”的不懈努力，是最近对这一思想最有力的阐述之一。[26]

如果我们不是批判现代性的阴暗面，而是干脆把现代性完全抛在一边，作为我们在历史中定位自身的方式，会发生什么？这是法国社会学家布鲁诺·拉图尔在20世纪90年代初提出的令人不安的问题。拉图尔在他所谓的“奇迹般的1989年”之后，特别是在柏林墙倒塌之后，建议完全放弃我们是或曾经是“现代”的概念，同时抛弃自19世纪以来一直指导西方精英的理性、加速和控制的进步幻觉。拉图尔表示，在这个“我们正在进入……且从未真正离开过的非现代世界”，我们将不得不找到新的（或许是旧的）方式来想象我们在时间中的位置并认可我们的集体事业。[27]

无论人们是否同意拉图尔的观点，他和今天的“时间转向”是一种能够被普遍体会到的征候，即现在正从现代的未来性向更多的递归性转变，因过去人类工程的崩溃而受到责备，并听从“长者”的声音。[28] 无论是以国家为导向的共产主义形式的进步主义，还是新自由主义、自由市场的未来愿景，都经历了一场合法性危机。佩里·安德森写道，“社会主义的希望”已经从余下的“议程中被剔除”。[29] 在后共产主义的俄罗斯，苏维埃政权的崩溃开启了一个“超时空的时代”，在这个时代，政治已经与所有种类的最终目标割裂。反共革命没有诋毁被推翻的苏联秩序并以另一种方式取而代之，而是用过去帝国的工具来装饰自己，同时建立一种“失活”的政治形式，其目的是阻止公民社会中自治组织的出现，并剥夺他们采取具有历史意义的政治行动的可能性。针对那些社会力量——比如激进的左翼或者亲西方的自由派团体，他们仍然将自己置于一种进步的历史叙事中，俄罗斯部署了“官僚镇压”的工具，中止了其他政治选择的合法性，“而其本身并没有占据实质性的意识形态中心”。[30]

自由民主和共产主义一样，建立在对历史的线性理解的基础上。里扎德·勒古特科指出，尽管两种制度之间存在差异，但二者都建立在改善现实的意图之上，核心都是要求“破旧立新”的现代化理念，都自称历史的发展轨迹依照“线性模式”，都使知识分子面临支持或反对进步式变革的严峻选择。[31] 因此，美国最近几任民主党总统强烈认同历史的面相有“对”与“错”的区分。[32] 但是，试图让苏联帝国转型的期望落空，并没有让“西方”毫发无损。伊拉克和阿富汗战争后自由民主“国家建设”项目的惨痛失败，使“民主和平理论”和产生这种理论的政治文化的自我标榜失去了信誉。2007—2008 年的全球金融危机以及随后的欧洲债务危机给西方资本主义国家的“新自由主义”经济治理投下了深深的阴影。不断加深的社会不平等和新资本在收入金字塔最顶端的过度集中，使得为资本主义进步性优势辩护变得更加困难。每一代人都会比上一代人生活得更好的承诺似乎不再可信。与此同时，在现代“西方”国家共同体中出现了一些政权，他们找到了利用民主制度进行专制统治的工具，同时从政治制度中抽走自由主义的实质。有人认为，在这里，就像在后共产主义的俄罗斯，政治在“没有任何目标的无休止活动”中耗尽了自己。[33]

从“左翼和右翼的惊人终结”和“我们所知道的左翼和右翼的终结”，到“我们所知道的政治终结”和“新自由主义的终结”，各种终结的场景正在流行。[34] 沃尔夫冈 · 施特雷克问道：“资本主义将如何结束？”这个问题在 20 世纪 80 年代末或 20 世纪 90 年代初似乎毫无意义，当时资本主义的永无休止似乎是显而易见的。[35] 戴维 · 朗西曼在《伦敦书评》的一篇文章中反思了特朗普获得选举胜利的意义，他问道：“民主就是这样结束的吗？”[36] 这就是弗朗西斯 · 福山断定的“历史的终结”吗？福山那篇以此为题的著名文章（以及后来的著作）提出，历史的黑格尔主义的火车头到达了终点站，指向自由和富裕的线性发展得到了实现，其标志是“西方自由民主作为人类政府最终形式的普遍化”。[37] 但今天的“历史终结”是不同的，它是关于“这种终结状态的预设被终止”的时刻。[38]

时间的不确定性在自由民主政治和左派政治中的同时存在具有启发性。它可能反映了两者之间潜在的共生关系，意味着社会主义承诺的失败必然带来自由主义希望的崩溃——这是佩里 · 安德森在福山的文章中发掘出的更深层的含义。但它也可以引导我们关注那些左翼和右翼同样承受着的历史压力，这些压力导致了似乎双方都没有能力解决的困境。在《大混乱：气候变化和不可想象》一书中，阿米塔夫 · 高希反思了气候变化对时间意识的影响，指出我们现在面临的生态威胁的真正含义在于其累积性和终结性：“当今的气候变化事件代表了人类过去行为的总和，也代表了历史的终点。因为如果我们全部的过去都包含在现在之中，那么时间性本身就失去了意义。”[39]

在大选侯时代，对未来危险的呼吁一直是权力集中的论据的一部分。但在气候变化领域，缺乏使这些论据有效的回路，因为没有一个国家结构有能力解决如此广泛和严重的问题，相反，大量国家对个体利益的追求阻碍了系统性解决方案的进展。“大混乱”并不是将政治作为赋予国家权力以追求超越性目标的论据，而是将领土国家权力的结构视为展现其无能的一面镜子。如果国家不再能够产生合理的未来，而公民社会又缺乏这样做的手段，那么我们就真的被囚禁在了现在。

曾几何时，欧洲联盟似乎为解决民族国家未能解决的问题——至少是在欧洲大陆上的问题——提供了最佳希望。欧盟是作为面向更美好未来的一个进步事业而成立的。1957 年 3 月 25 日《罗马条约》的序言指出，签署国的共同目标是“为欧洲各国人民之间日益紧密的联合奠定基础”，以实现“各国人民生活和工作条件的不断改善”，并“维护和加强其和平与自由”。[40] 今天，实现这些目标的进程正在衰退。2009—2016 年的希腊金融危机、2013 年的乌克兰危机以及 2015—2017 年的欧洲移民危机都让阻碍集体行动的深层结构性缺陷暴露无遗。全球金融危机（尤其是在南欧）引发的经济困境以及全球化的压力推动了民族主义和民粹主义运动的发展，这些运动提供了一系列愿景，其共同主题是对理想化过去的呼吁。

正是为了对抗这些循环的愿景，法兰西共和国总统埃马纽埃尔·马克龙于 2017 年 9 月 26 日在索邦大学发表的演讲中谈道，欧洲是“我们的地平线，它保护我们并给我们一个未来”。马克龙接着提出了许多建议，但他的中心主题让人想起大选侯及其政府反对省级特权持有者的论点：为了积极主动地应对未来的挑战——生态转型、全球化、移民、安全威胁——欧洲必须结束在预算、财政和政治分歧上的“内战”，以“构建”一个“真正的主权”。成员国必须学会“团结”的美德——这条命令让人想起选侯对庄园的指令，即各省尽管有不同的特权和传统，但“同枝连气”。马克龙警告说，如果民族国家不能迎接这一挑战，那么现在以及未来都将被过去淹没：“长期以来，我们确信过去不会回头，我们认为已经吸取了教训，我们认为我们可以安于惰性、习惯，安于把我们的雄心壮志放在一边，安于这种欧洲必须承载的希望，因为我们认为它是理所当然的，并且冒着失去它的风险。”[41]

马克龙是否能成功重启欧洲“引擎”，并使整个或部分欧盟与这些目标保持一致，在我撰写本文时仍不清楚。就目前而言，当下的时间不确定性和迷失性浪潮本身就是一种极具历史意义的文化现象，正在继续深化。[42]它的痕迹可以从当代政治修辞的复古感、“当下主义”和怀旧的普遍性[43]、当代小说中拼贴或重构的时间景观[44]，以及近年来格外关注时间作为经验的不稳定维度的艺术作品中发现。安塞尔姆·基弗的大量北德油画，将现在描绘成一种枯竭的预期状态，“从根本上渗透着过去的意义”[45]。来自柏林的艺术家乔林德·福格特的大型纸上作品像乐谱一样被做了注释，充斥着时间向量和标记——“现在”“今天”“明天”“过程”“频率”。[46]

我们来到了本书的结尾。奥地利艺术家索尼亚·甘格尔曾创作《纸上捕捉》系列画作，作品的背景画采用了木质纹理的样式，在画面的中间标有巨大的“THE END”的文字。整体看起来像好莱坞电影片尾的定格画面——事实上，它是由数十万个精心绘成的微小的石墨铅笔笔画组成的，这个过程的渐进式缓慢与摄影的瞬间捕捉的错觉形成了令人不适的张力。

致谢

理论上来说，每一本新书都应能填补知识面的匮乏，就如同人越长大越独立一样。以我的经验来看，情况却恰恰相反。随着年龄的增长，你不再羞于寻求帮助，并且会冒险进入依赖他人指导的领域。如果没有朋友们和同事们的鼓励、交谈和建议，我就无法完成这本书。特别感谢以下人员，他们阅读了全部或部分手稿，并提供了详细的评论和大有助益的建议。德博拉·贝克、戴维·巴克利、彼得·伯克、马库斯·科拉、阿米塔夫·高希、奥利弗·哈尔特、夏洛特·约翰、邓肯·凯利、于尔根·卢、安尼卡·泽曼、约翰·汤普森、亚当·图泽、亚历山大·沃尔沙姆和瓦西姆·雅各布。

作为当时普林斯顿大学出版社的匿名审稿人，弗朗索瓦·阿赫托戈、于尔根·奥斯特哈默和安迪·拉宾巴赫对书稿提出了非常有用的建议。诺拉·贝伦德、弗朗西斯科·德·贝森库尔、蒂姆·布兰宁、安娜贝尔·布雷特、马修·钱皮恩、凯特·克拉克、阿莱格拉·弗里克塞尔、亚历山大·格佩特、比阿特丽斯·德·格拉夫、保罗·哈特、乌尔里希·赫伯特、施卢蒂·卡皮拉、汉斯–克里斯多夫·克劳斯、乔纳森·兰姆、罗丝·梅利坎、布里奇特·奥尔、安娜·罗斯、凯文·拉德、马格努斯·瑞安、马丁·萨布罗，以及昆廷·斯金纳，他们都针对文中特定问题和段落提出了宝贵建议。尼娜·吕布伦在艺术领域研究时间与叙述的关系，她的作品以及思考在很多方面影响了这本书。约瑟夫和亚历山大曾经是我写作工作中的开心果，现在已经成为我心有灵犀的谈话伙伴，他们的见识促使我突破了各种瓶颈。克里斯蒂娜·施波尔在我写作过程的多个阶段阅读并评论了文本，并为我提供批评、建议和陪伴。

普林斯顿大学历史系曾邀请我于 2015 年 4 月参加劳伦斯·斯通的讲座，让我有机会完善在这本书中试图探讨的话题。感谢普林斯顿大学出版社的布里吉特·范·伦伯格，她从一开始就对这个项目给予鼓励。感谢碧姬·佩尔纳、阿曼达·皮里，以及约瑟夫·达姆在本书出版方面给予的帮助。感谢剑桥大学历史系和圣凯瑟琳学院的同事们，尤其感谢克里斯托弗·贝利爵士，他于 2015 年 4 月去世。即使到现在，每当我在下午走进圣凯瑟琳学院的主庭院时，都会望一望 C3 房间的窗户，想看看克里斯是否可能还穿着衬衫，倚在窗边并邀请我上去喝一杯，随后的对话一定会擦出意想不到的火花。

时间是一个既难以捉摸又不可避免的主题，特别是过去、现在和未来之间的关系已经成为政治和公共话语的核心议题。在瞬息万变的时代，最持久的事物会获得更高的价值，这就是谨以此书献给我的姐姐凯特和我的弟弟贾斯汀的原因，他们（几乎）从一开始就在那里。

注　释

前　言

1　François Hartog, *Régimes d'Historicité, Présentisme et Expériences du Temps* (Paris, 2003).

2　关于作为观念结构，而不是语义现象的时间体制，参见 Cornel Zwierlein, 'Frühe Neuzeit, Multiple Modernities, Globale Sattelzeit', in Achim Landwehr (ed.), *Frühe NeueZeiten. Zeitwissen zwischen Reformation und Revolution* (Bielefeld, 2012), 389–405。

3　Cornel Zwierlein, *Discorso und Lex Dei. Die Entstehung neuer Denkrahmen im 16. Jahrhundert und die Wahrnehmung der französischen Religionskriege in Italien und Deutschland* (Göttingen, 2006).

4　卢曼提及时间性源自不同的"社会体系"，参见 Luhmann, 'Weltzeit und Systemgeschichte. Über Beziehungen zwischen Zeithorizonten und sozialen Strukturen gesellschaftlicher Systeme', in Luhmann, *Soziologische Aufklärung II. Aufsätze zur Theorie der Gesellschaft* (Opladen, 1986), 103–33, here 103–4; see also Luhmann, 'Temporalisierung von Komplexität. Zur Semantik neuzeitlicher Zeitbegriffe', in Luhmann, *Gesellschaftsstruktur und Semantik. Studien zur Wissenssoziologie der modernen Gesellschaft*, vol. 1 (Frankfurt/Main, 1980), 235–300。

5　On historical 'distance' as constructed and manipulable, see Mark Salber Phillips, 'Rethinking Historical Distance. From Doctrine to Heuristic', in *History and Theory* 50 (2011), 11–23.

6　On the 'temporal turn' in the human sciences generally, see Robert Hassan, 'Globalization and the "Temporal Turn". Recent Trends and Issues in Time Studies', *Korean Journal of Policy Studies* 25 (2010), 83–102. On the temporal turn in history, see Alexander Geppert and Till Kössler, 'Zeit-Geschichte als Aufgabe', in Geppert and Kössler (eds.), *Obsession der Gegenwart. Zeit im 20. Jahrhundert* (=Geschichte und Gesellschaft, Sonderheft 25) (Göttingen, 2015), 7–36. 在与"空间转向"有一些概念上的相似之处的情况下，空间不是被理解为"历史上演的被动背景"，而是"社会-空间辩证法"，参见 Eli Rubin, 'From the *Grünen Wiesen* to the Urban Space: Berlin, Expansion, and the *Longue Durée.* Introduction', *Central European History* 47 (2014, special edition), 221–44, here 233。

7 Thomas Henri Bergson, *Time and Free Will: An Essay on the Immediate Data of Consciousness*, trans. F. L. Pogson ([Paris, 1889] London, 1910); Werner Bergmann, 'The Problem of Time in Sociology: An Overview of the Literature on the State of Theory of Theory and Research on the "Sociology of Time," 1900–1982', *Time and Society* 1 (1992), 81–143; Martin Heidegger, *Sein und Zeit* (= F.-W. von Herrmann (ed.), Gesamtausgabe, vol. 2; Frankfurt/Main, 1977), 437; for literary theorists and narratologists, see Mikhail Bakhtin, 'Forms of Time and of the Chronotope in the Novel. Notes toward a Historical Poetics', in *The Dialogic Imagination. Four Essays* ([1975] Austin, 1988), 84–258; Gérard Genette, *Narrative Discourse*, trans. Jane E. Lewin (Oxford, 1986); John Bender and David E. Welberry (eds.), *Chronotypes. The Construction of Time* (Stanford, CA, 1991); Mark Currie, *About Time. Narrative, Fiction and the Philosophy of Time* (Edinburgh, 2007); J. Ch. Meister and W. Schernus (eds.), *Time. From Concept to Narrative Construct. A Reader* (Berlin, 2011); A. A. Mendilow, *Time and the Novel* ([1952] New York, 1972); M. Middeke (ed.), *Zeit und Roman. Zeiterfahrung im historischen Wandel und ästhetischer Paradigmenwechsel vom sechzehnten Jahrhundert bis zur Postmoderne* (Würzburg, 2002); Paul Ricoeur, *Time and Narrative* (3 vols.; Chicago, 1984, 1985, and 1988).

8 Marc Bloch, *The Historian's Craft*, trans. Peter Putnam (Manchester, 2004), 23–24； on time and the *Annales* school, see Thomas Loué, 'Du

present au passé: le temps des historiens', *Temporalités. Revue de sciences sociales et humaines* 8 (2008), http://temporalites.revues.org/60.

9 Fernand Braudel, 'Histoire et Sciences sociales: La longue durée', *Annales E.S.C.* 13.4 (1958), 725–53； on Braudel as the exponent of 'multiple social times', see Immanuel Wallerstein, *World-Systems Analysis: An Introduction* (Durham, NC, 2004), 18; Jacques Le Goff, *À la recherche du temps sacré, Jacques de Voragine et la Légende dorée* (Paris, 2011); Le Goff, 'Au Moyen Âge: temps de l'Église et temps du marchand', *Annales E.S.C.* 15.3 (1960), 417–33.

10 The classical essay collection is Reinhart Koselleck, *Vergangene Zukunft. Zur Semantik geschichtlicher Zeiten* (Frankfurt/Main, 1979), but see also the essay in Koselleck, *Vom Sinn und Unsinn der Geschichte. Aufsätze und Vorträge aus vier Jahrzehnten*, ed. Carsten Dutt (Berlin, 2014); Koselleck, *Zeitschichten: Studien zur Historik* (Frankfurt/Main, 2000); Koselleck and Reinhart Herzog (eds.), *Epochenschwelle und Epochenbewusstsein* (Munich, 1987); Koselleck, Heinrich Lutz, and Jörn Rüsen (eds.), *Formen der Geschichtsschreibung* (Munich, 1982); Koselleck (ed.), *Historische Semantik und Begriffsgeschichte* (Stuttgart, 1978); see also the articles by Koselleck in Otto Brunner, Werner Conze, and Koselleck (eds.), *Geschichtliche Grundbegriffe: Historisches Lexikon zur politisch-sozialen Sprache in Deutschland*, 9 vols. (Stuttgart, 1972–97). On history as the 'relentless iteration of the new', see Peter Fritzsche, *Stranded in the Present. Modern Time and the Melancholy of History* (Cambridge, MA, 2010), 8.

11 Reinhart Koselleck, 'Modernity and the Planes of Historicity', in Koselleck, *Futures Past. On the Semantics of Historical Time* (New York, 2004), 9–25.

12 当然，这种分离感本身并没有破坏跨时空的寓言作为一种现代历史实践的作用，关于这种持续性，参见 Peter Burke, 'History as Allegory', *INTI, Revista de literatura hispánica* 45 (1997), 337–51。

13 Hans Robert Jauss, 'Literaturgeschichte als Provokation der Literaturwissenschaft', in Rainer Warning (ed.), *Rezeptionsästhetik* (Munich, 1979), 126–62；"时间性"是海德格尔的一个核心概念；关于这个概念的系统化讨论，

参见 *Sein und Zeit* (Tübingen, 1953), 334–438; 'temporalization': Arthur O. Lovejoy, *Great Chain of Being. A Study of the History of an Idea* (Cambridge, MA, 1936), esp. chap. 9 on 'The Temporalizing of the Chain of Being', 242–88；尼采与加速，Nietzsche, *Vom Nutzen und Nachteil der Historie für das Leben*, ed. M. Landmann (Basel, 1949), 其中提到"不假思索、匆匆忙忙地将基本要素分割和磨损，它们的溶解成为一种始终在流动和消散的变化，现代人对已出现的一切不知疲倦地进行解构和历史化"。On 'Verzeitlichung', see also Theo Jung, 'Das Neue der Neuzeit ist ihre Zeit. Reinhart Kosellecks Theorie der Verzeitlichung und ihre Kritiker', *Moderne: kulturwissenschaftliches Jahrbuch* 6 (2010–11), 172–84; for a critical discussion of Koselleck's method with pointers to the Koselleck literature, see Daniel Fulda, 'Wann begann die "offene Zukunft"? Ein Versuch, die Koselleck'sche Fixierung auf die "Sattelzeit" zu lösen', in Wolfgang Breul and Jan Carsten Schnurr (eds.), *Geschichtsbewusstsein und Zukunftserwartung in Pietismus und Erweckungsbewegung* (Göttingen, 2013), 141–72。

14 On Koselleck as a theorist of modernisation, see, for example, Jörn Leonhard, 'Erfahrungsgeschichten der Moderne: Von der komparativen Semantik zur Temporalisierung europäischer Sattelzeiten', in Hans Joas and Peter Vogt (eds.), *Begriffene Geschichte. Beiträge zum Werk Reinhart Kosellecks* (Berlin, 2011), 423–49; on Koselleck's embeddedness in preexisting discourses of modernisation, see Britta Hermann and Barbara Thums, 'Einleitung', in Hermann and Thums (eds.), *Ästhetische Erfindung der Moderne? Perspektiven und Modelle 1750–1850* (Würzburg, 2003), 7–28, here 9–10; on the links between temporalisation and modernisation, see Jung, 'Das Neue der Neuzeit ist ihre Zeit', esp. 172–75.

15 On the temporality of nostalgia, see Svetlana Boym, *The Future of Nostalgia* (New York, 2001), esp. 19–32.

16 On 'acceleration', see, above all, Hartmut Rosa, *Beschleunigung. Die Veränderung der Zeitstrukturen in der Moderne* (Frankfurt/Main, 2005); also James A. Ward, 'On Time: Railroads and the Tempo of American Life',

Railroad History 151 (1984), 87–95; Lothar Baier, '*Keine Zeit!' 18 Versuche über die Beschleunigung* (Munich, 2000); Ryan Anthony Vieira, 'Connecting the New Political History with Recent Theories of Temporal Acceleration: Speed, Politics and the Cultural Imagination of Fin de Siècle Britain', *History and Theory* 50 (2011), 373–89; on the 'emptying' of time and 'time-space distanciation', see Anthony Giddens, *Consequences of Modernity* (Stanford, CA, 1990), 37–40; and Giddens, *A Contemporary Critique of Historical Materialism* (Berkeley, CA, 1981), 90–97; on splitting and fracturing, see David Harvey, *The Condition of Postmodernity. An Enquiry into the Origins of Cultural Change* (London, 1989), 260–307, and Richard Terdiman, *Present Past. Modernity and the Memory Crisis* (Ithaca, NY, 1993), 9, 23; on the 'annihilation' of time (and space), see Stephen Kern, *The Culture of Time and Space, 1880–1918* (Cambridge, MA, 2003), xiii; Wolfgang Schivelbusch, *Geschichte der Eisenbahnreise. Zur Industrialisierung von Raum und Zeit im 19. Jahrhundert* (Munich 1977), 36; Iwan R. Morus, 'The Nervous System of Britain. Space, Time and the Electric Telegraph in the Victorian Age', *British Journal for the History of Science* 33 (2000), 455–75; Jeremy Stein, 'Annihilating Time and Space. The Modernization of Firefighting in Late Nineteenth-Century Cornwall, Ontario', *Urban History Review* 24 (1996), 3–11; on 'compression', see Jeremy Stein, 'Reflections on Time, Time-Space Compression and Technology in the Nineteenth Century', in Jon May and Nigel Thrift (eds.), *Timespace. Geographies of Temporality* (London, 2001), 106–19; for a critique of the annihilation metaphor, see Roland Wenzlhuemer, ' "Less Than No Time". Zum Verhältnis von Telegrafie und Zeit', *Geschichte und Gesellschaft* 37 (2011), 592–613; on 'intensification', see Alf Lüdtke, 'Writing Time—Using Space. The Notebook of a Worker at Krupp's Steel Mill and Manufacturing—An Example from the 1920s', *Historical Social Research* 38 (2013), 216–28; on 'liquefaction', see Roger Griffin, 'Fixing Solutions: Fascist Temporalities as Remedies for Liquid Modernity', *Journal of Modern European History* 13 (2015), 5–23.

17 On the experience of time as 'simultaneous', 'atomistic', and 'heterogeneous',

see Kern, *Culture of Time and Space*, 20, 68–70; on the psychology of time as experienced through memory, see Terdiman, *Present Past*, esp. 344–59; for a study that combines philosophical, experiential and psychological approaches, see Charles M. Sherover, *Are We in Time? And Other Essays on Time and Temporality* (Evanston, IL, 2003); on the Durkheimian roots of temporal studies that focus on patterns of social action and interaction, see Michael A. Katovich, 'Durkheim's Macrofoundations of Time. An Assessment and Critique', *Sociological Quarterly* 28 (1987), 367–85; on methodological and conceptual problems more generally, see Nancy Munn, 'The Cultural Anthropology of Time. A Critical Essay', *Annual Review of Anthropology* 21 (1992), 93–123. On the temporality of specific occupational and institutional cultures, see Jacques Le Goff, *Time, Work and Culture in the Middle Ages*, trans. Arthur Goldhammer (Chicago, 1980), esp. part 1 on 'Time and Labour'; E. P. Thompson, 'Time, Work-Discipline, and Industrial Capitalism', *Past and Present* 38 (1967), 56–97; Peter Clark, 'American Corporate Timetabling: Its Past, Present and Future', *Time & Society* 6 (1997), 261–85; Thomas C. Smith, 'Peasant Time and Factory Time in Japan', *Past & Present* 111 (1986), 165–97; J. Stein, 'Time Space and Social Discipline: Factory Life in Cornwall, Ontario, 1867–1893', *Journal of Historical Geography* 21 (1995), 278–99; Michael G. Flaherty, *The Textures of Time: Agency and Temporal Experience* (Philadelphia, 2011).

18 For chronosophically focused studies, see Charles M. Sherover, *The Human Experience of Time. The Development of Its Philosophic Meaning* (New York, 1975) and Kern, *Culture of Time and Space*, esp. chap. 3; Krzysztof Pomian, *L'Ordre du temps* (Paris, 1984); for studies that focus on terminology, see Penelope Corfield, *Time and the Shape of History* (New Haven, CT, 2007); Lucian Hölscher, 'Time Gardens: Historical Concepts in Modern Historiography', *History and Theory* 53 (2014), 577–91; Anthony Abbott, *Time Matters: On Theory and Method* (Chicago, 2001); on the relationship between narrative, time, and historical experience, see David Carr, *Time, Narrative and History* (Bloomington, IN, 1991); Currie, *About Time*.

19 See the essays in Wolfgang Küttler, Jörn Rüsen, and Ernst Schulin (eds.), *Geschichtsdiskurs*, 5 vols. (Frankfurt/Main: Fischer Taschenbuch Verlag, 1993–1999), vol. 2, *Anfänge modernen historischen Denkens*, 其中许多研究将对 18 世纪历史思想和实践的讨论明确地嵌入了"现代性"的叙述中。

20 See Jennifer Power McNutt, 'Hesitant Steps. Acceptance of the Gregorian Calendar in Eighteenth-Century Geneva', *Church History* 75 (2006), 544–64. On the confessional dimension of calendar reform, see Robert Poole, *Time's Alteration: Calendar Reform in Early Modern England* (London, 1998); on calendars as instruments of power more generally, see Ho Kai-Lung, 'The Political Power and the Mongolian Translation of the Chinese Calendar during the Yuan Dynasty', *Central Asiatic Journal* 50 (2006), 57–99; Clare Oxby, 'The Manipulation of Time: Calendars and Power in the Sahara', *Nomadic Peoples*, New Series 2: *Savoirs et Pouvoirs au Sahara* (1998), 137–49.

21 Jeroen Duindam, *Vienna and Versailles. The Courts of Europe's Dynastic Rivals, 1550–1780* (Cambridge, 2003), 143.

22 1802 年 4 月废除了一周 10 天的计时法，1805 年废止了整个立法。See Reinhart Koselleck, 'Anmerkungen zum Revolutionskalender und zur "Neuen Zeit" ', in Koselleck and Rolf Reichardt (eds.), *Die französische Revolution als Bruch des gesellschaftlichen Bewußtseins* (Munich, 1988), 61–64; Michael Meinzer, *Der französische Revolutionskalender (1792–1805). Planung, Durchführung und Scheitern einer politischen Zeitrechnung* (Munich, 1992); Noah Shusterman, *Religion and the Politics of Time. Holidays in France from Louis XIV through Napoleon* (Washington, DC, 2010); Sonja Perovic, *The Calendar in Revolutionary France. Perceptions of Time in Literature, Culture, Politics* (Cambridge, 2012); Matthew Shaw, *Time and the French Revolution. The Republican Calendar, 1789–Year XIV* (Woodbridge, 2011)。

23 This is now a huge literature, but the classic study is Thompson, 'Time, Work-Discipline, and Industrial Capitalism', which focuses on time discipline both in metropolitan Europe and in a range of colonial contexts; see also Frederick Cooper, 'Colonizing Time. Work Rhythms and Labour Conflict in Colonial Mombasa', in Nicholas B. Dirks (ed.), *Colonialism*

and Culture (Ann Arbor, MI, 1992), 209–45; Keletso E. Atkins, ' "Kafir Time" . Preindustrial Temporal Concepts and Labour Discipline in Nineteenth-Century Colonial Natal', *Journal of African History* 29 (1988), 229–44; Mark M. Smith, *Mastered by the Clock. Time, Slavery and Freedom in the American South* (Chapel Hill, NC, 1997); U. Kalpagam, 'Temporalities, History and Routines of Rule in Colonial India', *Time & Society* 8 (1999), 141–59; Mike Donaldson, 'The End of Time? Aboriginal Temporality and the British Invasion of Australia', *Time & Society* 5 (1996), 187–207; Alamin Mazrui and Lupenga Mphande, 'Time and Labour in Colonial Africa. The Case of Kenya and Malawi', in Joseph K. Adjaye (ed.), *Time in the Black Experience* (Westport, CT, 1994), 97–120; Dan Thu Nguyen, 'The Spatialization of Metric Time. The Conquest of Land and Labour in Europe and the United States', *Time & Society* 1 (1992), 29–50; Anthony Aveni, 'Circling the Square: How the Conquest Altered the Shape of Time in Mesoamerica', *Transactions of the American Philosophical Society*, New Series 102 (2012). On modern temporality as a tool of domination over colonial others supposedly trapped in a prior epoch, see Kathleen Frederickson, 'Liberalism and the Time of Instinct', *Victorian Studies* 49 (2007), 302–12; Johannes Fabian, *Time and the Other: How Anthropology Makes Its Object* (New York, 1991).

24 See , for example , Donaldson, 'End of Time?' For a paradigmatic debate on the relationship between traditional, cyclical 'indigenous time' and its linear 'western' counterpart, see Marshall Sahlins, *Islands of History* (Chicago, 1985) and Sahlins, *How "Natives" Think, about Captain Cook, for Example* (Chicago, 1995)，他们提出了强烈的两分法对立；Gananath Obyesekere, *The Apotheosis of Captain Cook. European Mythmaking in the Pacific* (Princeton, NJ, 1992)，批评了这种两分法的对立，将其描绘为欧洲“制造神话”的结果。

25 Vanessa Ogle, *The Global Transformation of Time, 1870–1950* (Cambridge, MA, 2015), 204, 208.

26 Sebastian Conrad, ' "Nothing Is the Way It Should Be" : Global Trans-

formations of the Time Regime in the Nineteenth Century', *Modern Intellectual History* (2017), doi:10.1017/S1479244316000391.

27 关于政治动荡对传统时间秩序断裂的影响，已经有很多特别有趣的研究工作。See esp. Luke S. K. Kwong, 'The Rise of the Linear Perspective on History and Time in Late Qing China c. 1860–1911', *Past & Present* 173 (2001), 157–90; Chang-tze Hu, 'Historical Time Pressure. An Analysis of Min Pao (1905–1908)', in Chun-chieh Huang and Erik Zürcher (eds.), *Time and Space in Chinese Culture* (Leiden, 1995), 329–31; Chang-tze Hu, 'Exemplarisches und fortschrittliches Geschichtsdenken in China', in Küttler, Rüsen, and Schulin, *Geschichtsdiskurs:* , vol. 2, *Anfänge modernen historischen Denkens,* 180–83; Q. Edward Wang, *Modernity inside Tradition. The Transformation of Historical Consciousness in Modern China* (Bloomington, IN, 1996). For a dissenting view stressing early 'modernising' developments in Chinese historiography, see Helwig Schmidt-Glintzer, 'Die Modernisierung des historischen Denkens im China des 16. Und 18. Jahrhunderts und seine Grenzen', in Küttler, Rüsen, and Schulin, *Geschichtsdiskurs*, 165–79。

28 Kwong, 'Rise of the Linear Perspective', 160, 163, 164, 166, 172, 176–80, 189–90.

29 引入一周 5 天的制度带来了混乱，1932 年被一周 6 天制取代。1940 年，苏联又恢复到一周 7 天的制度和格里高利历。关于苏联的历法改革及其失败，参见 Robert C. Williams, 'The Russian Revolution and the End of Time', *Jahrbücher für Geschichte Osteuropas*, New Series 43 (1995), 364–401, here 365–69。

30 Stephen E. Hanson, *Time and Revolution. Marxism and the Design of Soviet Institutions* (Chapel Hill, NC, 1997), viii–ix, 180–99. On the stark linearity of Marxist-Leninist time and its relationship with Stalinist praxis, see also Stefan Plaggenborg, *Experiment Moderne. Der sowjetische Weg* (Frankfurt/Main, 2006), esp. 80–105; on the transition from the Taylorist romanticism of the early Soviet Union to the 'machine utopia' of the Stalinist era, see Richard Stites, *Revolutionary Dreams. Utopian Vision and Experimental Life in the Russian Revolution* (New York, 1989), 161–64.

31 Claudio Fogu, *The Historic Imaginary. The Politics of History in Fascist*

Italy (Toronto,2003), 34; Jeffrey T. Schnapp, 'Fascism's Museum in Motion', *Journal of Architecture Education* 45(1992), 87–97; Schnapp, 'Fascinating Fascism', *Journal of Contemporary History* 31 (1996), 235–44; Marla Stone, 'Staging Fascism. The Exhibition of the Fascist Revolution', *Journal of Contemporary History* 28 (1993), 215–43.

32 Roger Griffin, 'Party Time. The Temporal Revolution of the Third Reich', *History Today* 49 (1999), 43–49; Griffin, ' "I Am No Longer Human. I Am a Titan. A God!" The Fascist Quest to Regenerate Time', Electronic Seminars in History, Institute of Historical Research (May 1998), http://www.ihrinfo.ac.uk/esh/quest.html.

33 Eric Michaud, *The Cult of Art in Nazi Germany* (Stanford, CA, 2004), 184, 196, 202, 204; Michaud's concept of the 'Nazi myth' is inspired by the enigmatic reflections in Philippe Lacoue-Labarthe and Jean-Luc Nancy, 'The Nazi Myth', *Critical Inquiry* 16 (1990), 291–312.

34 Emilio Gentile, *Il culto del littorio. La sacralizzazione della politica nell'Italia fascista* (Rome, 1993).

35 On the 'denial of time' by the three totalitarian regimes, see Charles S. Maier, 'The Politics of Time. Changing Paradigms of Collective Time and Private Time in the Modern Era', in Maier (ed.), *Changing Boundaries of the Political. Essays on the Evolving Balance between the State and Society, Public and Private in Europe* (Cambridge, 1987), 151–75; 即使在"时间代码"上存在差异,"末世论的自我形象"仍然能够将极左极右联合在一起形成独裁统治,参见 Martin Sabrow, *Die Zeit der Zeitgeschichte* (Göttingen, 2012), 21, 23。

36 See George W. Wallis, 'Chronopolitics: The Impact of Time Perspectives on the Dynamics of Change', *Social Forces* 49 (1970), 102–8.

37 This is the question Alon Confino asks of National Socialist anti-Semitism; see Alon Confino, 'Why Did the Nazis Burn the Hebrew Bible? Nazi Germany, Representations of the Past and the Holocaust', *Journal of Modern History* 84 (2012), 369–400, 381.

38 Maier, 'Politics of Time', 151.

39 See Achim Landwehr, 'Alte Zeiten, Neue Zeiten. Aussichten auf die Zeit-Geschichte', in Landwehr (ed.), *Frühe NeueZeiten*, 9–40.

40 For powerful articulations of this fendency, see Achim Landwehr, *Geburt der Gegenwart. Eine Geschichte der Zeit im 17. Jahrhundert* (Frankfurt/Main, 2014); Zwierlein, *Discorso und Lex Dei*; Max Engammaire, *L'Ordre du temps. L'invention de la ponctualité au XVIè siècle* (Geneva, 2004).

41 For a discussion of this issue in Koselleck reception, see Helge Jordheim, 'Against Periodization: Koselleck's Theory of Multiple Temporalities', *History and Theory* 51 (2012), 151–71; Hans Joas and Peter Vogt, 'Jenseits von Determinismus und Teleologie: Koselleck und die Kontingenz von Geschichte', in Joas and Vogt (eds.), *Begriffene Geschichte*, 9–56, esp. 11–13; Fulda, 'Wann begann die "offene Zukunft" ?'

42 On 'pluritemporality' as a feature of historical eras in general, see Landwehr, 'Alte Zeiten, Neue Zeiten', 25–29.

43 Duncan Bell, 'Empire of the Tongue', *Prospect*, February 2007, 42–45, here 45.

44 David Martosko, 'EXCLUSIVE: Trump Trademarked Slogan 'Make America Great Again' Just DAYS after the 2012 Election and Says Ted Cruz Has Agreed Not to Use It Again after Scott Walker Booms It TWICE in Speech', *Daily Mail*, 12 May 2016; Edward Wong, 'Trump Has Called Climate Change a Chinese Hoax. Beijing Says It Is Anything But', *New York Times*, 18 November 2016.

45 On these features of Trump's political rhetoric, see Stephen Wertheim, 'Donald Trump versus American Exceptionalism: Toward the Sources of Trumpian Conduct', H-Diplo ISSF, 1 February 2017, http://issforum.org/roundtablespolicy/1-5K-Trump-exceptionalism.

46 Cited in Mark Danner, 'The Real Trump. Review of Michael Kranish and Marc Fischer, *Trump Revealed: An American Journey of Ambition, Ego, Money, and Power* (New York, 2016)', *New York Review of Books*, 22 December 2016.

47 Marine Le Pen, interview with CNN, 28 November 2016, http://edition.cnn.

com/2016/11/15/politics/marine-le-pen-interview-donald-trump/index.html.

第一章

1 Helmut Börsch-Supan, 'Zeitgenössische Bildnisse des großen Kurfürsten', in Gerd Heinrich (ed.), *Ein Sonderbares Licht in Teutschland. Beiträge zur Geschichte des Großen Kurfürsten von Brandenburg (1640–1688)* (Berlin, 1990), 151–66.

2 Anselmus van Hulle, *Les hommes illustres qui ont vécu dans le XVII. siècle: les principaux potentats, princes, ambassadeurs et plénipotentiaires qui ont assisté aux conférences de Münster et Osnabrug avec leurs armes et devises* (Amsterdam, 1717).

3 The indispensable reference study is still Ernst Opgenoorth, *Friedrich Wilhelm. Der Große Kurfürst von Brandenburg. Eine politische Biographie*, 2 vols. (Göttingen, 1971/1978); articles on specific themes from a range of experts can be found in Heinrich (ed.), *Ein sonderbares Licht in Teutschland.*

4 Richard Dietrich (ed.), *Die Politischen Testamente der Hohenzollern* (Cologne, 1986), 189.

5 Ibid., 190.

6 Ernst Opgenoorth, 'Mehrfachherrschaft im Selbstverständnis Kurfürst Friedrich Wilhelms', in Heinrich, *Ein sonderbares Licht in Teutschland*, 35–52.

7 Reinhard Koselleck, 'Die Geschichte der Begriffe und Begriffe der Geschichte', in Koselleck, *Begriffsgeschichten. Studien der Semantik und Pragmatik der politischen und sozialen Sprache* (Suhrkamp: Frankfurt/Main, 2006) 56–76; on the temporalisation of concepts more generally, see Koselleck, 'Die Verzeitlichung der Begriffe', in the same volume, 77–85; for the classic account of the temporalisation of 'history', see Odilo Engels, Horst Günther, Christian Meier, and Reinhart Koselleck, 'Geschichte, Historie', in Brunner, Conze, and Koselleck, *Geschichtliche Grundbegriffe*, 2:593–798.

8 我在本书中使用的"历史性"，正是阿赫托戈在他的专著《历史性的体制》中解释的概念，参见本书的前言部分。

9 For an overview with literature, see Rudolf Endres, *Adel in der frühen Neuzeit* (Munich, 1993), esp. 23–30, 83–92.

10 Peter-Michael Hahn, 'Landesstaat und Ständetum im Kurfürstentum Brandenburg während des 16. und 17. Jahrhunderts', in Peter Baumgart (ed.), *Ständetum und Staatsbildung in Brandenburg-Preußen. Ergebnisse einer international Fachtagung* (Berlin, 1983), 41–79, here 42.

11 On the status of these principalities, see Rainer Walz, *Stände und frühmoderner Staat. Die Landstände von Jülich-Berg im 16. Und 17. Jahrhundert* (Neustadt, 1982), 50–52; for examples, see Frederick William to the cities of Wesel, Calcar, Düsseldorf, Xanten and Rees, Küstrin, 15 May 1643, and Cleve Estates to Dutch Estates General, Kleve, 2 April 1647, in August von Haeften (ed.), *Ständische Verhandlungen*, vol. 1 (Berlin, 1869), 205, 331–34.

12 Helmuth Croon, *Stände und Steuern in Jülich-Berg im 17. und vornehmlich im 18. Jahrhundert* (Bonn, 1929), 250; Walz, *Stände und frühmoderner Staat*, 74–77, 112–16; examples: Estates of County of Mark to Protesting Estates of Kleve, Unna, 10 August 1641, Estates of Mark to estates of Kleve, Unna, 10 December 1650, in Haeften, *Ständische Verhandlungen*, vol. 1 (=UuA, vol. 5), 182, 450; Michael Kaiser, 'Kleve und Mark als Komponenten einer Mehrfachherrschaft: Landesherrliche und landständische Entwürfe im Widerstreit', in Michael Kaiser and Michael Rohrschneider (eds.), *Membra unius capitis. Studien zu Herrschaftsauffassungen und Regierungspraxis in Kurbrandenburg (1640–1688)* (Berlin, 2005), 99–120.

13 Comment by the Viceroy of Ducal Prussia, Prince Boguslav Radziwiłł, cited in Derek McKay, *The Great Elector* (Harlow, 2001), 135.

14 Johann Gustav Droysen, *Der Staat des großen Kurfürsten* (Geschichte der preussischen Politik, pt. 3), 3 vols. (Leipzig, 1870–71), 1:31.

15 Christoph Fürbringer, *Necessitas und Libertas. Staatsbildung und Landstände im 17. Jahrhundert in Brandenburg* (Frankfurt/Main, 1985), 34.

16 Ibid., 54.

17 Ibid., 54–57; Otto Meinardus (ed.), *Protokolle und Relationen des Branden-*

burgischen geheimen Rates aus der Zeit des Kurfürsten Friedrich Wilhelm (Leipzig, 1889), 1:xxxiv.

18 Meinardus, *Protokolle*, 1:xxxv; Haeften, *Ständische Verhandlungen*, vol. 1 (Kleve-Mark; =UuA, vol. 5), 58–82.

19 F. L. Carsten, 'The Resistance of Cleve and Mark to the Despotic Policy of the Great Elector', *English Historical Review* 66 (1951), 219–41.

20 Karl Spannagel, *Konrad von Burgsdorff. Ein brandenburgischer Kriegs- und Staatsmann aus der Zeit der Kurfürsten Georg Wilhelm und Friedrich Wilhelm* (Berlin, 1903), 265–67.

21 McKay, *Great Elector*, 21; Martin Philippson, *Der Große Kurfürst Friedrich Wilhelm von Brandenburg*, 3 vols. (Berlin, 1897–1903), 1:41–42.

22 Alexandra Richie, *Faust's Metropolis. A History of Berlin* (London, 1998), 44–45.

23 A. v. Haeften, 'Einleitung', in Haeften, *Ständische Verhandlungen*, 105.

24 Philippson, *Der Große Kurfürst*, 1:56–58.

25 M. F. Hirsch, 'Die Armee des grossen Kurfürsten und ihre Unterhaltung während der Jahre 1660–66', *Historische Zeitschrift* 17 (1885), 229–75; Charles Waddington, *Le Grand Électeur, Frédéric Guillaume de Brandebourg: sa politique extérieure, 1640–1688* (Paris, 1905–88), 89; McKay, *Great Elector*, 173–75.

26 Elector to the Clevischen Stände, Königsberg, 21 October 1645, in Haeften, *Ständische Verhandlungen*, 246–48.

27 Declaration by the Elector to the Deputies of the Kleve Estates, Königsberg, 7 December 1645, in Haeften, *Ständische Verhandlungen*, 252–54.

28 Elector to the Government [of Cleve], Königsberg, 8 November 1645, Elector to the Government [of Cleve], 14 March 1646, Elector to the Estates [of Cleve], Hervord, 5 October 1652, all in Haeften, *Ständische Verhandlungen*, 248–49, 259–60, 614–15.

29 1655 年，瑞典人入侵并占领了波兰-立陶宛西部，北方战争由此开始。弗里德里希·威廉起初站在瑞典一边，以换取瑞典承认他对普鲁士公国的全部主权，并在 1656 年的波兰战役中与瑞典军队并肩作战。但当形势对瑞典不利时，他先是脱离了联盟，又在1657年与瑞典的敌人联手，以换取波兰批准他身为普鲁士公国唯一主权者的地位，并在《韦劳条约》（1657年9月19日）中正式确定。如果没有一支有效的军队来招揽朋友和恐吓潜在的敌人，这些军事动员就是不可能发生的，因此需要更多的武装人员和资金来支持他们。

30 Governor (Statthalter) John Moritz von Nassau-Siegen to Kleve Estates, Proposition of 3 March 1657, cited in Volker Seresse, 'Zur Bedeutung der "Necessitas" für den Wandel politischer Normen im 17. Jahrhundert', *Forschungen zur Brandenburgischen und Preussischen Geschichte* 11 (2001), 139–59, here 144–45. For the full text and the commentaries that followed, see Haeften, *Ständische Verhandlungen*, 1:888–92.

31 Reply of the Privy Councillors on behalf of the Elector, Cölln [Berlin], 2 December 1650, in Siegfried Isaacsohn (ed.), *Urkunden und Aktenstücke zur Geschichte des Großen Kurfürsten Friedrich Wilhelm von Brandenburg*, vol. 10, *Ständische Verhandlungen*, pt. 3 (Berlin, 1880), 193–94.

32 Patent of Contradiction by the Estates of Kleve, Jülich, Berg and Mark, Wesel, 14 July 1651; Union of the Estates of Kleve and Mark, Wesel, 8 August 1651, in Haeften, *Ständische Verhandlungen*, vol. 1 (=UuA, vol. 5), 509, 525–26; F. L. Carsten, 'The Resistance of Cleves and Mark to the Despotic Policy of the Great Elector', *English Historical Review* 66 (1951), 219–41, here 224; McKay, *Great Elector*, 34; Waddington, *Grand Électeur*, 68–69.

33 Robert von Friedeburg, *Luther's Legacy. The Thirty Years War and the Modern Notion of 'State' in the Empire, 1530s to 1790s* (Cambridge, 2016), 240.

34 Kurt Breysig, 'Einleitung', in Breysig (ed.), *Urkunden und Actenstücke zur Geschichte des Kurfursten Friedrich Wilhelm von Brandenburg. Ständische Verhandlungen, Preussen*, vol. 1 (Berlin, 1894), 105, 114, 115–80.

35 例如，选侯委托编写的小册子，该小册子是代表克莱沃庄园回应荷兰总督府发出的呼吁，*Cleefsche Patriot verthonende de Missive ghesonden aen H.H.M. de heeren staten general der vereigde nederlande van wegens de cleefsche landstenden grpresenteert d. 20 May 1647* (Wesel, 1647)，值得注

意的是诸如“永恒的自由”“特权”“传统”等概念是任性的地方贵族确保自身利益的“流行语”，参见 *Cleefsche Patriot* [n.p., 8 of the text]。

36 Armand Maruhn, *Necessitäres Regiment und fundamentalgesetzlicher Ausgleich. Der hessische Ständekonflikt 1646–1655* (Darmstadt, 2004), 245, 276; cf. Seresse, ‘Zur Bedeutung’，其中提到古老的规范结构由于来自必要性的论点被“破除”了。

37 For an account stressing unitarisation, see Ludwig Tümpel, *Die Entstehung des Brandenburg-preußischen Einheitsstaates im Zeitalter des Absolutismus (1609–1806)* (Breslau, 1915); on the question of the extent to which the Elector was a unitarising monarch, see Michael Kaiser and Michael Rohrschneider, ‘Einführung’, in Kaiser and Rohrschneider, *Membra unius capitis*, 9–18; for a differentiated discussion of the problem of integration, see Wolfgang Neugebauer, ‘Staatliche Einheit und politischer Regionalismus. Das Problem der Integration in der Brandenburg-preussischen Geschichte bis zum Jahre 1740’, in Wilhelm Brauneder (ed.), *Staatliche Vereinigung: Fördernde und hemmende Elemente in der deutschen Geschichte* (=Der Staat, Beiheft 12; Berlin, 1998), 49–87.

38 Fürbringer, *Necessitas und Libertas*, 59; for examples of this mode of argument, see Supreme Councillors of Ducal Prussia to Frederick William, Königsberg, 12 September 1648, in ibid., 292–93.

39 On these debates, see Friedeburg, *Luther's Legacy*, esp. 168–236.

40 See Esther-Beate Körber, ‘Ständische Positionen in Preußen zur Zeit des Großen Kurfürsten’, in Kaiser and Rohrschneider, *Membra unius capitis*, 171–92, here 171.

41 Maruhn, *Necessitäres Regiment*, 242–45.

42 Ständisches Projekt einer Kurfürstlichen Assecuration, Bartenstein, 16 November 1661, in Breysig, *Ständische Verhandlungen (Preussen)*, 634–39, here 637.

43 Elector to the Clevischen Stände, Königsberg, 21 October 1645, in Haeften, *Ständische Verhandlungen*, 246–48.

44 Weimann to the Elector, Kleve, 14 March 1657, in Haeften, *Ständische*

Verhandlungen, 889–92.

45 Weimann diary entry, 22 March 1657, cited in Haeften, *Ständische Verhandlungen*, 891–92.

46 Maruhn, *Necessitäres Regiment*, 106.

47 Declaration by the Elector to the Deputies of the Kleve Estates, Königsberg, 7 December 1645, in Haeften, *Ständische Verhandlungen*, 252–54.

48 'Der Freien, Kölmer, Schultzen, Krüger und andern privilegirten Leuten theils Sambland undt ganz Nathangenschen und Oberländischen Kreises Beschwere', appended to Gravamina der gesammten Stände, 26 June 1640, in Breysig, *Ständische Verhandlungen (Preussen)*, 265–68.

49 Estates of Mark to the Government [of Mark], Unna, 19 April 1651, in Haeften, *Ständische Verhandlungen*, 486–88.

50 Elector to the Kleve Estates meeting in Xanten, Duisburg, 9 September 1651, in Haeften, *Ständische Verhandlungen*, 539.

51 Elector to the Estates of Kleve, 19 September 1651, in Haeften, *Ständische Verhandlungen*, 542–43.

52 Ibid.

53 On the access of the Elector and his officials to information networks, see Ralf Pröve, 'Herrschaft als kommunikativer Prozess: das Beispiel Brandenburg-Preußen', in Pröve and Norbert Winnige (eds.), *Wissen ist Macht. Herrschaft und Kommunikation in Brandenburg-Preussen 1600–1850* (Berlin, 2001), 11–21; Michael Rohrschneider, 'Die Statthalter des Großen Kurfürsten als außenpolitische Akteure', in Kaiser and Rohrschneider, *Membra unius capitis*, 213–34.

54 Cited from Montecuccoli's Treatise on War in Johannes Kunisch, 'Kurfürst Friedrich Wilhelm und die Großen Mächte', in Heinrich, *Ein Sonderbares Licht in Teutschland*, 9–32, here 30–31.

55 Memoir by Count Waldeck in Bernhard Erdmannsdörffer, *Graf Georg Friedrich von Waldeck. Ein preußischer Staatsmann im siebzehnten Jahrhundert* (Berlin, 1869), 361–62, also 354–55.

56 W. Troost, 'William III, Brandenburg, and the Construction of the Anti-

French Coalition, 1672–88', in Jonathan I. Israel, *The Anglo-Dutch Moment: Essay on the Glorious Revolution and Its World Impact* (Cambridge, 1991), 299–334, here 322.

57 Kleve Estates to Elector [Kleve], 24 May 1657, in Haeften, *Ständische Verhandlungen*, 894–97.

58 See, for example, Estates deputies to Elector, Berlin, 30 November 1650, in Siegfried Isaacsohn (ed.), *Urkunden und Actenstücke zur Geschichte des Kurfursten Friedrich Wilhelm von Brandenburg. Ständische Verhandlungen*, vol. 2 (Mark-Brandenburg; Berlin, 1880), 191–92.

59 Elector to Cleve Estates, Richtenberg, Vorpommern 4 October 1659, in Haeften, *Ständische Verhandlungen*, 927–28.

60 Estates deputies to Elector, Berlin, 30 November 1650, in Isaacsohn, *Ständische Verhandlungen* (Mark-Brandenburg), 191–92.

61 Humble request of the Estates [of Ducal Prussia], 26 November 1661, in Breysig, *Ständische Verhandlungen (Preussen)*, 655.

62 Elector to the Privy Councillors, Potsdam, 2 April 1683 (replying to a letter of complaint from the Estates), in Isaacsohn, *Ständische Verhandlungen* (Mark-Brandenburg), 611–13.

63 Hirsch, 'Die Armee des grossen'; Waddington, *Grand Électeur*, 89; McKay, *Great Elector*, 173–75.

64 Bodo Nischan, *Prince, People and Confession. The Second Reformation in Brandenburg* (Philadelphia, 1994), 84, 111–14; Nischan, 'Reformation or Deformation? Lutheran and Reformed Views of Martin Luther in Brandenburg's "Second Reformation" ', in Nischan, *Lutherans and Calvinists in the Age of Confessionalism* (Variorum repr.; Aldershot, 1999), 203–15, here 211.

65 Nischan, *Prince, People and Confession*, 217.

66 Johannes Schultze, *Die Mark Brandenburg*, 5 vols. (Berlin, 1961), 4:192.

67 J. T. McNeill, *The History and Character of Calvinism* (Oxford, 1967), 279.

68 Daniel Riches, *Protestant Cosmopolitanism and Diplomatic Culture: Brandenburg-Swedish Relations in the Seventeenth Century* (Leiden, 2013),

170–78.

69 Elector to his Councillors (Oberräthe), Königsberg, 26 April 1642, in B. Erdmannsdörffer (ed.), *Urkunden und Actenstücke zur Geschichte des Kurfürsten Friedrich Wilhelm von Brandenburg. Politische Verhandlungen*, vol. 1 (Berlin, 1864), 99–103.

70 2 Kings 17:13, 15, New King James Version.

71 Königsberg Clergy to the Supreme Councillors of Ducal Prussia [n.d.; reply to the Elector's letter of 26 April], in Erdmannsdörffer, *Politische Verhandlungen*, 103–4.

72 On this meeting and its consequences, see Johannes Ruschke, *Paul Gerhardt und der Berliner Kirchenstreit. Eine Untersuchung der konfessionallen Auseinandersetzung über die kurfürstlich verordnete 'mutua tolerantia'* (Tübingen, 2012), 176–368.

73 See G. Heinrich, 'Religionstoleranz in Brandenburg-Preußen. Idee und Wirklichkeit', in M. Schlenke (ed.), *Preussen. Politik, Kultur, Gesellschaft* (Reinbek, 1986), 83–102, here 83; the classic exposition of this view, influential for generations thereafter, is Max Lehmann, *Preussen und die Katholische Kirche seit 1640. Nach den Acten des Geheimen Staatsarchives*, pt. 1: Von 1640 bis 1740 (Leipzig, 1878), esp. 42–52.

74 其中一个例子是大选侯的牧师约翰·贝吉乌斯，他认为路德宗与改革宗的信仰"事实上不是两种宗教，尽管它们在一些教义上存在分歧"；参见 Bodo Nischan, 'Calvinism, the Thirty Years' War, and the Beginning of Absolutism in Brandenburg: The Political Thought of John Bergius', *Central European History* 15.3 (1982), 203–23, 212–13; 加尔文–路德派的和平主义在那些阐述勃兰登堡和信奉路德宗的瑞典之间有更紧密关系的人中特别明显，他们认为新教之间的合作对于成功反对天主教至关重要。See Riches, *Protestant Cosmopolitanism and Diplomatic Culture*, 170–78。

75 对于一种修正主义的说法，坚持认为选侯的措施具有积极的忏悔主义和亲改革主义的性质，下面的讨论是基于这种说法的，参见 Jürgen Luh, 'Zur Konfessionspolitik der Kurfürsten von Brandenburg und Könige in Preußen 1640–1740', in Horst Lademacher, Renate Loos, and Simon

Groenveld (eds.), *Ablehnung—Duldung—Anerkennung. Toleranz in den Niederlanden und in Deutschland. Ein historischer und aktueller Vergleich* (Münster, 2004), 306–24。

76 Walther Ribbeck, 'Aus Berichten des hessischen Sekretärs Lincker vom Berliner Hofe während der Jahre 1666–1669', *Forschungen zur brandenburgischen und Preussischen Geschichte* 12.2 (1899), 141–58.

77 Klaus Deppermann, 'Die Kirchenpolitik des Grossen Kurfürsten', *Pietismus und Neuzeit* 6 (1980), 99–114, 110–12; Ribbeck, 'Aus Berichten'.

78 Luh, 'Zur Konfessionspolitik'.

79 Dietrich, *Die politischen Testamente*, 182.

80 Cornel Zwierlein, *Discorso und Lex Dei. Die Entstehung neuer Denkrahmen im 16. Jahrhundert und die Wahrbehmung der französischen Religionskriege in Italien und Deutschland* (Göttingen, 2006), 790–92.

81 Ibid., 28, 64, 193, 791–92.

82 On the influence of neostoicism on the political thought and action of Elector Frederick William and of early modern sovereigns more generally, see esp. Gerhard Oestreich, *Neostoicism and the Early Modern State*, ed. B. Oestreich and H. G. Koenigsberger, trans. D. McLintock (Cambridge, 1982).

83 Johann Bergius, *Guter Bürger* (Danzig, 1656), cited in Nischan, 'Calvinism, the Thirty Years' War, and the Beginning of Absolutism in Brandenburg', 212.

84 Philippson, *Der Große Kurfürst*, 1:11.

85 McKay, *Great Elector*, 170–71.

86 Cited from an edict of 1686 in Philippson, *Der Große Kurfürst*, 3:91.

87 Peter Baumgart, 'Der Große Kurfürst. Staatsdenken und Staatsarbeit eines europäischen Dynasten', in Heinrich, *Ein Sonderbares Licht in Teutschland*, 33–57, here 42.

88 On the naval and colonial plans of the Elector, see Opgenoorth, *Friedrich Wilhelm*, 2:305–11; E. Schmitt, 'The Brandenburg Overseas Trading Companies in the 17th Century', in Leonard Blussé and Femme Gaastra (eds.), *Companies and Trade. Essays on European Trading Companies during the Ancien Regime* (Leiden, 1981), 159–76; Ludwig Hüttl, *Friedrich Wilhelm*

von Brandenburg, der Grosse Kurfürst 1620–1688: eine politische Biographie (Munich, 1981), 445–46.

89 Peter Burke, 'Foreword', in Andrea Brady and Emily Butterworth (eds.), *The Uses of the Future in Early Modern Europe* (Routledge, 2010), ix–xx.

90 Pufendorf, *Rebus gestis*, VI, §§36–39; Leopold von Orlich, *Friedrich Wilhelm der Große Kurfürst. Nach bisher noch unbekannten Original-Handschriften* (Berlin, 1836), 79–81; the Elector's account is reprinted in the appendix, 139–42; on the reasons for publication, see August Riese, *Die dreitägige Schlacht bei Warschau 28., 29. Und 30. Juli 1656* (Breslau, 1870), 196.

91 Orlich, *Friedrich Wilhelm der Große Kurfürst*, 140–42.

92 'Alles dahin zu deuten vnd zu dirigiren / daß gleich wie niemanden nichts zu Schmach vnd Vnehr / sondern allein die Historische Geschichte einfältig an Tag zu stellen'. See Merian's dedication to the government of Frankfurt in *Theatrum Europaeum 1617 biß 1629 excl. mit vieler fürnehmer Herrn und Potentaten Contrafacturen, wie auch berühmter Städten, Vestungen, Pässen, Schlachten und Belägerungen eygentlichen Delineationen und Abrissen gezieret* (Frankfurt, 1635).

93 这个倾向在 1635 年版中就有体现，但在 1662 年版中最明显，比如在对 1618 年的讨论中，认为“自 1618 年以来生活在神圣罗马帝国的高地德意志人，已经感受到了非凡的伟大运动，其将不同国家和政权的命运交织在了一起”。*Theatrum Europaeum 1617 biß 1629*, 1。

94 Ibid., 1. 目前还不清楚是谁在 1662 年版中重写了这段话。在《威斯特伐利亚和约》结束了“三十年战争”之后，人们更认定 1618 年之后的岁月是一个空前破坏的时代。

95 On the use of newspapers as sources, see Herbert Langer and János Dudás, 'Die Kämpfe in Ungarn 1684 bis 1686 und die Rückeroberung Budas im Spiegel des “Theatrum Europaeum” ', *Acta Historica Academiae Scientiarum Hungaricae* 34.1 (1988), 17–25, here 18; Anna Schreurs-Morét, 'Der Vesuvausbruch von 1631, ein Spektakel auf der Weltbühne Europa: Anmerkugen zu Joachim von Sandrarts Beitrag zum Theatrum Europaeum von Matthäus Merian', in Flemming Schock, Ariane Koller, and Oswald

Bauer (eds.), *Dimensionen der Theatrum-Metapher in der Frühen Neuzeit: Ordnung und Räpresentation von Wissen* (Hannover, 2009), 297–332; on the prevalence of the theatre metaphor in the seventeenth century, see Louis van Delft, 'L'idée de théâtre (XVIe–XVIIIe siècle)', *Revue d'Histoire littéraire de la France* 101.5 (2001), 1349–65; for an older general treatment: Hermann Bingel, *Das Theatrum Europraeum. Ein Beitrag zur Publizistik des 17. und 18. Jahrhunderts* (Berlin, 1909).

96 Cited in Peter Burke, *The Fabrication of Louis XIV* (New Haven, CT, 1992), 152.

97 E. Fischer, 'Die offizielle Brandenburgische Geschichtsschreibung zur Zeit Friedrich Wilhelms des Großen Kurfürst', *Zeitschrift für preussische Geschichte und Landeskunde* 15 (1878), 377–430, here 379–87.

98 Philippson, *Der Große Kurfürst*, 3:164–65.

99 Gregorio Leti, *Ritratti historici, politici, chronologici e genealogici della casa di Brandeburgo*, 2 vols. (Amsterdam, 1687); on the Elector's reward for Leti's efforts, see Orlich, *Friedrich Wilhelm der Große Kurfürst*, 313.

100 莱蒂在第二卷的开篇回应了第一卷受到的批评，承认“在这次战役中，这位最光荣的英雄通过他的领导和手中的剑完成了最光荣的行动之一，……并且承担了对波兰人所有部队的主要部分进行攻击的更大负担”，但是他也为自己辩解说，“关于这场战役已经有大量文字描述”，因此他没有必要再详细描述。Leti, *Ritratti historici*, Parte seconda, 2。莱蒂可能指的是 1685 年出版的《欧洲舞台》的相关卷册，其中确实包括了对华沙之战相当详细的描述，其中选侯在支持瑞典进攻中的作用得到了充分的承认；see J. G. Schleder, *Von den denckwürdigsten Geschichten, so sich hie und da in Europa, als in Hoch-und Nieder-Teutschland, Franckreich, Hispanien, Portugall, Italien, Dalmatia, Candia, England, Schott-und Irrland, Den[n]emarck, Norwegen, Schweden, Polen, Moscau, Schlesien, Böhmen, Ober-und Nieder-Oesterreich, Hungarn, Siebenbürgen, Wallachey, Moldau, Türck-und Barbarey, [et]c. Sowol im weltlichen Regiment, als Kriegswesen, vom Jahr Christi 1651. biß an [1658] bevorstehende Wahl... Leopolden dieses Namens deß Ersten, erwehlten Römischen Käisers, [et]c. Beydes zu*

Wasser und Land, begeben und zugetragen / So, Auß vielen glaubhafften Scripturen... zusammen getragen, und unpartheyisch beschrieben Johannes Georgius Schlederus, gebürtig in Regenspurg. Mit etlich hoher Potentaten ... Bildnüssen außgezieret: Dabenebenst einige ... Sachen in deutlichen Kupffern vor Augen gestellt (Frankfurt/Main, 1685), 963–66。

101 Michael Seidler, 'Religion, Populism, and Patriarchy: Political Authority from Luther to Pufendorf', *Ethics* 103 (1993), 551–69.

102 On the differences between Hobbes's and Pufendorf's understandings of the state and the sovereign, see Ben Holland, *The Moral Person of the State. Pufendorf, Sovereignty and Composite Polities* (Cambridge, 2017), esp. 210–21, and Richard Tuck, *The Sleeping Sovereign. The Invention of Modern Democracy* (Cambridge, 2015), 96–116.

103 S. Pufendorf, *Elements of Universal Jurisprudence in Two Books* (1660), bk. 2, observation 5, in Craig L. Carr (ed.), *The Political Writings of Samuel Pufendorf*, trans. Michael J. Seidler (New York, 1994), 87.

104 S. Pufendorf, *On the Law of Nature and Nations in Eight Books* (1672), bk. 7, chap. 4, in Carr, *Political Writings*, 220.

105 Ibid., 221.

106 On the 'reasons which justify a person's claim to another obedience', see Samuel Pufendorf, *On the Duty of Man and the Citizen*, ed. James Tully, trans. Michael Silverthorne (Cambridge, 1991), esp. I.5–6, 28–29, also Tully's comments in the introduction, xiv–xliii.

107 Severinus de Monzambano (pseud.), *De statu imperii germanici liber unus* (Verona, 1668); for an English translation with an illuminating analysis of the context, see Samuel Pufendorf, *The Present State of Germany*, ed. Michael J. Seidler, trans. Edmund Bohun ([1696] Indianapolis, 2007). 马丁 · 菲利普松的结论并不准确，蒙赞巴诺并没有为选侯在 1662 年开启的帝国宪法改革计划提供灵感，蒙赞巴诺的书在 6 年后才出版，但无论如何，选侯与普芬多夫之间的相似性非常显著，正如德罗伊森很早之前就指出的那样；Philippson, *Der Große Kurfürst*, 2:205; Johann Gustav Droysen, 'Zur Kritik Pufendorfs', in Droysen, *Abhandlungen zur neueren Geschichte*

(Leipzig, 1876), 309–86, here 339–40。

108 Samuel Pufendorf, 'Author's Preface', in *An Introduction to the History of the Principal Kingdoms and States of Europe* (London, 1719), 2–3; orig. (with the same preface): *Einleitung zu der Historie der vornehmsten Reiche und Staaten, so itziger Zeit in Europe sich befinden* (Frankfurt/Main, 1682).

109 Samuel Pufendorf, *De rebus gestis Friderici Wilhelmi Magni, electoris brandenburgici, commentariorum libri novendecim* (Berlin, 1695); German translation: [Samuel Pufendorf,] *Friederich Wilhelms des Grossen Chur-Fürstens zu Brandenburg Leben und Thaten*, trans. Erdmann Uhse (Berlin, 1710).

110 Droysen, 'Zur Kritik Pufendorfs', 314.

111 Samuel Pufendorf, *Friedrich Wilhelms des Grossen Chur-Fürsten von Brandenburg Leben und Thaten*, trans. Erdmann Uhse (Berlin, 1710), 399.

112 Ibid., 428.

113 Ibid., 401–2。

114 Elias Loccelius, *Marchia Illustrata oder Chronologische Rechnung und Bedencken über die Sachen, so sich in der Mark Brandenburg und incorporierten Ländern vom Anfange der Welt biß ad Annum Christi 1680 sollen zugetragen haben* (Crossen, 1680), 609, 611, 635, 639, 647, 702, 711, 753, 762, 808, 846–49, 861. 该书并没有出版，但是普芬多夫在写作的时候能够读到，我们现在可以查阅保存在柏林国家图书馆中的手稿，索书号为Potsdamerstrasse 33, Signatur: MS Boruss, fol. 18。

115 Erdmann Uhse, 'An den Leser', in *Friedrich Wilhelms des Grossen Chur-Fürsten von Brandenburg Leben und Thaten*, n.p.

116 [Pufendorf,] *Friederich Wilhelms des Grossen Chur-Fürstens zu Brandenburg Leben und Thaten*, 56–58.

117 Ibid., 760–62.

118 Pufendorf, *Leben und Thaten*, 194.

119 On Pufendorf as a choice theorist, see Eerik Lagerspetz, 'Pufendorf on Collective Decisions', *Public Choice* 49.2 (1986), 179–82.

120 Seidler, 'Introduction', in Pufendorf, *Present State of Germany*；正如塞德勒

指出的那样，普芬多夫并非提出这个观点的第一人，赫尔曼·康林早先就在《论德意志法律的起源》（*De origine iuris Germanici*，1643）中基于不同的前提得到了相似的结论。

121 Pufendorf, *Einleitung zu der Historie der vormehmsten Reiche und Staaten*, Vorrede.

122 Pufendorf, *Leben und Thaten*, 1249.

123 Max Weber, *Economy and Society: An Outline of Interpretative Sociology*, 2 vols. (Berkeley, CA, 1978), 1:227.

124 关于“未知的假说和解释模型”浸入我们对大选侯的理解所带来的危险，参见 Ernst Opgenoorth, ‘Mehrfachherrschaft im Selbstverständnis Kurfürst Friedrich Wilhelms’, in Kaiser and Rohrschneider, *Membra unius capitis*, 35–52, here 37。

125 Jeremy Bentham, *An Introduction to the Principles of Morals and Legislation* (1781), http://utilitarianism.com/jeremy-bentham/index.html#one；on the orientation of security-based arguments towards the future, see Lucia Zedner, *Security* (London, 2009), 29。

126 Dietrich, *Die politischen Testamente*, 188; on ‘powerlessness’, see also Johann Gustav Droysen, *Der Staat des großen Kurfürsten* (Geschichte der preussischen Politik, pt. 3), 3 vols. (Leipzig, 1870–71), 2:370, Philippson, *Der Große Kurfürst*, 2:238, Albert Waddington, *Histoire de Prusse*, 2 vols. (Paris, 1922), 1:484.

127 Vera Keller, *Knowledge and Public Interest, 1575–1725* (Cambridge, 2015), 4, 8, passim.

128 Burke, ‘Foreword’, ix–xx.

129 J.G.A. Pocock, *Virtue, Commerce, and History. Essays on Political Thought and History, Chiefly in the Eighteenth Century* (Cambridge, 1985), 92–93.

130 Andrea Brady and Emily Butterworth, ‘Introduction’, in Brady and Butterworth, *Uses of the Future*, 1–18.

131 我在这里使用的“历史文化”，来自伍尔夫的定义：“是对过去、现在和未来之间关系的概念和认知矩阵的一种方便的缩写，这种矩阵产生、培养并反过来受到那个时代的正式历史写作的影响。”see D. R. Woolf,

'Little Crosby and the Horizons of Early Modern Historical Culture', in Donald R. Kelley and David Harris Sacks (eds.), *The Historical Imagination in Early Modern Britain. History, Rhetoric and Fiction, 1500–1800* (Cambridge, 1997), 93–132, here 94.

132 Juan de Mariana, *The General History of Spain from the First Peopling of It by Tubal, till the Death of King Ferdinand, Who United the Crowns of Castile and Aragon: with a Continuation to the Death of King Philip III [. . .], to Which Are Added, Two Supplements, the First by F. Ferdinand Camargo y Salcedo, the Other by F. Basil Varen de Soto, Bringing It Down to the Present Reign*, trans. Capt. John Stevens. (London, 1699), passim, but see as an example 299–300，其中，国王的战争被描述为统治者的虚荣心和野心给普通民众带来的祸害。

133 因此，马里亚纳指责菲利普二世在 1568 年处决埃格蒙特伯爵和霍恩伯爵，挑起了低地国家的叛乱，认为如果采取更多的和解政策，就能防止叛乱。

134 On these features of Mariana's political thought, see Harald Braun, *Juan de Mariana and Early Modern Spanish Political Thought* (Aldershot, 2007).

135 Chantal Grell, *L'histoire entre erudition et Philosophie. Étude sur la connaissance historique a l'âge des Lumières* (Paris, 1993), 35, 195, 210, 212, 217; on the resistance of the early modern 'history of France' to mutations, see Philippe Ariès, *Le Temps de l'histoire*, 2nd ed. (Paris, 1986), 135–38, and Orest Ranum, *Artisans of Glory. Writers and Historical Thought in Seventeenth-Century France* (Chapel Hill, NC, 1980), 15–16; Michel Tyvaert, 'L'image du Roi: Legitimité et moralité rolales dans les histoires de France au XVIIe siècle', *Revue d'histoire modern et contemporaine* 21 (1974), 521–47.

136 Grell, *L'histoire entre erudition et Philosophie*, 35. Grell singles out Guyonnet de Vertron, *Parallèle de Louis le Grand avec les princes qui ont été surnommés Grands, dédié à Monseigneur le Dauphin* (Paris, 1685), for declaring that the magnificent attributes of Louis XIV have rendered all previous models of virtue (including Hercules) obsolete, 50–52.

137 Tony Claydon, 'Time and the Revolution of 1688/89' (paper, Workshop on

History and Temporality, St Catharine's College, Cambridge, 27 May 2016); Richard S. Kay, *The Glorious Revolution and the Continuity of Law* (Washington, DC, 2014), 279.

138 There are now many studies pressing the case for the special status of early modern temporalities, some of which have been cited in this chapter; for a penetrating discussion of the issues, see Peter Burke, 'Exemplarity and Anti-exemplarity in Early Modern Europe', in A. Lianeri (ed.), *The Western Time of Ancient History: Historiographical Encounters with the Greek and Roman Pasts* (Cambridge, 2011), 48–59.

139 See Milos Vec, *Zeremonialwissenschaft im Fürstenstaat. Studien zur juristischen und politischen Theorie absolutistischer Herrshchaftspräsentation* (Frankfurt/Main, 1998); Jörg Jochen Berns, 'Der nackte Monarch und die nackte Wahrheit. Auskünfte der deutschen Zeitungs-und Zeremoniellschriften des apäten 17. und frühen 18. Jahrhunderts zum Verhältnis von Hof und Öfentlichkeit', *Daphnis* 11 (1982), 315–45; Berns, 'Die Festkultur der deutschen Höfe zwischen 1580 und 1730. Eine Problemskizze in typologischer Absicht', *Germanisch-romanische Monatsschrift* 65 (1984), 295–311.

140 Werner, Brandenburg resident in Warsaw, Report of 10 June 1700, in Max Lehmann, *Preussen und die katholische Kirche seit 1640*, 9 vols. (Leipzig, 1878–1902), 1:465.

141 Father Vota to the Elector of Brandenburg, in Lehmann, *Preussen und die katholische Kirche*, 1:468.

142 Johann von Besser, *Preussische Krönungsgeschichte oder Verlauf der Ceremonien auf welchen Der Allerdurchlauchtigste Großmächtigste Fürst und Herr Friderich der Dritte—die königliche Würde des von Ihm gestifteten Königreichs preußen angenommen und sich und seine Gemahlin . . . durch die Salbung als König und Königin einweihen lassen* (Cölln/Spree, 1702), 19.

143 The discovery was said to have been made by Werner, the Prussian representative in Warsaw; see Father Vota to Elector of Brandenburg, Warsaw, 15 May 1700, in Lehmann, *Preussen und die katholische Kirche*, 1:463.

144 Besser, *Preussische Krönungsgeschichte*, 3, 6.

145 Johann Christian Lünig, *Theatrum ceremoniale historico-politicum oder historisch-politischer Schau-Platz aller Ceremonien etc.*, 2 vols. (Leipzig, 1719–20), 2:100, 96. On the importance of the king's self-unction, see Hans Liermann, 'Sakralrecht des protestantischen Herrschers', *Zeitschrift der Savigny-Stiftung für Rechtsgeschichte* 61 (1941), 311–83, esp. 333–69.

第二章

1 On the relationship between Bach and Frederick II, see Leta E. Miller, 'C.P .E. Bach's Sonatas for Solo Flute', *Journal of Musicology* 11.2 (1993), 203–49。对国王和他的音乐的这些思考，要归功于与凯特·克拉克的对话，她是历史长笛教师，也是海牙皇家音乐学院早期音乐系的讲师；关于宽茨在宫廷中音乐上的优势地位，见 Tim Blanning, *Frederick the Great. King of Prussia* (London, 2015), 150–52。

2 Charles Burney, *The Present State of Music in Germany, the Netherlands and United Provinces Or: The Journal of a Tour through Those Countries, Undertaken to Collect Materials for a General History of Music*, 2 vols. (London, 1773; repr., London 2008), 2:150–51.

3 On the king's attitude to Bach, see Blanning, *Frederick the Great*, 157–59.

4 Vanessa Agnew, *Enlightenment Orpheus: The Power of Music in Other Worlds* (Oxford, 2008), esp. 59.

5 On Frederick's relationship with the Berlin court, see Thomas Biskup, 'Eines "Grossen" würdig? Hof und Zeremoniell bei Friedrich II.', in *Friederisiko—Friedrich der Große. Die Essays* (Munich, 2012), 96–113; Biskup, *Friedrichs Größe. Inszenierungen des Preußenkönigs in Fest und Zeremoniell 1740–1815* (Frankfurt/Main, 2012); Biskup, 'Höfisches Retablissement: Der Hof Friedrichs des Großen nach 1763', in Michael Kaiser and Jürgen Luh (eds.), *Friedrich der Große—eine perspektivische Bestandsaufnahme. Beiträge des ersten Colloquiums in der Reihe "Friedrich300"*, http://www.perspectivia.net/publikationen/friedrich300-colloquien/friedrich-bestandsaufnahme/

biskup_retablissement.

6 《七年战争史》写于1763—1764年，其中包括一篇关于西里西亚和“七年战争”之间的和平年代的介绍。1775年，弗里德里希完成了从《胡贝图斯堡和约》（1763）到第一次瓜分波兰结束（1775）的事件概述；这部分随后被重写，并于1774—1784年和巴伐利亚王位继承战争（1778）的文本片段相结合。1784年产生的另一个文本片段涵盖了自《特申和约》（1779）以来勃兰登堡-普鲁士的历史。本章中讨论的弗里德里希二世的关键作品包括 'Histoire de mon temps' (1746 and 1775), in Johann D. E. Preuss (ed.), *Œuvres de Frédéric le Grand*, 30 vols. (Berlin, 1846–56), 2:v–160 and 3:1–240; 'Histoire de le Guerre de Sept Ans', in Preuss, *Œuvres*, 4:v–296 and 5:1–264; 'Memoires depuis da Paix de Hubertsbourg 1763, jusqu'à la fin du partage de la Pologne', in Preuss, *Œuvres*, 6:1–123; 'De ce qui s'est passé de plus important depuis l'année 1774 jusqu'à l'année 1778', in Preuss, *Œuvres*, 6:125–49; 'Memoires de la guerre de 1778', in Preuss, *Œuvres*, 6:151–201; 'Réflexions sur les talents militaires de Charles XII, roi de Suède', in Preuss, *Œuvres*, 7:79–101; 'De le literature Allemande, des defauts qu'on peut lui reprocher, quelles en sont les causes et par quels moyens on peut les corriger', in Preuss, *Œuvres*, 7:103–40; 'Avant-propos de l'extrait du dictionnaire historique et critique de Bayle', in Preuss, *Œuvres*, 7:141–47; 'Avant-propos de l'abrégé de l'histoire écclésiastique de Fleury', in Preuss, *Œuvres*, 7:149–64; 'L'Antimachiavel, ou examen du prince de Machiavel', in Preuss, *Œuvres*, 8:65–184; 'Réfutation du prince de Machiavel' (a reworked version of the same text), in Preuss, *Œuvres*, 8:185–336; 'Ode sur la gloire', in Preuss, *Œuvres*, 11:98–101; and 'Ode sur le temps', in Preuss, *Œuvres*, 12:1–3。

7 On Frederick's research methods and ambition to create an overarching work of narrative interpetation, see the essay 'Die historischen Werke' in Gustav Berthold Volz (ed.), *Die Werke Friedrichs des Grossen in deutscher Übersetzung*, 10 vols. (Berlin, 1913), vol. 1, 'Denkwürdigkeiten zur Geschichte des Hauses Brandenburg', trans. Friedrich von Oppeln-Bronikowski, Willi Rath, and Carl Werner von Jordans, v–xii, here vii; Max Posner, 'Zur literarischen Thätigkeit Friedrichs des Grossen. Erörterungen und Actenstücke', in Königliche

Preussische Archiv-Verwaltung (ed.), *Miscellaneen zur Geschichte König Friedrich des Grossen* (Berlin, 1878), 205–494, esp. 217, 227–28, 236, passim; for an important recent discussion, see Michael Knobloch, ' "Handlanger der Geschichtsschreibung" . Friedrich II. Als Rezipient historischer Werke zur brandenburgischen Geschichte', in Brunhilde Wehinger and Günther Lottes (eds.), *Friedrich der Große als Leser* (Berlin, 2012), 43–70.

8 'Die staatliche Existenz Preußens und den eigenen Standort näher zu bestimmen'; see Wilfried Herderhorst, *Zur Geschichtsschreibung Friedrichs des Großen*, Historisch-Politische Hefte der Ranke-Gesellschaft, 10 (Göttingen, 1962), 5.

9 Frederick II, Avant-Propos (1748) to the 'Mémoires pour servir à l'histoire de la maison de Brandebourg', in Preuss, *Œuvres*, 1:xliii–xliv, here xliii; on the relationship between the mid-eighteenth-century natural sciences and history, see Peter Hanns Reill, 'Die Historisierung von Natur und Mensch. Der Zusammenhang von Naturwissenschaften und historischem Denken im Entstehungsprozess der modernen Naturwissenschaften', in Küttler, Rüsen, and Schulin, *Geschichtsdiskurs*, 2:48–61, esp. 49–51, 58–59.

10 Frederick II, 'Discours Préliminaire' (1751), in Preuss, *OEuvres*, 1:xlv–lii, here xlv.

11 Ibid., 1:xlvii.

12 On the danger of reading Frederick's literary and political texts as 'Bekenntnisschriften' that express an inner state of mind in a straightforward way, see Andreas Pečar, 'Friedrich der Große als Autor. Plädoyer für eine adressatenorientierte Lektüre seiner Schriften', in Stiftung Preussische Schlösser und Gärten (ed.), *Friedrich300*, www.perspectivia.net/content/publikationen/friedrich300-colloquien/friedrich-bestandsaufnahme/pecar_autor/.

13 Frederick II, 'Histoire de mon temps', 'Avant-Propos' (1746), in Preuss, *Œuvres*, 2:v–xii, here vii.

14 Frederick II, 'Histoire de mon temps', 'Avant-Propos' (1775), in Preuss, *Œuvres*, 3:xiii–xxiv, here xvii.

15 See, for example, Frederick II, 'Histoire de mon temps', 'Avant-Propos'

(1746), in Preuss, *Œuvres*, 2:vii.

16 See Michael Rohrschneider, 'Friedrich der Grosse als Historiograph des Hauses Brandenburg. Herrscherideal, Selbststilisierung und Rechtfertigungstendenzen in den Mémoiren pour servir à l'histoire de la maison de Brandebourg', *Forschungen zur Brandenburgischen und Preußischen Geschichte* 17 (2007), 103–21; for discussions emphasising the reflective function of the historical texts, see also Herderhorst, *Zur Geschichtsschreibung*, 12–13 and 31; Horst Möller, 'Friedrich der Große und der Geist seiner Zeit', in Johannes Kunisch (ed.), *Analecta Fridericiana* (= Zeitschrift für historische Forschung Beih. 4) (Berlin, 1987), 55–74, esp. 61.

17 Jürgen Luh, *Der Große. Friedrich II. von Preußen* (Munich, 2011); on Churchill's determination to do the same, see David Reynolds, *In Command of History. Churchill Fighting and Writing the Second World War* (London, 2005).

18 Frederick II, 'Histoire de mon temps', 'Avant-Propos' (1746), in Preuss, *Œuvres*, 2:vii.

19 Ibid., 2:vii.

20 Frederick II, 'Avant-Propos' (1748) to the 'Mémoires pour servir à l'histoire de la maison de Brandebourg', in Preuss, *Œuvres*, 1:xliii–xliv, here xliv.

21 Frederick II, 'Réflexions sur les talents militaries et sur le caractère de Charles XII, Roi de Suède', Preuss, *Œuvres*, 7:79–105, here 81; 'Histoire de mon temps', 'Avant-Propos' (1775), in Preuss, *OEuvres*, 2:xiv.

22 Frederick II, 'Avant-Propos' (1775), 'Histoire de mon temps', in Preuss, *Œuvres*, 2:xiv.

23 On this essay as an act of politico-military instruction, see Sven Externbrink, 'Der Feldherr als Historiker. Friedrich der Große und die Histoire de la guerre de Sept Ans', in Wehinger and Lottes, *Friedrich der Große als Leser*, 99–120.

24 See Ulrich Muhlack, 'Geschichte und Geschichtsschreibung bei Voltaire and Friedrich dem Grossen', in Johannes Kunisch (ed.), *Persönlichkeiten im Umkreis Friedrichs des Großen* (Cologne, 1988), S29–57.

25 Frederick II, 'Avant-Propos' (1775), 'Histoire de mon temps', in Preuss, *Œuvres*, 2:xv.

26 Frederick II, 'Avant-Propos', 'Histoire de le guerre de sept ans', Preuss, *Œuvres*, 4:v–xii, here xi.

27 Johannes Kunisch, *Friedrich der Grosse. Der König und Seine Zeit* (Munich, 2004), 65–68; see also Rohrschneider, 'Friedrich der Grosse', 105; on the impact of the dysfunctional relationship with his father on the king's psyche, see Blanning, *Frederick the Great*, xxi–xxiv, 25–45.

28 Pečar, 'Friedrich der Große als Autor', 20–21; for other readings of Frederick's writings as acts of propagandistic manipulation or tools of foreign policy, see Friedrich Meinecke, 'Des Kronprinzen Friedrich Considérations sur l'état présent du corps politique de l'Europe', in Meinecke, *Brandenburg—Preußen— Deutschland. Kleine Schriften zur Geschichte und Politik*, ed. Eberhard Kessel (= Werke 9; Stuttgart 1979), 174–200; Reinhold Koser, *Geschichte Friedrichs des Großen*, 4 vols. (repr., Darmstadt, 1963), 1:145–50.

29 On the quest for 'useful truth' (*vérités utiles*) as the defining characteristic of a 'philosophical' as opposed to a merely 'historical' history, see Voltaire, *Essai sur les mœurs et sur l'esprit des nations*, vol. 1, Introduction, https://fr.wikisource.org/wiki/Essai_sur_les_mœurs/Introduction; on Frederick's interest in Montesquieu, see Georg Küntzel, 'Der junge Friedrich und die Anfänge seiner Geschichtsschreibung', in Unnamed students and colleagues (eds.), *Festgabe Friedrich von Bezold dargebracht zum 70. Geburtstag* (Bonn, 1921), 234–49, here 241–44.

30 For a fuller discussion of the relationship between the Mémoires and the Siècle, see Muhlack, 'Geschichte und Geschichtsschreibung', passim; Muhlack, *Geschichtswissenschaft im Humanismus und in der Aufklärung. Die Vorgeschichte des Historismus* (Munich, 1991), 258–68.

31 Möller, 'Friedrich der Große', 58; on the historical sensibility of the Prussian Enlightenment, see also Matt Erlin, *Berlin's Forgotten Future. City, History, and Enlightenment in Eighteenth-Century Germany* (Chapel Hill, NC, 2004).

32 Johann Martin Chladenius, *Einleitung zur richtigen Auslegung vernünftiger Schriften und Reden*, ed. Lutz Goldsetzer ([1742] Düsseldorf, 1969), 195; see also Frederick Beiser, *The German Historicist Tradition* (Oxford,

2011), 29, 40, 47–54； on enlightened perspective awareness in general, see Reinhard Koselleck, 'Standortbindung und Zeitlichkeit: Ein Beitrag zur historischen Eschließung der geschichtlichen Welt', in Koselleck, *Vergangene Zukunft*, 178–88。

33 Frederick II, 'Mémoires pour servir', Preuss, *Œuvres*, 1:241.

34 Frederick II, 'Avant-Propos de l'abrégé de l'Histoire écclésiastique de Fleury', Preuss, *Œuvres*, 7:149–64, here 151–53; for Preuss's comments on the publication and impact of this work, see his 'Avertissment', xiv–xv. David Friedrich Strauss would later incorporate the same line of argument into his critique of 'myth' in *Das Leben Jesu kritisch bearbeitet*, 2 vols. (Tübingen, 1835), 1:173–77.

35 Frederick II, 'Mémoires pour servir', Preuss, *Œuvres*, 1:14.

36 Ibid., 1:244.

37 Frederick II, 'Discours Preliminaire' (1751), Mémoires, Preuss, *Œuvres*, 1: xlv–lii, here xlvii–xlviii. On Christoph Hartknoch (1644–87), author of celebrated histories of Prussia (meaning Ducal and Royal Prussia), see below.

38 Frederick II, 'Des moeurs, des coutumes, de l'industrie, des progrès de l'esprit humain dans les arts et dans les sciences' (supplementary chapter of Mémoires), in Preuss, *Œuvres*, 1:264.

39 On the disregard for Pufendorf, see Notker Hammerstein, 'Reichshistorie', in Hans Erich Bödeker, Georg G. Iggers, Jonathan B. Knudsen, and Peter H. Reill (eds.), *Aufklärung und Geschichte. Studien zur deutschen Geschichtswissenschaft im 18. Jahrhundert* (Göttingen, 1986), 82–104; on the valorisation of philosophical history and the denigration of 'erudition', see Henning Wrede, 'Die Entstehung der Archäologie und des Einsetzen der neuzeitlichen Geschichtsbetrachtung', in Küttler, Rüsen, and Schulin, *Geschichtsdiskurs*, 2:95–119, 99; Ursula Goldenmann, 'Die philosophische Methodendiskussion des 17. Jahrhunderts in ihrer Bedeutung für den Mondernisierungsschub in der Historiographie', in Küttler, Rüsen, and Schulin, *Geschichtsdiskurs*, 2:148–61, here 148–49.

40 Posner, 'Zur literarischen Thätigkeit Friedrichs des Grossen', 238–39；弗里

德里希撰写《回忆录》时，哈特克诺赫的作品中有德语版本的包括：*Preussische Kirchen-historia: darinnen von Einführung der christlichen Religion in diese Lande / wie auch von der Conservation, Fortpflantzung / Reformation und dem heutigen Zustande derselben Ausführlich gehandelt wird. Nebst vielen denckwürdigen Begebenheiten . . . aus vielen gedruckten und geschriebenen Documenten* (Frankfurt/Main and Leipzig, 1686) and *Alt- und Neues Preussen Oder Preussischer Historien Zwey Theile* (Frankfurt/ Main and Leipzig, 1684)。

41 Loccelius, *Marchia Illustrata*, 609, 611, 635, 639, 647, 702, 711, 753, 762, 808, 846–49, 861.

42 Jaroslav Miller, *Urban Societies in East Central Europe, 1500–1700*, 2nd ed. (Abingdon, 2016), 167; on Hartknoch as a historian and propagandist of Prussian liberty, see Karin Friedrich, *The Other Prussia. Royal Prussia, Poland and Liberty, 1569–1772* (Cambridge, 2000), esp. 103–5.

43 Hartknoch, *Alt-und Neues Preussen*, pt. 1, 232.

44 Ibid., pt. 1, 238.

45 Ibid., pt. 2, 309–12, 314–15, passim.

46 See Friedrich, *Other Prussia*, 51, 70, 79.

47 Frederick II, 'Du Gouvernement ancien et moderne de Brandebourg', supplementary chapter to Mémoires, in Preuss, *Œuvres*, 1:275–76.

48 甚至伏尔泰也因国王对施瓦岑贝格的描述的敌意而震惊，他觉得文中提供的证据不足以证明这一点；参见 the transcription of Voltaire's notes on Frederick's *Mémoires* in Posner, 'Zur literarischen Thätigkeit Friedrich des Grossen', 273。

49 See, for example, Hartknoch, *Alt-und Neues Preussen*, esp. the chapter titled 'Von der Republic und Regierungs-Art der Lande Preussen', 601–65, which traces the history of the lands of Ducal and Royal Prussia as a history of political argument and competing corporate interests.

50 Voltaire, *Henriade. An Epick Poem in Ten Cantos*, trans. anon. (London, 1732), canto 6, 120; see also canto 3, 61; on Frederick's admiration for this and other works by Voltaire, see Blanning, *Frederick the Great*, 119–20, 329–30.

51 Voltaire, *Le Siècle de Louis XIV* (London, 1752), vol. 1, introduction, 4, and see also 319:'plus le service en tout genre prévaut sur les titres, plus un état est florissant'.

52 On 'corporate latency', see Wolfgang Neugebauer, *Politischer Wandel im Osten. Ost-und Westpreussen von den alten Ständen zum Konstitu-tionalismus* (Stuttgart, 1992), 65–86。

53 Hanna Schissler, *Preussische Agrargesellschaft im Wandel. Wirtshcaftliche, gesellschaftliche und politische Transformationsprozesse von 1763 bis 1847* (Göttingen, 1978), 217; Johannes Ziekursch, *Hundert Jahre Schlesischer Agrargeschichte* (Breslau, 1915), 23–26; Robert Berdahl, *The Politics of the Prussian Nobility. The Development of a Conservative Ideology 1770–1848* (Princeton, NJ, 1988), 80–85; on the presence of non-noble landowners in the district assemblies (Kreistage) of the Mark Brandenburg, see Klaus Vetter, 'Zusammensetzung, Function und politische Bedeutung der kurmärkischen Kreistage im 18. Jh', *Jahrbuch für die Geschichte des Feudalismus* 3 (1979), 393–416; Peter Baumgart, 'Zur Geschichte der kurmärkischen Stände im 17. und 18. Jh', in Dieter Gerhard (ed.), *Ständische Vertretungen in Europe im 17. u. 18. Jahrhundert* (Göttingen, 1969), 131–61.

54 T.C.W. Blanning, 'Frederick the Great', in H. M. Scott, ed., *Enlightened Absolutism* (Basingstoke, 1990), 265–88.

55 On the king's awareness of his aristocratic corporate status, see Luh, *Der Große*, 170–74.

56 Gustavo Corni, *Stato assoluto e società agraria in Prussia nell'età di Federico II* (=Annali dell'Istituto storico italo-germanico, 4; Bologna, 1982), 283–84, 288, 292, 299–300.

57 Edgar Melton, 'The Prussian Junkers, 1600–1786', in H. M. Scott (ed.), *The European Nobilities in the Seventeenth and Eighteenth Centuries*, 2 vols. (London 1995), vol. 2, Northern, Central and Eastern Europe, 71–109, here 72; Hanna Schissler, 'The Junkers: Notes on the Social and Historical Significance of the Agrarian Elite in Prussia', in Robert G. Moeller (ed.), *Peasants and Lords in Modern Germany. Recent Studies in Agricultural*

History (Boston, 1986), 24–51; Berdahl, *Politics*, 79; Schissler, *Preussische Agrargesellschaft*, esp. 217.

58 Frederick II, 'Mémoires depuis la paix de Hubertusbourg 1763, jusqu'à la fin du partage de la Pologne, 1775', in Preuss, *Œuvres*, 6:90.

59 On the 'second reign', see H. M. Scott, '1763–1786: The Second Reign of Frederick the Great', in Philip Dwyer (ed.), *The Rise of Prussia 1700–1830* (London, 2000), 177–200.

60 Frederick II, 'Lettres sur l'amour de la patrie, ou correspondence d'Anapistémon et de Philopatros', in Preuss, *Œuvres*, 9:241–78, here 246–47.

61 This passage is discussed in Adolf Dock, *Der Souveränetätsbegriff von Bodin bis zu Friedrich dem Grossen* (Strasbourg, 1897), 148.

62 'Dans tous le recueils immenses qu'on ne peut embrasser, il faut se borner et choisir. C'est un vaste magasin où vous prendrez ce qui est à votre usage'. Voltaire, *Essai sur les moeurs et l'esprit des nations et sur les principaux faits de l'histoire depuis Charlemagne jusqu'à Louis XIII*, ed. René Pomeau, 2 vols. (Paris, 1963), 1:196.

63 Frederick II, Mémoires, in Preuss, *Œuvres*, 1:244.

64 Muhlack, *Geschichtswissenschaft im Humanismus und in der Aufklärung*, 266–67.

65 Schindele, 'Friedrich der Große über den Staat', in *Abhandlungen aus dem Gebiete der Philosophie und ihrer Geschichte. Eine Festgabe zum 70. Geburtstag Georg Freiherrn von Hertling* (Freiburg i. Breisgau, 1913), 289–308, here 291–92.

66 Frederick II, 'Mémoires pour servir', Preuss, *Œuvres*, 1:272.

67 Frederick II, 'Histoire de mon temps', in Preuss, *Œuvres*, 2:38.

68 Frederick II, 'Mémoires pour servir', in Preuss, *Œuvres*, 1:272–73.

69 Frederick II, *The Refutation of Machiavelli's Prince, or: Anti-Machiavel*, ed. and trans. Paul Sonnino (Athens, OH, 1981), 40.

70 Ibid., 41.

71 Ibid., 43.

72 Ibid., 4-5.

73 Frederick II, 'Instruction for Major Count Borcke (24 September 1751)', in Preuss, *Œuvres*, 9:35–40, here 37.

74 Frederick II, *Der Antimachiavell*, 47.

75 Ibid., 38.

76 Frederick II, 'The Political Testament of 1752', in Adolph von Menze (ed.), *Die Werke Friedrichs des Großen in deutscher Übersetzung*, 10 vols. (1913), in Gustav Berthold Volz (ed.), vol. 7, *Antimachiavell und Testamente*, trans. Eberhard König, Friedrich v. Oppeln Bronikowski, and Willy Rath (Berlin, 1913), 136, 137, 138, 140.

77 Ibid., 153.

78 Ibid., 160.

79 Ibid., 161.

80 Ibid., 165.

81 Norman Bryson, 'Watteau and "Reverie" : A Case Test in "Combined Analysis" ', *Eighteenth Century* 22 (1981), 97–126, here 109.

82 On Frederick's acquisition of this painting and its place in his collections, see Stiftung Preussischer Schlösser und Gärten (ed.), *Bestandskataloge der Kunstsammlungen. Französische Gemälde I. Watteau, Pater, Lancret, Lajoue* (Berlin, 2011), 702–8 and 754.

83 René Huyghe, 'L'Univers de Watteau', in Hélène Adhémar, *Watteau: sa vie, son œuvre. Catalogue des peintures et illustration* (Paris, 1950), 1–46, here 1.

84 Anne Claude Caylus, *La Vie de Antoine Watteau par le Comte de Caylus, publiée pour la première fois d'après l'autographe*, ed. Charles Henry (Paris, 1887), 41–42.

85 Thomas M. Kavanagh, *Esthetics of the Moment. Literature and Art in the French Enlightenment* (Philadelphia, 1996) 169.

86 Frederick to Jordan, 2 February 1742, in Johann D. E. Preuss (ed.), *Oeuvres de Frédéric le Grand*, 31 vols. (1846–56), 17:163, http://friedrich.uni-trier.de/oeuvres/17/163/text/.

87 Frederick, poem sent to Jordan, July 1742 in Preuss, *Oeuvres*, vol. 18, Correspondance de Frédéric avec le comte Algarott, 58, http://friedrich.unitrier.de/

de/oeuvres/18/58/text/：你的灵魂把我带往画廊 / 在那里，最珍贵的画作 / 迷人的景象不停变幻 / 其中最后那些是最美丽的 / 在那里，科雷吉欧与普桑挥洒他们的才华 / 连同朗克雷与华托的一起。On Frederick's ode to the orgasm, see Vanessa de Senarclens, 'Friedrichs Schossgebet', *Die Zeit*, 15 September 2011, 21; also Blanning, *Frederick the Great*, 68–69.

88 Frederick to Amélie of Prussia, Meissen, 15 April 1761, in Frederick the Great et al., *Politische Korrespondenz Friedrich's des Großen*, ed. Johann Gustav Droysen et al., 40 vols. (Berlin, 1879–1939), 20:336–37, http://friedrich.uni-trier.de/de/politKorr/20/336/text/.

89 Astrid Dostert, 'Friedrich der Große als Sammler antiker Skulptur', in Stiftung Preussische Schlösser und Gärten (ed.), *Friedrich300*, http://www.perspectivia.net/content/publikationen/friedrich300-colloquien/friedrich-bestandsaufnahme/pecar_autor/; on the evolution of Frederick's collection, and his insistence that it be made known to the public, see Blanning, *Frederick the Great*, 170–73.

90 On the king's continuing interest in paintings in the *fêtes galantes* tradition, even after the Seven Years' War and their prominence in his private rooms, see Christoph Martin Vogtherr, 'Friedrich II als Sammler von Fêtes galantes. Zur Geschichte der Sammlung im 18. Jahrhundert', in Stiftung Preussischer Schlösser und Gärten, *Bestandskataloge der Kunstsammlungen*, 3–20, here 8, 12–15.

91 Vogtherr, 'Friedrich II als Sammler', 15.

92 Frederick II, 'Ode sur le Temps', in Preuss, *Œuvres*, 12:1–3.

93 Record of a conversation in May 1758, in Henri de Catt, *Unterhaltungen mit Friedrich dem Großen, ed. Reinhold Koser* (Leipzig, 1884), 60–61.

94 Conversation of April–June 1760, in Catt, *Unterhaltungen*, 314.

95 Gregor Vogt-Spira, 'Das antike Rom im geistigen Haushalt eines Königs', in Bernd Sösemann and Gregor Vogt-Spira (eds.), *Friedrich der Grosse in Europa. Geschichte einer wechselvollen Beziehung*, 2 vols. (Frankfurt, 2012), 1:128–29.

96 Friedrich to Voltaire, 7 April 1737; Voltaire to Frederick, 27 May 1737;

Friedrich to Voltaire, 6 July 1737, in Reinhold Koser and Hans Droysen (eds.), *Briefwechsel Friedrichs des Großen mit Voltaire*, 3 vols. (Leipzig, 1908–11), 1:49, 61–64, 67–68.

97 Frederick to Grumbkow, 26 January 1732, cited in Ulrich Sachse, 'Groß im Tod sein. Friedrichs des Großen erste Verfügung zur Inszenierung seines Nachlebens', in Stiftung Preussische Schlösser und Gärten (ed.), *Friedrich 300*, http://www.perspectivia.net/content/publikationen/friedrich300-colloquien/friedrichbestandsaufnahme/pecar_autor; see also Ullrich Sachse, *Cäsar in Sanssouci. Die Politik Friedrichs des Großen und die Antike* (Munich, 2008), esp. 191–221.

98 Blanning, *Frederick the Great*, 444.

99 Frederick II to Cabinet Minister von Podewils, March 1741, in Volz, *Antimachiavell und Testamente* [= vol. 7 of Menze, *Die Werke Friedrichs des Großen*], 237.

100 Andreas Pečar, 'Regelbruch als Markenzeichen', in Stiftung Preussische Schlösser und Gärten (ed.), *Friedrich300*, http://www.perspectivia.net/publikationen/friedrich300-colloquien/friedrich_repraesentation/pecar_regelbruch/#sdfootnote1anc.

101 Horace, *Carmina*, 2.6 (my translation): ver ubi longum tepidasque praebet / Iuppiter brumas et amicus Aulon / fertili Baccho minimum Falernis / invidet uvis Ille te mecum locus et beatae / postulant arces: ibi tu calentem / debita sparges lacrima favillam / vatis amici. On the relevance of this passage to Frederick's burial plans, see Sachse, 'Groß im Tod sein'. On Horace as one of Frederick's favourite authors, see Blanning, *Frederick the Great*, 50.

102 Luh, *Der Große*, passim.

103 Frederick II, Ode sur la Gloire (1734), in Preuss, *Œuvres*, 11:98–101, here 98 and 100.

104 Ibid., 100.

105 Pečar, 'Regelbruch als Markenzeichen'.

106 Friedrich Nicolai, *Anekdoten von König Friedrich dem Zweiten von Preußen* (Berlin and Stettin, 1788–92; repr., Hildesheim, 1985) (= Friedrich Nicolai,

Gesammelte Werke, ed. Bernhard Fabian and Marie-Luise Spieckermann, vol. 7 [Hildesheim, 1985]), i–xvii.

107 On these aspects of anecdote more generally, see Volker Weber, *Anekdote. Die andere Geschichte. Erscheinungsformen der Anekdote in der deutschen Literatur, Geschichtsschreibung und Philosophie* (Tübingen, 1993), 25, 48, 59, 60, 62–65, 66.

108 Judith Butler, *The Psychic Life of Power* (Stanford, CA, 1997), 2.

109 For analogical reflections on the oedipal dimension of power in the writings of Kafka, see Gilles Deleuze and Félix Guattari, *Kafka: Pour une littérature mineure* (Paris, 1975).

110 无忧宫园林西端的友谊神庙装饰着古典时代的情侣雕像：俄瑞斯忒斯和皮拉德斯、尼斯和欧律阿鲁斯、赫拉克勒斯和菲罗克忒忒斯、忒修斯和庇里托俄斯；关于国王周围的艺术作品和雕像中的同性恋主题，见Blanning, *Frederick the Great*, 175–80。

111 David Shuttleton, 'The Queer Politics of Gay Pastoral', in Richard Phillips, Diane Watt, and David Shuttleton (eds.), *De-centring Sexualities: Politics and Representations beyond the Metropolis* (London, 2000), 125–46, here 128; Byrne Fone, 'This Other Eden: Arcadia and the Homosexual Imagination', *Journal of Homsexuality* 8 (1983), 13–34;for an overview of texts in this tradition, see Rictor Norton, 'The Homosexual Pastoral Tradition', http://rictornorton.co.uk/pastor01.htm。

112 On 'queer temporality' more generally, see Jodie Taylor, 'Queer Temporalities and the Significance of "Music Scene" Participation in the Social Identity of Middle-Aged Queers', *Sociology* 44 (2010), 893–907, here 894; Judith Halberstam, *In a Queer Time and Place. Transgender Bodies, Subcultural Lives* (New York, 2005), esp. chap. 1, 1–21; Carolyn Dinshaw, Lee Edelman, Roderick A. Ferguson, Carla Freccero, Elizabeth Freeman, Judith Halberstam, Annamarie Jagose, Christopher Nealon, and Nguyen Tan Hoang, 'Theorizing Queer Temporalities: A Roundtable Discussion', https://blogs.commons.georgetown.edu/modernities-working-group/files/2015/08/TheorizingQueerTemporalities GLQ.pdf.

113 On the contrast between the developmental character of domestic political narratives and the 'sameness and repetition' characteristic of realist understandings of international relations, see Kimberly Hutchings, *Time and World Politics. Thinking the Present* (Manchester, 2008), 13.

114 Muhlack, *Geschichtswissenschaft im Humanismus und in der Aufklärung*, 268.

115 Frederick II, 'Histoire de mon temps', Preuss, *Œuvres*, 2:20.

116 Ibid., 2:29，其中讨论的君主被错认为奥古斯特二世；German trans. in Volz, Werke Friedrichs, 2:37。

第三章

1 Bismarck to Luitgard von Puttkamer, 5 February 1852, cited in Hans Rothfels (ed.), *Bismarck-Briefe* (Göttingen, 1955), 163-165, here 165.

2 For a lyrical discussion of this theme, see Pflanze's reflection on 'The Stream of Time' in Otto Pflanze, *Bismarck and the Development of Germany. The Period of Unification, 1815–1871* (Princeton, NJ, 1963), 17–48; for a list of passages in which Bismarck employs the stream of time metaphor, see Hellmut Seier, 'Bismarck und der "Strom der Zeit". Drei neue Biographien und ein Tagungsband', *Historische Zeitschrift* 256.3 (1993), 689–709. For the contemporary resonance of the metaphor, see, for example, the best-selling digest by Fedor von Köppen, *Fürst Bismarck, der Deutsche Reichskanzler* (Berlin and Heidelberg, 1889), the eighth chapter of which, dedicated to the year revolution, bears the title 'Im Strom der Zeit'.

3 'Die Geschichte ist dann nicht mehr bloß eine Beispielsammlung, sondern der einzige Weg zur wahren Erkenntnis unseres eigenen Zustandes'. Friedrich Carl von Savigny, 'Über den Zweck dieser Zeitschrift', *Zeitschrift für geschichtliche Rechtswissenschaft* 1 (1815), 4, http://www.gleichsatz.de/b-u-t/can/rec/savigny.html.

4 Leopold von Ranke, *Geschichte und Politik. Friedrich der Große, Politisches Gespräch und andere Meisterschriften*, ed. Hans Hofmann (Leipzig, 1868),

136–37.

5 兰克认为，尽管他坚持个人和特殊性的中心地位，但历史学家必须始终把握“在特定中存在的普遍性”，参见 Beiser, *German Historicist Tradition*, 260。

6 Beiser, *German Historicist Tradition*, 2.

7 Ernst Troeltsch, *Der Historismus und seine Probleme. Erstes Buch: Das logische Problem der Geschichtsphilosophie (1922)*, ed. Friedrich Wilhelm Graf (Berlin, 2008), 228.

8 *Zwischen Berlin und Rom*, satirical engraving by Wilhelm Scholz in *Kladderadatsch*, 16 May 1875, 92. 请注意，画家可能无意中犯了错，颠倒了棋盘上黑白方块的排布（双方最左边的方块都应该是黑色的）。

9 Margaret Connolly, ‘Chaucer and Chess’, *Chaucer Review* 29.1 (1994), 40–44, here 43; Mark N. Taylor, ‘Chaucer’s Knowledge of Chess’, *Chaucer Review* 38.4 (2004), 299–313, esp. 299–301 and 304–5; Guillemette Bolens and Paul Beckman Taylor, ‘The Game of Chess in Chaucer’s “Book of the Duchess” ’, *Chaucer Review* 32.4 (1988), 325–34.

10 William Poole, ‘False Play: Shakespeare and Chess’, *Shakespeare Quarterly* 55.1 (2004), 50–70, here 50–51, 53; on chess as an accoutrement of courtly culture, see also Olivia Remie Constable, ‘Chess and Courtly Culture in Medieval Castile: The “Libro de ajedrez” of Alfonso X, el Sabio’, *Speculum* 82.2 (2007), 301–47. For an overview, see Jenny Adams, *Power Play. The Literature and Politics of Chess in the Late Middle Ages* (Philadelphia, 2006).

11 On the sixteenth-and seventeenth-century meanings of chess, see Robin O’Bryan, ‘A Duke, a Dwarf and a Game of Chess’, *Source: Notes in the History of Art* 34.2 (2015), 27–33; Richard A. Davies and Alan R. Young, ‘ “Strange Cunning” in Thomas Middleton’s *A Game at Chess*’, *University of Toronto Quarterly* 45.3 (1976), 236–45; Paul Yachnin, ‘*A Game at Chess* and Chess Allegory’, *Studies in English Literature, 1500–1900* 22.2 (1982), 317–30; Neil Taylor and Brian Loughrey, ‘Middleton’s Chess Strategies in *Women Beware Women*’, *Studies in English Literature, 1500–1900* 24.2

(1984), 341–54; Margot Heinemann, 'Middleton's "A Game at Chess" : Parliamentary-Puritans and Opposition Drama', *English Literary Renaissance* 5.2 (1975), 232–50; on nineteenth-century resonances of the game, William Hauptman, 'Thomas Eakins's *The Chess Players* Replayed', *Metropolitan Museum Journal* 47.1 (2012), 149–68, esp. 158–59; Michael Clapper, 'Thomas Eakins and *The Chess Players*', *American Art* 24.3 (2010), 78–99.

12 Edwyn Anthony, 'The Inexhaustibility of Chess', *Chess Player's Chronicle*, New Series 2 (1878), 193–96. 此后，安东尼的估算被国际象棋数学家广泛讨论和批评；例如参见 Karl Fabel, 'X = 169518829100544000000000000000?' , *Die Schwalbe* 5 (1968), 55–56, which proposed a downward revision of Antony's total to 10^{29}。

13 Lewis Carroll, *Through the Looking Glass and What Alice Found There* (London, 1872), 39.

14 William Steinitz, *The Modern Chess Instructor* (New York, 1889), xxvii.

15 Carroll, *Through the Looking Glass*, 95.

16 Steinitz, *Modern Chess Instructor*, xxx.

17 William Steinitz, *The Steinitz Papers. Letters and Documents of the First World Chess Champion*, ed. Kurt Landsberger (Jefferson, NC, 2002), 152, 190; on Steinitz's openings, see Richard Réti, *Modern Ideas in Chess* (Milford, CT, 2009), 28.

18 On Steinitz as 'the greatest representative of the scientific tendency in chess', see Réti, *Modern Ideas*, 27.

19 Emanuel Lasker, *Lasker's Manual of Chess* (London, 1932), 255. 德语原版出版于 1925 年。

20 Edmund Bruns, *Das Schachspiel als Phänomen der Kulturgeschichte des 19. Und 20. Jahrhunderts* (Münster, 2003), 42–43.

21 Oliver Kohns, 'Fiktionen politischer Existenz: Skizze zum Politiker als Schriftsteller: Bismarck, Disraeli, Goebbels', in Patrick Ramponi and Saski Viedler (eds.), *Dichter und Lenker. Die Literatur der Staatsmänner, Päpste und Despoten von der frühen Neuzeit bis in die Gegenwart* (Tübingen, 2014), 49–72, here 61–62；在俾斯麦时代，国际象棋经常被用作政治的

隐喻：例如在《喧声》中 'Der Baron von Strudelwitz an den Baron von Prudelwitz', *Kladderadatsch* 16 (15 November 1863), 210; 'Ein gewagter Zug', *Kladderadatsch* 20 (3 November 1867) and 'Vom Schach-Congress' , *Kladderadatsch* 34 (11 September 1881), 168; 'Schreiben des Barons von Prudelwitz an den Baron von Strudelnitz', *Kladderadatsch* 37 (17 August 1884), 147。搜索奥地利国家图书馆的在线历史新闻档案（ANNO Historische österreichische Zeitungen und Zeitschriften），你会发现，在 19 世纪 50 年代末期和 19 世纪 60 年代，"Schachzug"（意为下国际象棋）一词的使用频率急剧增加；对个别案例的分析表明，这个词几乎总是被用作政治隐喻，表示一种战略或战术行动。1837—1848 年只发生过一次，1800—1850 年没有发生过。http://anno.onb.ac.at/annosuche/#searchMode=simple&resultMode=list&from=1。遗憾的是，不存在一个类似的 19 世纪德国期刊数字图书馆。

22 Morier to Russell, 2 September 1870, cited in Thomas Otte, *The Foreign Office Mind. The Making of British Foreign Policy, 1865–1914* (Cambridge, 2011) 72; for a discussion of this passage, see Jonathan Steinberg, *Bismarck. A Life* (Oxford, 2011), 128.

23 [Horst Kohl], 'Die gewonnene Partie. Ein orientalisches Märchen', *Kladderadatsch*, 4 March 1866, 1; for Kohl's later explanation, see Horst Kohl, *Bismarck-Gedichte des Kladderadatsch mit Erläuterungen herausgegeben* (Berlin, 1894), 63–64.

24 Cited in Steinberg, *Bismarck*, 445. On Bismarck's flirtations with a coup d'état, see Michael Stürmer, 'Staatsstreichgedanken im Bismarckreich', *Historische Zeitschrift* 209 (1969), 566–615; specifically on the terminal crisis of his career: John C. G. Röhl, 'Staatsstreichplan oder Staatsstreichbereitschaft? Bismarcks Politik in der Entlasssungskrise', *Historische Zeitschrift* 203 (1966), 610–24.

25 Otto von Bismarck, *Gedanken und Erinnerungen*, 3 vols. (Stuttgart, 1898), 1:228.

26 Ibid., 1:314.

27 Ibid., 1:331（有关俾斯麦在法兰克福与奥地利大臣雷希贝格的冲突）；

ibid., 1:340（有关萨克森的国王出人意料地支持法兰克福的君主议会）；ibid., 2:56（有关需要通过对普鲁士对外声誉的影响来衡量“国际象棋走法”在国内政治中的效用）；ibid., 2:165（有关作为削弱罗马教廷影响力的一种手段，旧天主教会在普鲁士建立）；ibid., 2:197（有关他的政敌在 1878—1879 年的策略）。For examples from the correspondence, see, for example, Bismarck to Count Reuß, Berlin, 28 February 1874, in Rainer Bendick (ed.), *Schriften, 1874–1876* (=Konrad Canis, Lothar Gall, Klaus Hildebrand, and Eberhard Kolb [eds.], *Otto von Bismarck, Gesammelte Werke. Neue Friedrichsruher Ausgabe*, Abteilung III, vol. 2) (Paderborn, 2005), nr. 76, 119 (expressing concern that the Austrians will use France as a ‘piece to be turned against us on the chessboard’); Bismarck to Stroßenreuter, Berlin, 10 December 1874, in ibid., nr. 157, 229 (in reference to the manoeuvres of the Centre Party); Bismarck to Bülow, Varzin, 17 October 1876 (in reference to Anglo-Turkish policy vis-à-vis Russia) in ibid., nr. 420, 615–16; Bismarck to Bülow, Friedrichsruh, 23 April 1877, in Michael Epkenhans and Erik Lommatzsch (eds.), *Schriften, 1877–1878* (=Konrad Canis, Lothar Gall, Klaus Hildebrand, and Eberhard Kolb [eds.], *Otto von Bismarck, Gesammelte Werke. Neue Friedrichsruher Ausgabe*, Abteilung III, vol. 3) (Paderborn, 2008), nr. 58, 88 (in reference to English policy vis-à-vis Russia); Bismarck to Bülow, ibid., nr. 311, 375 (in reference to Austrian foreign policy); Bismarck to Stolberg, Gastein, 28 August 1878 (in reference to actions by the Ministry of Justice); see also Bismarck to Reuß, Varzin, 22 January 1880 in ibid., nr. 184, 294; Bismarck to Reuß, Berlin, 11 February 1880, in ibid., nr. 205, 331; Bismarck to Crown Prince Frederick William, Varzin, 7 September 1882, nr. 187, 236 in Ulrich Lappenküper (ed.), *Schriften, 1882–1883* (=Konrad Canis, Lothar Gall, Klaus Hildebrand, and Eberhard Kolb [eds.], *Otto von Bismarck, Gesammelte Werke. Neue Friedrichsruher Ausgabe*, Abteilung III, vol. 5) (Paderborn, 2010); Bismarck to Schlözer, Berlin, 22 December 1882, in ibid., nr. 253, 314, passim。

28 Bismarck to Gerlach, 2 May 1860, cited in Pflanze, *Bismarck and the Development of Germany*, 134; for a discussion of this letter see also Steinberg,

Bismarck, 133.

29 Bismarck, *Gedanken und Erinnerungen*, 2:44.

30 Bismarck to Gerlach, 21 May 1857, transcribed in Bismarck, *Gedanken und Erinnerungen*, 1:171.

31 Bismarck, *Gedanken und Erinnerungen*, 1:19–20.

32 Ibid., 1:25.

33 Bismarck discusses this speech in his memoirs; see ibid., 1:32. The text is in Horst Kohl (ed.), *Die politischen Reden des Fürsten Bismarck 1847–1897*, 14 vols. (Stuttgart, 1892–1895: vol. 1, Stuttgart 1895), 45–46. For a discussion, see Lothar Gall, *Bismarck: Der weisse Revolutionär* (Frankfurt/Main, 1908), 74–75; Ernst Engelberg, *Bismarck: Urpreuße und Reichsgründer* (Berlin, 1985), 280.

34 Heinz Wolter, 'Bismarck und das Problem der Revolution im 19. Jahrhundert', in Johannes Kunisch (ed.), *Bismarck und seine Zeit. Forschungen zur Brandenburgischen und Preussischen Geschichte, Beiheft 1* (Berlin, 1992), 191–204, here 194.

35 俾斯麦声称，在第二届联合议会和国民议会选举之间，他把这篇文章发布在了一家报纸上，但不记得是哪家报纸了。*Bismarck, Gedanken und Erinnerungen*, 1:36；俾斯麦用来写这段回忆录的版本还在起草中，所以这篇文章可能从未真正发表过；关于这一点，请参阅 Engelberg, *Bismarck*, 283。

36 Carl Schmitt, *Verfassungslehre* (Munich, 1928), 53–54; for an insightful discussion, see Hans-Christof Kraus, 'Ursprung und Genese der "Lückentheorie" im preußischen Verfassungskonflikt', *Der Staat* 29.2 (1990), 209–34.

37 Günther Grünthal, *Parlamentarismus in Preussen 1848/49–1857/58. Preussischer Konstitutionalismus, Parlament und Regierung in der Reaktionsära* (Düsseldorf, 1982), 44, 114–15, 118–25.

38 第 98 条款:（1）国家的所有收入和支出每年必须事先预估并上报为国家预算;（2）后者每年由一项法案确定。第 60 条款:（1）立法权力由国王和两院共同行使;（2）每项法律必须经由国王和两院同意。*Verfassungsurkunde für den preußischen Staat vom 5. Dezember 1848,* http://

www.documentarchiv.de/nzjh/verfpr1848.html.

39 第 108 条款：现有税收和收费将继续维持，现行法律、个人法律法规中不违反现行宪法的所有规定，在被法律修正之前一律有效。对于这一问题的经典探讨，见 Grünthal, *Parlamentarismus in Preussen*, 126–28。

40 Otto von Bismarck, *Die Gesammelten Werke*, 15 vols. (Berlin, 1924–32), 10:44, cited in Kraus, 'Ursprung und Genese', 216.

41 Hans Rothfels, *Bismarck und der Staat. Ausgewählte Dokumente* (Stuttgart, 1925), xxiii.

42 三月后，或者说后三月，指的是 1848 年"三月革命"爆发之后的状态，关于这个术语作为一个划时代的术语的意义，见 Thomas Koebner and Sigrid Weigel (eds.), *Nachmärz. Der Ursprung der ästhetischen Moderne in einer nachrevolutionären Konstellation* (Opladen, 1996); Norbert Otto Eke and Renate Werner (eds.), *Vormärz—Nachmärz. Bruch oder Kontinuität ?* (Bielefeld, 2000)。

43 Grünthal, *Parlamentarismus in Preussen*, 476.

44 Anna Ross, 'Post-revolutionary Politics in Prussia, 1848–1858' (PhD thesis, Cambridge, 2014), passim, and now *Beyond the Barricades: Government and State-Building in Post-Revolutionary Prussia,* 1848–58 (Oxford, 2018).

45 On the instabilities of Prussian high politics after 1848, see David Barclay, *Frederick William IV and the Prussian Monarchy, 1840–1861* (Oxford, 1995), 252–55.

46 Gerlach to Bismarck, 20 June 1853, reported by Bismarck in *Gedanken und Erinnerungen*, 1:143.

47 Barclay, *Frederick William IV,* 262, Kurt Wappler, *Regierung und Presse. Geschichte der amtlichen preussischen Pressestellen, 1848–1862* (Leipzig, 1935), 3–4, 16–17.

48 On the mid-nineteenth-century transition from censorship to news management in the German states, see Abigail Green, *Fatherlands. Statebuilding and Nationhood in Nineteenth-Century Germany* (Cambridge, 2001), 148–88.

49 Manteuffel to Rochow, 3 July 1851, cited in Wappler, *Regierung und Presse*, 91.

50 Heinrich von Poschinger, *Unter Friedrich Wilhelm IV: Denkwürdigkeiten des*

Ministers Otto Freiherrn von Manteuffel, 3 vols. (Berlin, 1901), 1:133–34.

51 On Bismarck's handling of the press, see Irene Fischer-Frauendienst, *Bismarcks Pressepolitik* (= Studien zur Publizistik. Bremer Reihe, Deutsche Presseforschung, vol. 4) (Münster, 1963); Robert H. Keyserlingk, *Media Manipulation. The Press and Bismarck in Imperial Germany* (Montreal, 1977); Andreas Biefang, *Die andere Seite der Macht. Reichstag und Öffentlichkeit im 'System Bismarck' 1871–1890* (= Beiträge zur Geschichte des Parlamentarismus und der politischen Parteien 156) (Düsseldorf, 2009); Rudolf Stöber, 'Bismarcks Geheime Presseorganisation von 1882', *Historische Zeitschrift* 262.2 (1996), 423–51.

52 Bismarck, *Gedanken und Erinnerungen*, 1:2.

53 Reinhart Koselleck, 'Revolution. Rebellion, Aufruhr, Bürgerkrieg', in Brunner, Conze, and Koselleck, *Geschichtliche Grundbegriffe*, 5:653–788, here 653, 734, 736, 739, 749, 764–65.

54 Friedrich Julius Stahl, *Was ist die Revolution? Ein Vortrag auf Veranstaltung des Evangelischen Vereins für Kirchliche Zwecke am 8 Märze 1852* (Berlin, 1852), 3; on the semantic inflation of 'revolution' in this period more generally, see Koselleck, 'Revolution', 5:653–788. On Bismarck's relationship with Stahl, see Pflanze, *Bismarck and the Development of Germany*, 56–57, 67–68.

55 Bismarck, *Gedanken und Erinnerungen*, 3:95–100.

56 Helmuth Wolff, *Geschichtsauffassung und Politik in Bismarcks Bewusstsein* (Munich, 1926),158.

57 Ibid., 159–72.

58 See, for example, Bismarck, *Gedanken und Erinnerungen*, 1:142.

59 For an articulation of this distinction between a politics of affiliation and one of detachment, see the discussion with Leopold von Gerlach cited in Pflanze, *Bismarck and the Development of Germany*, 105.

60 Cited in Andrea Hopp, 'Vorwort', in Hopp (ed.), *Schriften, 1871–1873* (Paderborn, 2004), xiii.

61 Cited in Erich Eyck, *Bismarck and the German Empire*, 3rd ed. (London, 1968), 116.

62 Wolfgang Schwentker, *Konservative Vereine und Revolution in Preussen, 1848–49: Die Konstituierung des Konservativismus als Partei* (Düsseldorf, 1988).

63 Bismarck, *Gedanken und Erinnerungen*, 2:58–61.

64 On the locomotive as the unequivocal metaphor for linear time, see Michel Serres and Bruno Latour, *Conversations on Science, Culture and Time*, trans. Roxanne Lapidus (Ann Arbor, MI, 1995), 79.

65 Oliver Haardt, 'The Kaiser in the Federal State, 1871–1918', *German History* 34 (2016), 529–54.

66 Ludwig Rochau, *Grundsätze der Realpolitik, angewendet auf die staatlichen Zustände*, 2 vols. (Stuttgart, 1853, 1869), vol. 1 (2nd ed., Stuttgart 1869), 11.

67 Duncan Kelly, ' "The Goal of That Pure and Noble Yearning" . Friedrich Meinecke's Visions of 1848', in Douglas Moggach and Gareth Stedman Jones (eds.), *The 1848 Revolutions and European Political Thought* (Cambridge, 2018), 293–321, here 294–96.

68 Rochau, *Grundsätze der Realpolitik*, 1:4. On the relationship between Rochau's thought and the 1848 revolutions, see Duncan Kelly, 'August Ludwig von Rochau and Realpolitik as historical political theory', *Global Intellectual History* (2017), doi:10.1080/23801883.2017.1387331.

69 Nina Lübbren, 'Eloquent Objects: Gérôme, Laurens and the Art of Inanimate Narration', in Peter Cooke and Nina Lübbren (eds.), *Painting and Narrative in France, from Poussin to Gauguin* (Abingdon, 2016), 129–44.

70 Referring to a conversation with Count Brandenburg: Bismarck, *Gedanken und Erinnerungen*, 1:61.

71 Bismarck to William I, Berlin, 16 May 1873, in Hopp, *Schriften, 1871–1873*, nr. 438, 523.

72 Bismarck to Ludwig II, 12 August 1878, in Bismarck, *Gedanken und Erinnerungen*, 1:342–45, here 345.

73 Bismarck, *Gedanken und Erinnerungen*, 1:277.

74 Ibid., 2:117–18.

75 Droysen to Theodor von Schön, 29 December 1851, in Johann Gustav

Droysen, *Briefwechsel*, ed. R. Hübner, 2 vols. (Stuttgart, 1929), 2:34–36, here 35; this passage is discussed in Wolfgang Hardtwig, 'Von Preußens Aufgabe in Deutschland zu Deutschlands Aufgabe in der Welt. Liberalismus und Borussianisches Geschichtsbild zwischen Revolution und Imperialismus', *Historische Zeitschrift* 231.2 (1980), 265–324, here 309.

76 Wenzlhuemer, ' "Less Than No Time" '.

77 Sue Zemka, *Time and the Moment in Victorian Literature and Society* (Cambridge, 2012), 2, 8.

78 Ulrich Raulff, *Der unsichtbare Augenblick. Zeitkonzepte in der Geschichte* (Göttingen, 1999), esp. 50–84.

79 John Lothrop Motley, *History of the United Netherlands. From the Death of William the Silent to the Twelve Years' Truce—1609*, 4 vols. (New York, [1874]; vols. 1 and 2 orig. pub. London, 1860). 举例如下。1:7："这些地区与大西班牙帝国之间的竞争似乎在和我们现在一样的时代变得极为绝望。" 1:60："那一刻，改革者们信心满满，没有预见到即将席卷全国的一连串战斗和围攻。" 1:136："如果曾有一次，新教基督教世界的每一根神经都紧张起来，把所有这些地区联合起来，组成一个伟大的联邦，作为欧洲自由的堡垒……，那一刻已经到来。" 1:155："君主没有意识到，他勇敢但唯利是图的盟友，在同一时刻，一直在秘密与奥兰治的威廉交易……" 1:500："几乎就在伊丽莎白如此突然地把她最后一腔愤怒倾斜在狼狈不堪的赫尼奇身上的时候……；就在这时，帕尔马正在秘密地用密码给菲利普写信。" 2:168："对一个只能听任命运摆布的国家来说，没有比这更危险的时刻了。" 2:402–3："读者要注意的最重要的一点是这封信的日期。它是在 7 月的最后几天被收到的。让他观察到——他很快就有机会观察——发生在陆地和海洋上的事件，就在这份著名的邮件到达目的地的那一刻。" 这种时刻在文本中出现得太频繁，无法更全面地分析。

80 Bismarck, *Gedanken und Erinnerungen*, 1:72.

81 Ibid., 2:96–97.

82 Ibid., 1:40–43.

83 一个"根本错误"的例子：皮普斯是一只企鹅 / 企鹅是鸟 / 所有的鸟都会飞 / 因此：皮普斯会飞。其中的"根本错误"在于第三个前提。因为企鹅证明，不是所有的鸟都会飞。

84 On the place of (daring and high-risk) decision making by eighteenth-century commanders in battle, see Marian Füssel, 'Vom Dämon des Zufalls: Die Schlacht als kalkuliertes Wagnis im langen 18. Jahrhundert', in Stefan Brakensiek, Christof Marx, and Benjamin Scheller (eds.), *Wagnisse. Risiken eingehen, Risiken analysieren, von Risiken erzählen* (Frankfurt/Main, 2017), 91–110, on Frederick, 98–104.

85 Bismarck, *Gedanken und Erinnerungen*, 1:277–78.

86 William I to Bismarck, Berlin, 23 December 1887, cited in ibid., 2:299–230.

87 赫尔穆特·沃尔夫在他关于“天生”和“相对”的讨论中几乎抓住了这种张力。

88 参见 Bismarck, *Gedanken und Erinnerungen*, 2:8（“丹麦问题可能达到的行动层级”）以及 2:9（“从一开始，我就一直紧紧关注着吞并之事，并且也没有忽略其他行动层级”）。

89 On Bismarck's planning, see Jochen Dittrich, *Bismarck, Frankreich und die spanische Thronkandidatur der Hohenzollern* (Munich, 1962); Eberhard Kolb, *Der Kriegsausbruch 1870* (Göttingen, 1970); Josef Becker, 'Zum Problem der Bismarckschen Politik in der spanischen Thronfrage', *Historische Zeitschrift* 212 (1971), 529–605 and Becker, 'Von Bismarcks "spanischer Diversion" zur "Emser Legende" des Reichsgründers', in Johannes Burkhardt (ed.), *Lange und Kurze Wege in den Krieg* (Augsburg, 1996), 87–113. Becker makes the case for a planned preventive war; the contrary position is set out in Eberhard Kolb, 'Mächtepolitik und Kriegsrisiko am Vorabend des Krieges von 1870', in Kolb (ed.), *Europa vor dem Krieg von 1870* (Munich, 1987), 203–9. For Becker's defence of his view against the objections of an American critic, David Wetzel, see Josef Becker, 'The Franco-Prussian Conflict of 1870 and Bismarck's Concept of a "Provoked Defensive War": A Response to David Wetzel', *Central European History* 41.1 (2008), 93–109.

90 Bismarck, *Gedanken und Erinnerungen*, 1:1.

91 Steinberg, *Bismarck*, 197, 480.

92 Bismarck to State Secretary of the Interior v. Boetticher, Friedrichsruh, 27 March 1882, transcribed in Rothfels, *Bismarck und der Staat*, 369.

93 William I to Otto von Manteuffel, Director in the Interior Ministry under Camphausen, 7 April 1848, cited in Karl-Heinz Börner, *Wilhelm I Deutscher Kaiser und König von Preußen. Eine Biographie* (Berlin, 1984), 81.

94 Bismarck, *Gedanken und Erinnerungen*, 1:197 (my emphases).

95 On the origins of the gap theory in the constitutional debates of 1849–51, see Kraus, 'Ursprung und Genese'.

96 Pflanze, *Bismarck and the Development of Germany*, 213–14.

97 Egmont Zechlin, *Staatsstreichpläne Bismarcks und Wilhelms II. 1890– 1894* (Stuttgart, 1929); on Bismarck's readiness to embark on a *Staatsstreich*, see also Hans Delbrück, 'Die Hohenlohe-Memoiren und Bismarcks Entlassung', *Preussische Jahrbücher* 126 (1906), 501–17 and Delbrück, 'Bismarcks letzte politische Idee', *Preussische Jahrbücher* 147 (1912), 1–12; Röhl, 'Staatsstreichplan oder Staatsstreichbereitschaft?'; for a subtle discussion of the issues at stake in the 1890 crisis, see also J.C.G. Röhl, 'The Disintegration of the Kartell and the Politics of Bismarck's Fall from Power, 1887–1890', *Historical Journal* 9.1 (1966), 60–89.

98 Bismarck to Ludwig of Bavaria, Kissingen, 12 August 1878, transcribed in Bismarck, *Gedanken und Erinnerungen*, 1:364.

99 Matthew P. Fitzpatrick, *Purging the Empire. Mass Expulsions in Germany, 1871–1914* (Oxford, 2015), 86–87.

100 Bismarck, *Gedanken und Erinnerungen*, 3:42–43.

101 Troeltsch, *Der Historismus*, 230–31.

102 Otto von Bismarck, *Briefe an seine Braut und Gattin*, ed. Herbert von Bismarck (Stuttgart, 1900), 268–69.

103 On Bismarck's 'weak' providentialism, see Helmuth Wolff, *Geschichtsauffassung und Politik in Bismarcks Bewusstsein* (Oldenburg, 1926), 134–50.

104 Otto Hintze, review of Otto von Bismarck, *Deutscher Staat. (Der deutsche Staatsgedanke. Eine Sammlung, Erste Reihe: Führer und Denker XXI)*, ed. Hans Rothfels, *Zeitschrift für Politik* 15 (1926), 380–84, here 383.

105 关于克劳塞维茨，他是一位复杂性和沉浸式推理的理论家，他将战争置于一个充满偶然性的环境中，参见 Anders Engberg-Petersen, *Empire of Chance. The Napoleonic Wars and the Disorder of Things* (Cambridge, MA, 2015), passim, esp. 92。

106 On this dimension of Clausewitz's thought, see Emile Simpson, *War from the Ground Up. Twenty-First Century Combat as Politics* (New York, 2012), esp. 41–66.

107 George G. Iggers, *The German Conception of History. The National Tradition of Historical Thought from Herder to the Present* (Middletown, CT, 1968), 82, 88–89; on the centrality and 'intellectual-cultural significance' of the state for Ranke, see also Troeltsch, *Der Historismus*, 476.

108 On Rodbertus, see Wilhelm Andreae, 'Der staatssozialistische Ideenkreis', *Archiv für Rechts-und Wirtschaftsphilosophie* 24 (1930), 169–91, esp. 180–88; Hermann Beck, *The Origins of the Authoritarian Welfare State in Prussia. Conservatives, Bureaucracy and the Social Question, 1815–1870* (Providence, RI, 1993), 93–100.

109 Gerd Heinrich, *Geschichte Preußens. Staat und Dynastie* (Frankfurt, 1981), 283–84; on Wagener and Gerlach, see Hans-Julius Schoeps, *Das andere Preußen. Konservative Gestalten und Probleme im Zeitalter Friedrich Wilhelms IV*, 3rd ed. (Berlin, 1966), 203–28.

110 On the links between Stein and Schmoller, see Giles Pope, 'The Political Ideas of Lorenz Stein and Their Influence on Rudolf Gneist and Gustav Schmoller' (DPhil thesis, Oxford University, 1985); Karl Heinz Metz, 'Preussen als Modell einer Idee der Sozialpolitik. Das soziale Königtum', in Patrick Bahners and Gerd Roellecke (eds.), *Preussische Stile. Ein Staat als Kunststück* (Stuttgart, 2001), 355–63, here 358.

111 On these debates, see Damian Valdez, 'Prussian Faust or Universalist Puritan?', *Modern Intellectual History* 14.2 (August 2017), 585–96.

112 Jörn Leonhard, *Die Büchse der Pandora. Geschichte des Ersten Weltkriegs* (Munich, 2014), passim.

113 Lothar Machtan, *Die Abdankung: Wie Deutschlands gekrönte Häupter aus*

der Geschichte fielen (Munich, 2008).

114 Carl Schmitt, *State, Movement, People. The Triadic Structure of the Political Unity (1933). The Question of Legality (1950)*, trans. Simona Draghici (Cornwallis, OR, 2001), 34.

115 Troeltsch, *Der Historismus*, 173.

116 Ibid., 169; for an account of the crisis of historicism that is sceptical about whether such a crisis ever really took place, see Beiser, *German Historicist Tradition*, 23–26.

117 Kurt Flasch, *Die geistige Mobilmachung. Die deutschen Intellektuellen und der Erste Weltkrieg: ein Versuch* (Berlin, 2000).

118 Lucian Hölscher, 'Mysteries of Historical Order: Ruptures, Simultaneity and the Relationship of the Past, Present and Future', in Chris Lorenz and Berber Bevernage (eds.), *Breaking Up Time. Negotiating the Borders between Present, Past and Future* (Goettingen, 2013), 134–51.

119 Friedrich Meinecke, *Machiavellism. The Doctrine of Raison d'Etat and Its Place in Modern History*, trans. Douglas Scott (Epping, 1984), 19.

120 Ibid., 432.

121 J. Kaerst, 'Die Geschichtsauffassung Rankes und Droysens in ihrer nationalen Bedeutung', *Vierteljahrschrift für Sozial-und Wirtschaftsgeschichte* 20. Bd., H. 1/2 (1928), 219–33, here 229.

122 Röhl, 'Disintegration of the Kartell'.

123 Rothfels, 'Deutschlands Krise', in Alfred Bozi and Alfred Niemann (eds.), *Die Einheit der nationalen Politik* (Stuttgart, 1925), 1–15, here 10. For a discussion of this passage, see Jan Eckel, *Hans Rothfels: Eine intellektuelle Biographie im 20. Jahrhundert* (Göttingen 2005), 55.

124 Otto Hintze, review of Otto von Bismarck, *Deutscher Staat*, ed. Hans Rothfels, *Zeitschrift für Politik* 15 (1926), 380–84, here 382.

125 On the theological dignity of nineteenth-and early twentieth-century history as a form of bourgeois religion, see Wolfgang Hardtwig, 'Geschichtsreligion—Wissenschaft als Arbeit—Objektivität. Der Historismus in neuer Sicht', *Historische Zeitschrift* 252.1 (1991), 1–32, here 9; on the crisis as 'a problem

for life and culture', see Franz Schnabel, 'Vom Sinn des geschichtlichen Studiums in der Gegenwart' (1923), in Schnabel, *Abhandlungen und Vorträge 1914–1965*, ed. Heinrich von Lutz et al. (Freiburg, 1970), 147.

126 Troeltsch discusses his proposal for a new history in *Christian Thought, Its History and Application; Lectures Written for Delivery in England during March 1923*, trans. Baron F. von Hügel (London, 1923); my understanding of Troeltsch's role in these debates was informed by Stefan Eich and Adam Tooze, 'Max Weber, Politics and the Crisis of Historicism' (paper, Yale University, January 2012). I am grateful to Stefan Eich and Adam Tooze for letting me see this paper.

127 'Le prophète est dans le même sac que l'historien', Paul Valéry, 'La Crise de l'Esprit', in Valéry, *Oeuvres*, ed. Jean Hytier, 2 vols. (Paris, 1957), 1:988–1014, here 991；关于最初出版的日期（1919），参见 1768—1769 的注释。

128 Paul Valéry, 'De l'Histoire', in Valéry, *Oeuvres*, 2:935–37. 这篇论文可能完成于 1928 年，参见 1540—1541 的注释。

129 Theodor Lessing, *Geschichte als Sinngebung des Sinnlosen* (Munich, 1919), 11, 12, 13, 153. On these themes, see Matthias Lentz, 'Eine Philosophie der Tat, eine Tat der Philosophie. Theodor Lessings Kampf gegen den Lärm', *Zeitschrift für Religions-und Geistesgeschichte* 50.3 (1998), 242–64.

130 Lessing, *Geschichte als Sinngebung*, 152.

131 Mircea Eliade, *Myth of the Eternal Return, or: Cosmos and History* (London, 1989), 38. See also Raul Carstocea, 'Breaking the Teeth of Time: Mythical Time and the "Terror of History" in the Rhetoric of the Legionary Movement in Interwar Romania', *Journal of Modern European History* 13.2 (2015), 79–97, esp. 80–83.

第四章

1 Max Frisch, 'Kleines Tagebuch einer deutschen Reise', *Neue Zürcher Zeitung*, 30 April 1935, excerpted and anthologised in Oliver Lubrich (ed.), *Travels in the Reich, 1933–1945. Foreign Authors Report from Germany*, trans. Kenneth

Northcott, Sonia Wichmann, and Dean Krouk (Chicago, 2010), 65–72, here 67–68；关于生命之钟和沙漏更详细的描述，参见文章 'Wunder des Lebens' by the anonym-ous German correspondent 'F.G.' in the *Spectator*, 5 April 1935, 15。弗里施在观看展览时没有做笔记，因为他害怕笔记被没收和审查，因此他记错了这口钟的用途。他认为钟声表示太多的德国人死亡，而出生的人太少，钟声的目的是警告参观者把生育作为一个紧急事项（这是一个可以理解的错误，因为其他展览也有这样的呼吁，警告说如果"优越"种族不能生出足够多的孩子，那么结果将是一个陡峭的"质量下降"）。展览的设计者写信给《新苏黎世报》指出错误后，弗里施发表了一个更正声明。

2 For landmark contributions and useful discussions, see Philippe Burrin, 'Political Religion: The Relevance of a Concept', *History and Memory* 9 (1997), 321–49; Elilio Gentile, 'Fascism as Political Religion', *Journal of Contemporary History* 25 (1990), 229–51; Stanley Stowers, 'The Concepts of "Religion", "Political Religion" and the Study of Nazism', *Journal of Contemporary History* 42.1 (2007), 9–24; David D. Roberts, ' "Political Religion" and the Totalitarian Departures of Inter-war Europe: On the Uses and Disadvantages of an Analytical Category', *Contemporary European History* 18 (2009); Hans Maier, 'Political Religion. The Potentialities and Limitations of a Concept', in Hans Maier (ed.), *Totalitarianism and Political Religion*, trans. Jodi Bruhn (London, 2007), 272–82. Sabine Behrenbeck, *Der Kult um die toten Helden. Nationalsozialistische Mythen, Riten und Symbole 1923 bis 1945* (Vierow, 1996), is an excellent example of an empirical study driven by the political religion paradigm. For a powerful recent exposition of the generic fascism approach (which tends now to overlap considerably with the political religion school), see Ferdando Esposito and Sven Reichardt, 'Revolution and Eternity. Introductory Remarks on Fascist Temporalities', *Journal of Modern European History* 13 (2015),24–43.

3 Richard Steigmann-Gall, *The Holy Reich. Nazi Conceptions of Christianity, 1919–1945* (Cambridge, 2003), esp. 86–113.

4 See Confino, 'Why Did the Nazis Burn the Hebrew Bible?', 381.

5 Crawford Photographs Collection, Institute of Archaeology, Oxford.

6 柏林革命博物馆的位置有些不确定：在 1933 年 11 月 25 日的展览评论中，党的机关报《冲锋队》将博物馆描述为"占据了犹太街和教区街拐角处的一所房子"（霍斯特·韦塞尔和维尔纳·韦塞尔曾在 Jüdenstraße 51/52 长大）。然而，克劳福德在 1934 年 9 月为博物馆拍摄的照片显示，博物馆的入口位于新弗里德里希大街 83 号，靠近 Königstraße 的拐角处。戈培尔的一篇文章（'Der Spiegel des Grauens. In der Schreckenskammer der Hochtage des Kommunistenterrors', in *Völkischer Beobachter*, North German edition, 12 December 1933, feature page: 'Aus der Bewegung'）确认了博物馆的位置，并提到博物馆在 9 月 15 日就建成了。可能的原因是，当时博物馆实际上基于更大和更雄心勃勃的基础进行了重建；这可以解释流亡在巴黎的社会民主党记者赫尔曼·温德尔早期的说法，他在 1933 年 7 月 30 日报道了一个"国家革命博物馆"刚刚在柏林开张。See Hermann Wendel, 'Revolutionsmuseum', in Lutz Winckler (ed.), *Unter der 'Coupole'. Die Paris-Feuilletons Hermann Wendels 1933–36* (Tübingen, 1995), 116–19。在 1937 年 4 月 10 日的 *Märkische SA* 有一篇冗长的评论，提到了博物馆最近重新开放 ('Erstes NS.-Revolutionsmuseum der Standarte 6 neu eröffnet')，位于 Taubenstraße 6。可能是博物馆搬走后，展品进行巡回展，因为其先前的馆舍已被转为其他用途。在这些问题上，二手文献中存在一些混乱。Eva Zwach, *Deutsche und englische Militärmuseen im 20. Jahrhundert. Eine kulturgeschichtliche Analyse des gesellschaftlichen Umgangs mit Krieg* (Münster, 1999), 116，提到革命博物馆的出现是基于恩斯特·弗里德里希在 Parochialstraße 29 建立的和平主义反战博物馆，但这个表述出现在纳粹党机关报《进攻》上的一篇文章中（see 'sul.', Vom Antikriegsmuseum zur S.-A. Heim, in *Der Angriff,* Nr. 72, 25.3.1933, 4），提到了对反战博物馆的洗劫，以及转变成冲锋队的地区总部，但并非革命博物馆的所在地。Martin Roth, *Heimatmuseum. Zur Geschichte einer deutschen Institution* (Berlin, 1990), 159，也提到了反战博物馆被攻击和重新命名，在 1932 年"冲锋队所在的柏林出现了第一个革命博物馆"，对这个论点我找不到任何其他的支撑。博物馆成为

NS 的旅游目的地，see *Berlin und Umgebung. Kleine Ausgabe mit Angaben für Automobilisten* (Berlin, 1936), 60; and Julek Karl von Engelbrechten and Hans Volz, *Wir wandern durch das nationalsozialistische Berlin. Ein Führer durch die Gedenkstätten des Kampfes um die Reichshauptstadt* (Munich, 1937), 59 A good recent discussion of the museum is Hans-Georg Hiller von Gaertringen and Katrin Hiller von Gaetringen, 'NS-Revolutionsmuseum statt Anti-Kriegsmuseum? Zur Entwicklung der Berliner Museumslandschaft in der NS-Zeit', in Tanja Baensch, Kristina Kratz-Kessemeier, and Dorothee Wimmer (eds.)*, Museen im Nationalsozialismus. Akteure—Orte—Politik* (Vienna, 2016), 99–112。

7 位于北海德的布赫霍尔茨的"荣誉殿堂"是区长 Osthannover Otto Telschow 的杰作，得到了地区冲锋队的协助，see Thomas Clausen, 'Otto Telschow —Hitlers Gauleiter in Osthannover' (unpublished manuscript)；非常感谢托马斯·克劳森让我看到了这份文件。

8 On Ernst Friedrich as a 'renewer of the museum' and a critic of conventional museum practice, see Zwach, *Deutsche und englische Militärmuseen*, 113; on the SA seizure of power, see Martin Schuster, 'Die SA in der nationalsozialistischen "Machtergreifung" in Berlin und Brandenburg 1926–1934' (PhD thesis, Technische Universität Berlin, 2004), 237 (http://edocs.tu-berlin.de/diss/2004/schuster_martin.pdf); on the destruction of the museum by the very SA-men who subsequently set up the Revolutionsmuseum, see Hiller von Gaertringen and Hiller von Gaetringen, 'NS-Revolutionsmuseum statt Anti-Kriegsmuseum?', 102.

9 Dietz Bering, *Der Name als Stigma. Antisemitismus im deutschen Alltag, 1812–1933* (Stuttgart, 1988); photo of the exhibit: Crawford Photographs Collection, Institute of Archaeology, Oxford.

10 Goebbels, 'Spiegel des Grauens'; on 'sarcasm' as a feature of the exhibits, see Hiller von Gaertringen and Hiller von Gaetringen, 'NS-Revolutionsmuseum statt Anti-Kriegsmuseum?', 104.

11 参见 'Revolutionsaustellung in Karlsruhe', in *Völkischer Beobachter*, North German edition, 14 September 1933，第二个附件，提到堆积如山的"左

轮手枪、手枪、卡宾枪、匕首、指环枪、机枪、爆炸物以及手雷等”。

12 See, for example, ‘Hochverratsprozeß against 111 Kommunisten in Breslau’, in *Völkischer Beobachter*, 31 May 1934, 1; ‘Geständnisse und Lügen der Mörder vom Bülowplatz’, in *Völkischer Beobachter*, 6 June 1934, 2; ‘Kommunistische Bombenanfertiger vor dem Volksgericht’ , in *Völkischer Beobachter*, 4 September 1934, 4; ‘Gift als politisches Kampfmittel in den Händen der Kommunisten’ (reports that cyanide had been found in the hands of a communist group in quantities sufficient to kill 100–150 people), in *Völkischer Beobachter*, 14 September 1934, 2; ‘Kommunistische Enthüllungen vor dem Dortmunder Gericht. Zechen, Eisenbahn und Brücken sollten gesprengt werden’, in *Völkischer Beobachter*, 22 September 1934, 8.

13 Stein, ‘Im Revolutionsmuseum’, in *Rumpelstilzchen: Nee aber sowas!* (= *Rumpelstilzchen* 15 [1934/35], Berlin 1935), entry dated 11 July 1935, 273.

14 On this feature of modern museums, see Jennifer Anne Walklate, ‘Timescapes. The Production of Temporality in Literature and Museums’ (PhD thesis, School of Museum Studies, University of Leeds, 2012), esp. 6–9, 135–61.

15 Roth, *Heimatmuseum*, 35, 64, 157, 162.

16 ‘Das Revolutionsmuseum zeigt die Symbole einer überwundenen Zeit’.

17 Goebbels, ‘Spiegel des Grauens’.

18 ‘ffh’, ‘Erstes NS-Revolutionsmuseum der Standarte 6 neu eröffnet’, in *Märkische SA*, 10 April 1937, 1 (supplement to the *SA-Mann* of the same date).

19 Karsten Fischer, ‘ “Systemzeit” und Weltgeschichte. Zum Motiv der Epochenwende in der NS-Ideologie’, in Fischer (ed.), *Neustart des Weltlaufs? Fiktion und Faszination der Zeitwende* (Frankfurt/Main, 1999), 184–202.

20 Hitler speech of 13 July 1934, cited in *Völkischer Beobachter*, North German edition, 15–16 July 1934, 1.

21 On the ‘anti-religious museum’ as a Soviet institution, see the excellent article by Crispin Paine, ‘Militant Atheist Objects: Anti-religion Museums in the Soviet Union’, *Present Pasts* 1(1), http://doi.org/10.5334/pp.13; Mark Elliott, ‘The Leningrad Museum of the History of Religion and Atheism’, *Religion in Communist Lands* 11 (1983), 124–29; Catriona Kelly, ‘Socialist Churches,

Heritage Preservation and "Cultic Buildings" in Leningrad, 1924–1940', *Slavic Review* 71 (2012), 792–823, esp. 816, 821.

22 'Das erste nationalsozialistische Museum in Halle eröffnet', *Völkischer Beobachter*, North German edition, 15 June 1934, 7.

23 *Führer durch das NS-Museum des Gaues Halle-Merseburg der NSDAP. Ehrenhalle der nationalsozialistischen Erhebung. Revolutionsmuseum. NS-Archiv* (Halle, 1934), 33.

24 'Aufruf des Gauleiters Staatsrats Jordan', in ibid., 4.

25 Vorspruch vom Leiter des Museums Universitäts-Professor Dr. Hahne, in *Führer durch das NS-Museum*, 9–11.

26 Schnapp, 'Fascism's Museum in Motion', 87–97, esp. 88, 93; on the Mostra, see also Susanne von Falkenhausen, *Der zweite Futurismus und die Kunstpolitik des Faschismus in Italien von 1922–1943* (Frankfurt/Main, 1979); and Stone, 'Staging Fascism', 215–43.

27 Stone, 'Staging Fascism', 223.

28 On Room O as the dramatization of a 'moment of transformation', see Falkenhausen, *Der zweite Futurismus*, 206.

29 Schnapp, 'Fascism's Museum in Motion', 94; Gigliola Fioravanti, *La Mostra della Rivoluzione Fascista* (Rome, 1992), 32; Claudio Fogu, 'The Fascist Stylisation of Time', *Journal of Modern European History* 13.2 (2015), 98–114, here 109.

30 Ottavio Dinale, 'La Mostra della Rivoluzione—Visioni d'Arte', in *Rivista Illustrata del Popolo d'Italia*, 11 June 1933, cited in Stone, 'Staging Fascism', 220.

31 Louis Gillet, 'Rome Nouvelle', in *Revue des deux Mondes*, 15 December 1932, 792–826, here 810.

32 Hanson, *Time and Revolution*, viii–ix, 180–99.

33 Francine Hirsch, *Empire of Nations. Ethnographic Knowledge and the Making of the Soviet Union* (Ithaca, NY, 2005), 264–72. 的确，早期布尔什维克的官方时间性保留了一个千禧年的维度，因为它孕育了一个以“完全废除所有权力”和历史时间永久中止为标志的未来社会的启示录般的信念。但随着政权的巩固，这个愿景被延长到更加遥远的未来。通过启示录的语言对神圣时间的召唤，首先是为了激励当下的历史行动。将革命本身和斯大林主义与天启或千禧年的暴力和更新周期联系在一起，首先是反布尔什维克、乌托邦和移民话语的一个特点。参见 Williams, 'Russian Revolution and the End of Time', esp. 369–87, 393–95。

34 Auguste Sartory and E. Bailly, *Visions Rouges. Souvenirs de Voyages en U.R.S.S., Allemagne, Provinces Baltiques et Pologne* (Paris, 1935), 187.

35 斯特凡·普拉根博格对苏维埃政权的"无历史性"的有趣思考（*Experiment Moderne*，105-19）与这一观察并不矛盾，因为普拉根博格用这个词来表示一种时间秩序，在这种秩序中，历史的前进动力已经与政权本身不可分割。因此，历史的"消失"相当于将历史吸收到现在，而不是象征着对作为时间逻辑的线性历史的拒绝。

36 Carl Maria Holzapfel, 'Vom Rhythmus der Zeit', in *Völkischer Beobachter* (North German edition), 10–11 May 1934; Beiblatt, *Volkstum, Kunst, Wissenschaft, Unterhaltung*; 'Deutsche Vorgeschichte ist Ehrensache des ganzen deutschen Volkes', in *Völkischer Beobachter* (North German Edition), 16 October 1934, 1.

37 Eliade, *Myth of the Eternal Return*, 95.

38 Adolf Hitler, *Mein Kampf: eine kritische Edition*, ed. Christian Hartmann, Thomas Vordermayer, Othmar Plöckinger, and Roman Töppel, 2 vols. (Munich, 2016), 1:1003. The reference to the state as a 'monster of human mechanism' comes from 2:991.

39 Ibid., 2:1001.

40 Ibid., 1:821.

41 Ibid., 2:1071.

42 Ibid., 1:115.

43 Ibid., 1:855.

44 Kristina Kratz-Kessemeier, 'Für die "Erkämpfung einer neuen Museumskultur". Zur Rolle des deutschen Museumsbundes im Nationalsozialismus', in Baensch, Kratz-Kessemeier, and Wimmer, *Museen im Nationalsozialismus*, 23–43, here 35; Petra Winter, ' "Das hören wir uns nicht weiter an!"

Die vom Reichserziehungsministerium veranstaltete "Erste Tagung deutscher Museumsdirektoren" im November 1937 in Berlin', in Baensch, Kratz-Kessemeier, and Wimmer, *Museen im Nationalsozialismus*, 45–59, here 57.

45 Ulfert Tschirner, 'Museumsgestalter mit eigener Position. Handlungsspielräume von Wissenschaftlern am Museum Lüneburg im Nationalsozialismus', in Baensch, Kratz-Kessemeier, and Wimmer, *Museen im Nationalsozialismus*, 115–28, here 123.

46 Alfred Rosenberg, 'Foreword', in Reichsstelle zur Förderung des deutschen Schrifttums u. Preußische Staatsbibliothek (ed.), *Ewiges Deutschland. Deutsches Schrifttum aus fünfzehn Jahrhunderten* (Berlin, 1934). For an excellent discussion of the mega-exhibitions of the 'Third Reich', see Hans-Ulrich Thamer, 'Geschichte und Propaganda. Kulturhistorische Ausstellungen in der NS-Zeit', *Geschichte und Gesellschaft* 24 (1998), 349–81.

47 *Das deutsche Antlitz im Spiegel der Jahrhunderte. Große Ausstellung der Stadt Frankfurt am Main unter Mitwirkung des Rassenpolitischen Amtes der NSDAP* (Frankfurt/Main, 1937), vi.

48 Brigitte Zuber, 'Großmachttraum im Andachtsraum. Welche Ausstellungen Münchner Schülerinnen und Schüler 1933–1943 klassenweise besuchten', *Einsichten und Perspektiven. Bayerische Zeitschrift für Politik und Geschichte*, February 2009, http://www.blz.bayern.de/blz/eup/02_09/6.asp.

49 Hans Georg Otto (ed.), *Deutsche Größe,* foreword by Alfred Rosenberg, introduction by Karl Alexander von Müller (Munich, 1940), 12.

50 'die Schauer der Ehrfurcht [...] vor dem, was unsterblich wirkt und waltet über die Jahrhunderte hinweg', in Anon., 'Deutsche Größe im Schritt von zwei Jahrtausenden. Heute Eröffnung der eindrucksvollen Ausstellung im Bibliotheksbau des Deutschen Museums', in *Münchner Neueste Nachrichten,* 8 November 1940, cited in Christof Kivelitz, *Die Propagandaausstellung in europäischen Diktaturen. Konfrontation und Vergleich. Nationalsozialismus in Deutschland, Faschismus in Italien und die UdSSR der Stalinzeit* (Bochum, 1999), 205.

51 Cited in Gianluca Falanga, *Berlin 1937. Die Ruhe vor dem Sturm* (Berlin,

2007), 122.

52 Kivelitz, *Propagandaausstellung*, 67.

53 Michael Tymkiw, 'Engaged Spectatorship. On the Relationship between Non-Museum Exhibitions and Museums in National Socialist Germany', in Baensch, Kratz-Kessemeier, and Wimmer, *Museen im Nationalsozialismus*, 161–76, here 164.

54 Reinhard Bollmus, 'Das "Amt Rosenberg", das "Ahnenerbe" und die Prähistoriker', in Achim Leube (ed.), *Prähistorie und Nationalsozialismus. Die mittel-und osteuropäische Ur-und Frühgeschichtsforschung in den Jahren 1933–1945* (Heidelberg, 2002), 21–48; see also Bollmus, *Das Amt Rosenberg und seine Gegner. Studien zum Machtkampf im Nationalsozialistischen Herrschaftssystem* (Stuttgart, 1970), 69–70, 161–62, 226–27.

55 See, for example, Max Wegner, 'Museen für die Volksgemeinschaft!', in *Völkischer Beobachter* (North German Edition), 13 April 1934; Beiblatt, *Volkstum, Kunst, Wissenschaft, Unterhaltung*, 1.

56 Wolfgang Pape, 'Zur Entwicklung des Faches Ur-und Frühgeschichte bis 1945', in Leube, *Prähistorie und Nationalsozialismus*, 163–226, esp. 167, 188, 206, 215–16; Uta Halle, Wichtige Ausgrabungen der NS-Zeit, in Focke-Museum, Bremen (ed.), *Graben für Germanien—Archäologie unterm Hakenkreuz* (Darmstadt, 2013), 65–73; Marion Bertram, 'Zur Situation der deutschen Urund Frühgeschichtsforschung während der Zeit der faschistischen Diktatur', *Staatliche Museen zu Berlin. Forschungen und Berichte* 31 (1991): 23–42.

57 Hanning Hassmann, 'Archäologie und Jugend im "Dritten Reich". Urund Frühgeschichte als Mittel der politisch-ideologischen Indokrination von Kindern und Jugendlichen', in Leube, *Prähistorie und Nationalsozialismus*, 107–46; on the upgrading of prehistory and its impact on museum exhibitions in the Rhineland, see Christina Kott, 'Museums on Display. Die Selbstinszenierung deutscher Museen auf der Pariser Weltausstellung', in Baensch, Kratz- Kessemeier, and Wimmer, *Museen im Nationalsozialismus*, 61–81.

58 Cited in Bettina Arnold, 'Archaeology in Nazi Germany', in Tim Murray and

Christopher Evans (eds.), *Histories of Archaeology. A Reader in the History of Archaeology* (Oxford, 2008), 120–43, here 129–30; Goebbels shared this scepticism, see Helmut Heiber, *Walter Frank und sein Reichsinstitut für Geschichte des Neuen Deutschland* (Stuttgart, 1966), 256.

59 The classic study is Michael Kater, *Das "Ahnenerbe" der SS 1935–1945. Ein Beitrag zur Kulturpolitik des Dritten Reiches* (Munich, 1997).

60 Cited in Tschirner, 'Museumsgestalter mit eigener Position', 122.

61 Cited in Irene Ziehe, *Hans Hahne (1875 bis 1935), sein Leben und Wirken. Biographie eines völkischen Wissenschaftlers* (Halle/Saale, 1996), 28–29.

62 Dr Johannes Wiegelt, Eulogy for Hans Hahne in Walter Schulz, ed., *Hans Hahne zum Gedächtnis* (Halle, 1937), 7.

63 Gerhard Heberer, 'Hans Hahne und die rassenkundliche Forschung', in Schulz, *Hans Hahne zum Gedächtnis*, 11.

64 Hans Hahne to his mother, 23 May 1919, cited in Ziehe, *Hans Hahne*, 36.

65 Rothfels, *Bismarck und der Staat*, ix.

66 Eliade, *Myth of the Eternal Return*, 38. On the value of Eliade's diagnosis of 'archaic'temporalities for an understanding of fascism, see Carstocea, 'Breaking the Teeth of Time', esp. 80–83.

67 Adolf Helbok, 'Volk und Staat der Germanen', *Historische Zeitschrift* 154 (1936), 229–40.

68 Hitler, *Mein Kampf*, 1:821, 835.

69 Ibid., 1:391.

70 Frank-Lother Kroll, 'Der Faktor "Zukunft" in Hitlers Geschchtsbild', in Kroll (ed.), *Neue Wege der Ideengeschichte. Festchrift für Kurt Kluxen zum 85. Geburtstag* (Paderborn, 1996), 391–410, here 394.

71 Hitler, *Mein Kampf*, 2:1289–90.

72 Adam Tooze, *The Wages of Destruction. The Making and Breaking of the Nazi Economy* (London, 2006), 3–12.

73 Gustav Stresemann, *Die Entwicklung des Berliner Flaschenbiergeschäfts* (Leipzig, 2010).

74 Hermann Wirth, *Vom Mythos und magischen Denken* (Jena, 1928), 22.

75 For some interesting reflections on the relationship between National Socialist spatiality and the regime's temporality, see Confino, 'Why Did the Nazis Burn the Hebrew Bible?', esp. 381–82.

76 Hitler, Mein Kampf, 1:705. 请注意，希特勒区分了对这一公理的两种解读：俾斯麦（据希特勒说）用它来表示，为了追求一个合法的目标，一切可能的手段都是合理的，希特勒对这一主张没有异议。但他声称，大多数政治家为其赋予了不同的意义，认为政治是一种务实的妥协艺术，但他强烈反对这种观点。

77 On prognosis and prophecy and the difference between their implicit temporalities, see, for example, Koselleck, 'Modernity and the Planes of Historicity', 9–25.

78 On the significance of this prophecy for Hitler's decision to embark on the extermination of European Jewry, see Tobias Jersak, 'Kriegsverlauf und Judenvernichtung. Ein Blick auf Hitlers Strategie im Spätsommer 1941', *Historische Zeitschrift* 268 (1999), 311–74, esp. 339, 340, 373; Jersak, 'Blitzkrieg Revisited: A New Look at Nazi War and Extermination Planning', *Historical Journal* 43 (2000), 565–82, esp. 574–75; cf. Hans Mommsen, 'Hitler's Reichstag Speech of 30 January 1939', *History and Memory* 9 (1997), 147–61.

79 Verhandlungen des Reichstages, 4. Wahlperiode 1939: Stenographische Berichte, 1939–42, 16.

80 The term was coined in Saul Friedländer, *The Years of Persecution. Nazi Germany and the Jews, 1933–1939* (New York, 1998); for a useful discussion, see A. Dirk Moses, 'Redemptive Antisemitism and the Imperialist Imaginary', in Christian Wiese and Paul Betts (eds.), *Years of Persecution, Years of Extermination. Saul Friedländer and the Future of Holocaust Studies* (London, 2010), 233–54. On anti-Semitism as the inversion of Pauline prophecy, see Christopher Clark, ' "The Hope of Better Times": Pietism and the Jews', in Jonathan Strom, Hartmut Lehman, and James Van Horn Melton (eds.), *Pietism in Germany and North America, 1680–1820* (Farnham, 2009), 251–70, esp. 269–70; on 'salvation-historical' themes in

theological anti-Semitism, see Anders Gerdmar, *Roots of Theological Anti-Semitism. German Biblical Interpretation and the Jews, from Herder and Semler to Kittel and Bultmann* (Leiden, 2009), esp. 189–317.

81 Jan Björn Potthast, *Das jüdische Zentralmuseum der SS in Prag. Gegnerforschung und Völkermord im Nationalsozialismus* (Frankfurt/Main, 2002); Dirk Rupnow, *Täter, Gedächtnis, Opfer. Das Jüdische Zentralmuseum in Prag 1942–1945* (Vienna, 2000).

82 Jochen Thies, 'Hitler's European Building Programme', *Journal of Contemporary History* 13 (1978), 413–31, 414.

83 Hitler, *Mein Kampf*, 1:693.

84 Ibid., 1:695.

85 Norman H. Baynes (ed.), *The Speeches of Adolf Hitler, April 1922–August 1939*, 2 vols. (London, 1942), 1:573.

86 Henry Picker, *Hitlers Tischgespräche im Fürherhauptquartier, 1941–42* (Stuttgart, 1963), 143–44, 190.

87 Eric Michaud, 'National Socialist Architecture as an Acceleration of Time', *Critical Inquiry* 19 (1993), 220–33, here 227.

88 有趣的是，科泽勒克的作品中关于历史的时间性思考很少关注历史学家的研究成果，反而倾向于参考活跃在公共思想、文学和政治生活领域专家的研究，比如 Friedrich Julius Stahl, Chateaubriand, Alexis de Tocqueville, Frederick II, Karl Marx, Germaine de Staël 等。他对历史写作本身并不感兴趣，而对那些不是专业历史学家的同时代人的"历史思维"（借用特勒尔奇的表述）感兴趣。

89 Willi Oberkrome, *Volksgeschichte. Methodische Innovation und völkische Ideologisierung in der deutschen Geschichtswissenschaft 1918–1945* (Göttingen, 1993); Stefan Schweizer, '*Unserer Weltanschauung sichtbaren Ausdruck geben*'. *Nationalsozialistische Geschichtsbilder in historischen Festzügen* (Göttingen, 2007), 47; on the penetration of Volksgeschichte by biological and racist language and arguments, see Ingo Haar, 'Ostforschung im Nationalsozialismus. Die Genesis der Endlösung aus dem Geiste der Wissenschaften', in Rainer Mackensen (ed.), *Bevölkerungslehre und*

Bevölkerungspolitik im Dritten Reich (Opladen, 2004), 219–40; on the emergent 'matrix' of racist 'population discourse', see Thomas Etzemüller, *Ein ewigwährender Untergang. Der apokalyptische Bevölkerungsdiskurs im 20. Jahrhundert* (Bielefeld, 2007), esp. 37–40; on the combination of 'tradition' and 'innovation' in one prominent practitioner, see Jan Eike Dunkhase, *Werner Conze. Ein deutscher Historiker im 20. Jahrhundert* (Göttingen, 2010).

90 1937 年在爱尔福特举行的第 19 届历史学家大会上，与会者达成一致，"新" 德国史的书写应该聚焦种族和民族的内容，参见 Jürgen Elvert, 'Geschichtswissenschaft', in Franz-Rutger Hausmann (ed.), *Die Rolle der Geisteswissenschaften im Dritten Reich, 1933–1945* (Munich, 2002), 87–135, here 123。

91 Heiber, *Walter Frank und sein Reichsinstitut*, 636–937.

92 On the discipline of history under the dictatorship, see Michael Salewski, 'Geschichte als Waffe. Der natonalsozialistische Mißbrauch', *Jahrbuch des Instituts für deutsche Geschichte* 15 (1985), 289–310; Adam Wandruszka, 'Nationalsozialistische und "Gesamtdeutsche" Geschichtsauffassung', in Karl Dietrich Bracher and Leo Valiani (eds.), *Faschismus und Nationalsozialismus* (Berlin, 1991), 137–50; Winfried Schulze and Otto Gerhard Oexle (eds.), *Deutsche Historiker im Nationalsozialismus* (Frankfurt/Main, 1999); Ursula Wiggershaus-Müller, *Nationalsozialismus und Geschichtswissenschaft. Die Geschichte der Historischen Zeitschrift und des Historischen Jahrbuchs von 1933–1945* (Hamburg, 1998).

93 Joseph Goebbels, radio speech on the anti-Jewish boycott, 1 April 1933, transcribed in Wolfgang von Hippel (ed.), *Freiheit, Gleichheit, Brüderlichkeit? Die Französche Revolution im deutschen Urteil von 1789 bis 1945* (Munich, 1989), 344–45. Goebbels would make the same claim again on 2 September at the Nuremberg Party Rally; see K. D. Bracher, Wolfgang Sauer, and Gerhard Schulz, *Die national-sozialistische Machtergreifung. Studien zur Errichtung des totalitären Herrschaftssystems in Deutschland 1933/34* (Cologne, 1960), 7.

94 Goebbels, 'Spiegel des Grauens'.

95 Fritzsche, *Stranded in the Present*, esp. 201, 212.

96 Paul Glennie and Nigel Thrift, 'Reworking E. P. Thompson's "Time, Work Discipline and Industrial Capitalism" ', *Time & Society* 5 (1996), 275–99; Dieter Langewiesche, ' "Postmoderne" als Ende der Moderne?', in Wolfram Pyta and Ludwig Richter (eds.), *Gestaltungskraft des Politischen. Festschrift für Eberhard Kolb* (Berlin, 1998), 331–47, here 336; Ernst Wolfgang Becker, *Zeit der Revolution!—Revolution der Zeit? Zeiterfahrungen in Deutschland in der Ära der Revolution 1789–1848/49* (Göttingen, 1999).

97 Frank-Lothar Kroll, *Utopie als Ideologie. Geschichtsdenken und politisches Handeln im Dritten Reich* (Paderborn, 1991), esp. 19.

98 On the diversity, diffuseness, and even incoherence of Nazi racial thought and its oblique relationship with regime practice, see Mark Roseman, 'Racial Discourse, Nazi Violence and the Limits of the Racial State Model' and Devin O. Pendas, 'Eugenics, Racial Science and Nazi Biopolitics. Was There a Genesis of the "Final Solution" from the Spirit of Science?', in Devin O. Pendas, Mark Roseman, and Richard F. Wetzell (eds.), *Beyond the Racial State. Rethinking Nazi Germany* (Cambridge, 2017), 31–57 and 147–75.

99 See Kroll, *Utopie als Ideologie*, 126, 223, 231, passim. On Darré, see also Klaus Bergmann, *Agrarromantik und Großstadtfeindschaft* (Meisenheim, 1970), esp. 297–360 and Mathias Eidenbenz, *'Blut und Boden'. Zu Funktion und Genese der Metaphern des Agrarismus und Biologismus in der nationalsozialistischen Bauernpropaganda R.W. Darrés* (Bern, 1993); on Himmler: Joseph Ackermann, *Heinrich Himmler als Ideologe* (Göttingen, 1970), esp. 171–77 and Peter Longerich, *Heinrich Himmler*, trans. Jeremy Noakes and Lesley Sharpe (Oxford, 2012), esp. 255–94. On the place of prophecy in the 'apocalyptic-chiliastic' thought of Joseph Goebbels, see Claus-Ekkehard Bärsch, 'Die Geschichtsprophetie des Joseph Goebbels', in Joachim H. Knoll and Julius H. Schoeps (eds.), *Von kommenden Zeiten. Geschichtsprophetien im 19. und 20. Jahrhundert* (Stuttgart, 1984), 169–79.

100 Maier, 'Politics of Time', 162; on the complex issue of the relationship between National Socialism and modernity, there is now a vast literature, but

see Riccardo Bavaj, *Die Ambivalenz der Moderne im Nationalsozialismus. Eine Bilanz der Forschung* (Munich, 2004); see also the thought-provoking discussion by Paul Betts, 'The New Fascination with Fascism: The Case of Nazi Modernism', *Journal of Contemporary History* 37 (2002), 541–58.

101 Cf. the question posed by Alon Confino: 'What was the imagination of time and history that gave meaning and legitimacy to this radical spatial policy?' in Confino, 'Why Did the Nazis Burn the Hebrew Bible?', 381.

102 For a brilliant discussion of the place of Roman antiquity in fascist chronopolitics, see Joshua Arthurs, 'The Excavatory Intervention: Archaeology and the Chronopolitics of Roman Antiquity in Fascist Italy', *Journal of Modern European History* 13.2 (2015), 44–58.

103 可能的原因包括对国家建设时代的不同态度：意大利法西斯似乎不愿意抛弃复兴运动的历史主义浪漫，而纳粹则将 19 世纪诋毁为自由主义的“衰落时代”——与此相反，参见 Esposito and Reichardt, 'Revolution and Eternity', 40。1918—1919 年德国的战败、国家的崩溃和政治动荡，可能对传统的历史主义假设造成了干扰，其程度在意大利是绝无仅有的，在那里，君主制和教会仍然是连续性的强大支柱。天主教会在法西斯意大利（尤其是罗马）的特殊地位可能是另一个因素：对于 20 世纪 30 年代早期罗马的天主教礼仪和法西斯公共表现之间的竞争的启发性思考，参见 Richard J. B. Bosworth, 'L'Anno Santo (Holy Year) in Fascist Italy 1933–1934', *European History Quarterly* 40 (2010), 436–57。法西斯的时间政治学并非一成不变，1938 年的“种族转向”可能带来了与民族社会主义的部分融合，参见 Joshua Arthurs, *Excavating Modernity. The Roman Past in Fascist Italy* (Ithaca, NY, 2012), 125–50。

结论与尾声

1 Hugo Lerchenfeld-Köfering, *Erinnerungen und Denkwürdigkeiten: 1843–1925*, 2nd ed. (Berlin: Mittler, 1935), 193–94.

2 Helmut Koenigsberger, 'Europäisches Ständewesen im 16. und 17. Jahrhundert', in Peter Baumgart and Jürgen Schmädeke (eds.), *Ständetum und*

Staatsbildung in Brandenbrug-Preussen. Ergebnisse einer internationalen Tagung (Berlin, 1983), 18–31, here 21–24.

3 See Norman Saadi Nikro, 'Situating Postcolonial Trauma Studies', *Postcolonial Text* 9.2 (2014), 1–21, here 8; Ogaga Ifowodo, *History, Trauma and Healing in Postcolonial Narratives* (New York, 2013).

4 These reflections on Braudel draw on the important article by Olivia Harris, 'Braudel, Historical Time and the Horror of Discontinuity', *History Workshop Journal* 57 (2004), 161–74.

5 Fernand Braudel, 'Georges Gurvitch ou la discontinuité du social', *Annales. Economies, Sociétés, Civilisations* 9 (1953), 347–61; Harris, 'Braudel', 173.

6 Fernand Braudel, 'La Longue durée', *Annales. Economies, Sociétés, Civilisations* 13 (1958), 725–53, here 748.

7 M. K. Gandhi, *Hind Swaraj and Other Writings* (Cambridge, 1997), 89, 90, 56.

8 On Gandhi and Benjamin, see Aditya Nigam, 'Gandhi—the "Angel of History": Reading "Hind Swaraj" Today', *Economic and Political Weekly* 44.11 (14–20 March 2009), 41–47, here 47.

9 This policy is set out in an undated (early 1960s) German Foreign Ministry memo titled 'Die Bundesrepublik Deutschland ist der einzig rechtmaessige deutsche Staat'; see Kristina Spohr, *Germany and the Baltic Problem after the Cold War: The Development of a New Ostpolitik, 1989–2000* (London, 2004), 64 and 80 n. 56.

10 Heinrich August Winkler, *Germany. The Long Road West*, 2 vols. (Oxford, 2006), 2:143.

11 在1952年春天，西方国家拒绝了斯大林提出的有争议的“统一提议”之后，统一社会党中央委员会总书记瓦尔特·乌布利希宣布了推迟已久的决定，即在民主德国开始进行“社会主义建设规划”。Edgar Wolfrum, *Geschichte als Waffe. Vom Kaiserreich bis zur Wiedervereinigung* (Göttingen, 2001), 72.

12 On the importance of continuities with the pre-1933 past for leading communists in the GDR, see Catherine Epstein, *The Last Revolutionaries. The German Communists and Their Century* (Cambridge, MA, 2003).

13 Lucian Hölscher, *Die Entdeckung der Zukunft* (Frankfurt/Main, 1999), esp. 219–23.

14 Elke Seefried, *Zukünfte. Aufstieg und Krise der Zukunftsforschung, 1945–1980* (Berlin, 2015).

15 Alexander Schmidt-Gernig, 'Das Jahrzehnt der Zukunft: Leitbilder und Visionen der Zukunftsforschung in den 60er Jahren in Westeuropa und den USA', in Uta Gerhardt (ed.), *Zeitperspektiven. Studien zu Kultur und Gesellschaft* (Stuttgart, 2003), 305–45.

16 Peter Grieder, *The East German Leadership 1946–73. Conflict and Crisis* (New York, 1999), esp. 160–69.

17 Jenny Andersson, 'The Great Future Debate and the Struggle for the World', *American Historical Review* 117 (2012), 1411–30, here 1426.

18 On the future wave of the 1960s, with an overview of the literature, see Lucian Hölscher, 'Mysteries of Historical Order: Ruptures, Simultaneity and the Relationship of the Past, the Present and the Future', in Lorenz and Bevernage, *Breaking Up Time*, 134–51, here 149–50。在 1964 年的第 26 届德国历史学家大会上，科泽勒克和赖因哈特·维特拉姆提出被过去时代淹没的未来概念，是一个迄今为止被忽视的研究领域。科泽勒克在 1969 年于海德堡大学的就职演说上详述了这个观点，参见 Lucian Hölscher, 'Von Leeren und gefüllten Zeiten. Zum Wandel historischer Zeitkonzepte seit dem 18. Jahrhundert', in Geppert and Kössler, *Obsession der Gegenwart*, 37–70, here 64–65. For the text of the Inaugural Lecture: Reinhart Koselleck, 'Vergangene Zukunft der frühen Neuzeit', in Koselleck, *Vergangene Zukunft*, 17–27。

19 Andersson, 'Great Future Debate', 1415.

20 Donella H. Meadows, Dennis L. Meadows, Jørgen Randers, and William W. Behrens III, *The Limits to Growth. A Report for the Club of Rome's Project on the Predicament of Mankind* (New York, 1972), 23.

21 See, for example, Osip K. Flechtheim, *Futurologie. Der Kampf um die Zukunft* (Cologne, 1970).

22 Marcus Colla, 'Time, Politics and Legitimacy in the German Democratic

Republic'(conference presentation, German History Society Annual Conference, Newcastle, 8–10 September 2016).

23 Rainer Gries, 'Zum "Geburtstag der Republik" ', *Universitas* 54 (1999), 307–11; on the problem of the future in the GDR more generally, see Martin Sabrow, 'Zukunftspathos als Legitimationsressource. Zu Charakter und Wandel des Fortschrittsparadigmas in der DDR', in Heinz-Gerhard Haupt, Jörg Requate, and Maria Köhler-Baur (eds.), *Aufbruch in die Zukunft. Die 1960er Jahre zwischen Planungseuphorie und kulturellem Wandel. DDR, CSSR und Bundesrepublik Deutschland im Vergleich* (Weilerswist, 2004), 165–84; on the future as a problem in communist discourses, see Martin Sabrow, 'Chronos als Fortschrittsheld: Zeitvorstellungen und Zeitverständnis im kommunistischen Zukunftsdiskurs', in Igor Polianski and Matthias Schwartz (eds.), *Die Spur des Sputnik. Kulturhistorische Expeditionen ins kosmische Zeitalter* (Frankfurt/Main, 2009), 117–34.

24 André Keil, 'The *Preußenrenaissance* Revisited: German–German Entanglements, the Media and the Politics of History in the late German Democratic Republic', *German History* 34.2 (2016), 258–78； similar transitions took place in other Warsaw Pact states; see Roman Krakovsky, *Réinventer le monde. L'espace et le temps en Tchécoslovaquie communiste* (Paris, 2015) and the essays in Haupt, Requate, and Köhler-Baur (eds.), *Aufbruch in die Zukunft*。我关于民主德国转型的认知，要感谢与剑桥大学的马库斯·科拉的交流，他的博士论文涉及民主德国与普鲁士的研究，对这个问题有深入探讨。

25 Andersson, 'Great Future Debate', 1415.

26 Heinrich August Winkler, *Der Lange Weg nach Westen*, 2 vols. (Munich, 2000); see also Winkler, *Geschichte des Westens*, 4 vols. (Munich, 2009–).

27 Bruno Latour, *We Have Never Been Modern,* trans. Catherine Porter ([orig. French ed. 1991] Cambridge, MA, 1993).

28 On the end of the 'modern' regime of time, see Aleide Assmann, *Ist die Zeit aus den Fugen? Aufstieg und Fall des Zeitregimes der Moderne* (Munich, 2013).

29 Perry Anderson, 'Introduction', in Perry Anderson and Patrick Camiller (eds.), *Mapping the West European Left* (London, 1994), 1–22, here 11.

30 On 'deactivated politics', see Sergei Prozorov, 'Russian Postcommunism and the End of History', *Studies in East European Thought* 60.3, *Reviewing Perestrojka* (2008), 207–30, here 214, 218, 220, 224; on the 'plebiscitarian patrimonialism' of a regime that aligns itself with the 'national will' but obstructs the emergence of dissenting formations in the public sphere, see Stephen E. Hanson, 'Plebiscitarian patrimonialism in Putin's Russia: Legitimating Authoritarianism in a Postideological Era', *Annals of the American Academy of Political and Social Science* 636 (2011), 32–48.

31 Riszard Legutko, *The Demon in Democracy. Totalitarian Temptations in Free Societies* (New York, 2016), 5, 6, 11, 26.

32 克林顿总统在任期间有 21 次提及"历史的正确面相"；2015 年 12 月，奥巴马提及了 15 次；与之相反的表述"历史的错误面相"，奥巴马使用了 13 次，而他的幕僚在各种场合还使用了 16 次，参见 David A. Graham, 'The Wrong Side of the "Right Side of History" ', *Atlantic*, 21 December 2015, https://www.theatlantic.com/politics/archive/2015/12/obama-right-side-of-history/420462/。

33 对于这种萎靡不振的现象，最近有一位历史学家进行了有力的描述，他曾热情地主张将"西方"作为德国现代历史的目标和终点，参见 Heinrich August Winkler, *Zerbricht der Westen? Über die gegenwärtige Krise in Europe und Amerika* (Munich, 2017); also John Comaroff, 'The End of Neoliberalism? What Is left of the Left?', *Annals of the American Academy of Political and Social Science* 637 (2011), 141–47。

34 Thomas B. Edsall, 'The End of the Left and the Right as We Knew Them', *New York Times*, 22 June 2017, https://www.nytimes.com/2017/06/22/opinion/nationalism-globalism-edsall.html; Damon Linker, 'The Stunning End of the Left and the Right', *The Week*, 5 January 2017, http://theweek.com/articles/670870/stunning-end-left-right; Christian Caryl, 'The End of Politics as We Know It', *Foreign Policy*, 3 May 2016, http://foreignpolicy.com/2016/05/03/the-end-of-politicsas-we-know-it-left-right-sanders-

trump-corbyn/; John Comaroff, 'The End of Neoliberalism? What Is Left of the Left?', *Annals of the American Academy of Political and Social Sciences* 637.1 (1 September 2011), 141–47.

35 Wolfgang Streeck, 'How Will Capitalism End?', *New Left Review* 87 (May–June 2014), https://newleftreview.org/II/87/wolfgang-streeck-how-will-capitalism-end.

36 David Runciman, 'Is This How Democracy Ends?', *London Review of Books* 38.23 (1 December 2016). Runciman, *How Democracy Ends* (London, 2018), addresses this question in greater depth.

37 Francis Fukuyama, 'The End of History?', *National Interest*, Summer 1989, https://www.embl.de/aboutus/science_society/discussion/discussion_2006/ref1-22june06.pdf.

38 Prozorov, 'Russian Postcommunism and the End of History', 229.

39 Amitav Ghosh, *The Great Derangement: Climate Change and the Unthinkable* (Chicago, 2016), 115.

40 Preamble, Treaty of Rome, 25 March 1957, https://ec.europa.eu/romania/sites/romania/files/tratatul_de_la_roma.pdf.

41 Emmanuel Macron, speech at the Sorbonne, 26 September 2017, http://international.blogs.ouest-france.fr/archive/2017/09/29/macron-sorbonne-verbatim-europe-18583.html.

42 For a discussion of temporal discourses as symptomatic of cultural and political change since the 1960s, see Fernando Esposito, 'Einführung', in Esposito (ed.), *Zeitenwandel. Transformationen geschichtlicher Zeitlichkeit nach dem Boom* (Göttingen, 2017), 7–62.

43 Cas Mudde, 'Can We Stop the Politics of Nostalgia That Have Dominated 2016?', *Newsweek*, 15 December 2016, http://www.newsweek.com/1950s-1930s-racism-us-europe-nostalgiacas-mudde-531546; Zoe Williams, 'An Obsession with Nostalgia Offers Us Only Political Poison', *Guardian*, 20 November 2016, https://www.theguardian.com/commentisfree/2016/nov/20/nostalgia-political-poison-strictly-bake-off ; Diego Rubio, 'The Politics of Nostalgia', *Social Europe*, 21 April 2017, https://www.socialeurope.

eu/the-politics-of-nostalgia; on Germany, see Dirk Schümer,'Politische Nostalgie. Retrogrusel-Deutschland gehört auf den Müllhaufen', *Die Welt*, 24 March 2016, https://www.welt.de/politik/deutschland/article155639167/Retrogrusel-Deutschland-gehoert-auf-den-Muellhaufen.html; for examples of a politics of recursion, see the efforts of the Alternative für Deutschland to rehabilitate core vconcepts of National Socialism, such as the term 'völkisch' and the party's aspiration to reverse what it describes as the erasure of German *Volkstum*; see https://www.welt.de/politik/deutschland/article158348687/Die-Begrifflichkeit-voelkisch-ist-kontaminiert.html and http://www.tagesspiegel.de/politik/brandrede-in-dresden-der-totale-hoecke/19267154.html. On 'presentism' as a phenomenon in historical understanding and politics more generally, see the final part of François Hartog, *Regimes d'historicité* (Paris, 2003); also the essays by Alexandra Walsham, Robin Osborne, Peter Coss, Miri Rubin, Evelyn Welch, Catherine Hall, Rana Mitter, and S. A. Smith in *Past & Present* 234.1 (2017), 213–89 and Hans Ulrich Gumbrecht, *Unsere breite Gegenwart* (Berlin, 2010).

44 I am thinking here in particular of Amitav Ghosh, *Traveller in an Antique Land* (London, 1994); Arundhati Roy, *The Ministry of Utmost Happiness* (London, 2017); Don Delillo, *The Body Artist* (New York, 2001); David Mitchell, *Slade House* (London, 2015); Colson Whitehead, *Zone One* (London, 2011); Maja Lunde, *The History of Bees* (New York, 2017); but the list could be extended indefinitely.

45 See Matthew Biro, *Anselm Kiefer and the Philosophy of Martin Heidegger* (Cambridge, 1998), 137.

46 On Voigt's recent work, see Jorinde Voigt, *Now* (Munich, 2015); Voigt, *Pieces for Words and Views*, ed. John Yau (Berlin, 2012).

译后记

王涛

南京大学历史学院教授

德国历史有一个绕不开的话题：普鲁士。这不仅在于普鲁士的兴衰持续了近 400 年，而且由于它与德国历史重要发展节点深度融合，很难对它进行非黑即白的简单评判。现执教于剑桥大学的教授克里斯托弗·克拉克早在 2007 年就出版了《钢铁帝国：普鲁士的兴衰》一书，全面介绍了普鲁士的历史，并进行了中肯评价。这本书出版以来，不仅多次再版，而且被翻译成西班牙语、德语等多国文字，2018 年中文简体版也在国内上市，俨然成了学术畅销书。

克拉克的学术专长集中于 19 世纪的德国历史。他早期的研究往往从教会史的角度出发，研究普鲁士历史上基督徒与犹太人之间的关系。他的研究视野从来没有偏离过普鲁士的范畴，不断尝试从各种维度还原普鲁士的复杂历史面貌。在接连推出天主教与世俗社会力量之间的“文化战争”、威廉二世的传记研究等之后，他于 2019 年再次回归普鲁士的政治议题，推出了《时间与权力》一书，从一个全新的角度对普鲁士的政治、文化进行了阐释。

这本书的结构相当简单，除了“前言”“结论与尾声”和“致谢”，全书主体由 4 章构成，分别探讨了德国历史上 4 位重要的政治历史人物。这 4 位人物都与普鲁士有着千丝万缕的联系，且有将近 300 年的时间跨度，从 17 世纪中期一直持续到 20 世纪中期。对于这样的选择，克拉克在前言中进行了解释。之前为他带来学术荣誉的《钢铁帝国》已经完成了对普鲁士全面而深刻的梳理，而篇幅更短小的“普鲁士简史”或许毫无意义。他在这本书里明确讨论的是“时间”与“权力”之间的关系，这本质上是一个理论问题，哲学家、政治理论家等学者已经有过相关讨论。克拉克想以历史学家的身份介入这个问题，将这个理论性极强的问题揉入更多扎实的历史背景，最自然的选择当然是他最熟悉、最擅长的“普鲁士”这个领域。这也是他在《时间与权力》一开始就给自己划定的范围。

第一章的主角是大选侯弗里德里希·威廉，本章主要讨论的是大选侯为了加强对地方庄园的控制而推行的改革措施。在克拉克看来，大选侯的各种政治措施背后的理论依据就是他的时间观念：他强调国家在未来可能面临的威胁，从而需要提升自己在税收、军队等层面的权力，而不能完全倚重政治传统赋予庄园的特权。大选侯提出了“必要性”的概念，认为在紧急情况下，国家的政治运行应当依据现实需求展开新的治理模式，让统治者在征税、维持常备军等方面获得更多自由空间。庄园则为了维护自身的特权，重视传统权利，把当下与“连续的过去”紧密连接在一起，这种“顾后”的时间观念与大选侯的“前瞻”思路存在冲突。地方贵族有维护传统的充分理由，在一封写给大选侯的信件中，他们这样表述：“我们承诺保护所有值得称颂的旧秩序、习俗、传统和惯例……这些权利是尊贵的庄园从德意志骑士团的时代一直到现在拥有行使和支配的……我们承诺无论是在和平时期还是在战争时期，不得以任何方式或形式损害这个传统。”大选侯则提出针锋相对的观点，“新常态”根本无法固定在传统权利的基础上，而要对不断变化的需求、时刻发生改变的“时势”和“趋势”做出回应。简而言之，庄园因循的是“祖制”，大选侯强调的是“必要性”，虽然其可以简化为“时间性”，但反映的其实是权力之争，时间与权力之间的张力在争权夺利的语境下得到展开，也让我们看到了政治“决策者”在历史洪流面前扮演的功能角色。时间观念的分歧落实到行动上，就产生了不同的权力观念。大选侯的做法撕破了“传统的束缚”，从过去“解放出来”，展望可能的未来，“发明新的工具进行应对”。这正是克拉克在本章的点睛之笔，国家成为“时间机器，是推动历史进程的引擎”。当然，国家的利益会不断变化，所以统治者需要成为敏锐和干练的决策者，通达“可能的未来”，合理进行抉择。

在第二章，身份多元的弗里德里希二世的时间观则要更复杂一些。从克拉克的描述来看，我们所熟悉的“哲学王”其实也是一名历史写作者。而作为历史学家的弗里德里希二世比作为哲学家的国王更有趣味。弗里德里希二世在从事历史写作这项严肃的事业上，是当之无愧的“历史王”。他有很高的起点，跟启蒙时代知名学者伏尔泰曾经有很好的师友关系；同时，他作为一国之君，也有便捷的途径获取独家材料，以重建霍亨索伦家族的历史。在这一点上，即便是宫廷御用历史学家普芬多夫也要望尘莫及。弗里德里希二世的历史观是独特的，既不同于第一章中大选侯面向未来的时间意识，也不同于普芬多夫强调历史的偶然性、着眼于当下的表述。弗里德里希二世真心认为国家是“额外的历史事实和逻辑必然”，处于历史的核心位置，坚信

“历史体现了某种永恒的普遍规律的运行”。这让“历史王”的历史观和时间意识具有鲜明的特色：他的历史哲学是线性的和进步性的，强调与过去的连续性以及永恒的周期性，但对时间质感的直觉把握又是“循环的和非线性的”。

如果刚刚打开第三章的内容，那么读者可能认为作者选错了研究对象——从一本讨论普鲁士历史的书，变成了国际象棋历史的通俗读物，或者知名棋手施泰尼茨的传记故事。但透过这些奇妙的文字，我们发现借用国际象棋来描绘德国历史上的知名首相俾斯麦是再合适不过的了。俾斯麦作为 19 世纪后半叶德意志政坛的常青树，之所以能够在波澜诡谲的国内外政治环境中纵横捭阖，正是因为他具备优秀棋手的那种掌控全局的洞察力，以及在关键时刻的决断力。“抉择时刻”和“决定性时刻”（两者并不完全相同）是构成俾斯麦政治自我叙述的连接点。俾斯麦的成功在于他选取了不同于黑格尔主义的进步式的历史观和时间意识，从而做到在复杂多变的政治环境中（比如 1848 年革命之后），灵活地平衡新旧不同势力之间的纷争，算计与各种政治派系结盟的优劣，避免陷入混乱，像真正水性好的船夫那样，掌舵航行在暗流涌动的时间之河中，而不是试图改变河流的流向。尽管如此，社会变革带来的动荡深刻影响了 19 世纪德意志的历史观，以及对历史研究的重视。深受兰克等普鲁士学派历史学家的影响，俾斯麦同样强调国家是历史稳定的锚点，是站在“社会变革潮流顶端的永恒结构”，他旗帜鲜明地维护君主制，“将君主制国家尊为具有自主行动能力的行政机构”，毫不吝惜地采取威权的措施来维护君主统治秩序，对抗社会混乱。

第四章探索了纳粹政权的时间观。克拉克在这一章中除了梳理演说、印刷文本、图像等传统材料，还使用了丰富的物质文化内容，比如哈雷民族社会主义起义博物馆，去重构民族社会主义的历史观。纳粹的鲜明特点在于，纳粹的历史记忆充斥着断裂，它所关注的历史在遥远的过去，要上溯到希腊、罗马甚至日耳曼时代。而刚刚过去的历史——魏玛共和国、第二帝国——都被抛弃了。换句话说，纳粹的时间意识和历史观念试图通过对历史进行折叠来扫除障碍，让遥远的过去直接投射到现在。这样一来，它既否认了国家作为政治中心的地位，又抛弃了历史的线性发展以及进步式的观念。另外，纳粹用“民族”取代国家，视其为“救赎的力量”，从而“中止线性发展的历史”，是社会发展动力的真正来源。纳粹推出的这种历史性维度，反映到政治主张上，就为反犹主义提供了理论依据：“民族的历史最终只能是一部关于其自身认同的、关于拒绝屈服于外来力量和影响的历史。”在克拉克看来，纳粹政权之所以有如此激进的历史观，一方面是希特勒的思想体系深刻认同“生存斗争的铁律”，另一方面在于他试图构建千禧年的时间框架，并显示出对预言的偏好，“对事件终极状态以及末日构想的描绘与实现”的追求，而非当下的现实冲突。

《时间与权力》出版后，学界极为关注。政治学、历史学等领域的专业期刊都有相关的书评面世。中国学者也在2020年刊发了一篇深入的学术综评。[①]很多书评都提及了“时间转向”这个概念。实际上，克拉克在本书的“前言”和“结论与尾声”部分也多次使用了这个术语，并在全书多次提及从概念史的维度讨论“时间性”的德国思想家科泽勒克，并把自己创作本书的动机，建立在对法国学者阿赫托

① 潘光逸：《当时间穿过权力之镜：评〈时间与权力：德国政治中的历史观，从三十年战争到第三帝国〉》，《南大亚太评论》，2020年，第363—396页。

戈关于时间性和历史性的研究进行回应的基础上。克拉克的初衷是回答“通过权力结构观察‘时间’会发生什么”，并且刻意区分了“历史性”与史学理论以及史学实践的差别，似乎试图消除这本书作为纯粹的史学研究书籍的印象。

克拉克试图借着在历史研究领域出现“时间转向”的东风，重新梳理普鲁士的历史，这本是一个值得关注的尝试，但我们看到了一个有趣的现象，在2019年出版的《时间与权力》英文原版的文字中，能够读到许多与2007年出版的《钢铁帝国》相似的段落。特别是在大选侯以及弗里德里希二世的部分，我们会发现“普鲁士兴衰”的一些细节被巧妙地糅合到了“时间与权力”的论述中。如果对《时间与权力》进行查重的话，那么相关机构或许要建议克拉克做一些技术处理。

除了这个瑕疵，克拉克借普鲁士的历史书写来展现德国政治中的历史观，本身是一个传统议题。他重点描述了4位代表性人物（用克拉克的话来说，他们是历史的“决策者”）的历史观念，并将他们的思想与延续几百年的德国历史呼应起来。但是，即使许多评论家都将克拉克的创作放置在“时间转向”的语境中，我们仍然需要谨慎地使用抽象概念来描绘时间意识与政治权力之间的关系，来重构“决策者”的历史观念。实际上，不论是科泽勒克还是阿赫托戈，都是现代思想家。弗里德里希二世虽然创作了许多历史作品，但是他或许根本没有哲学头脑对“时间”概念进行科泽勒克式的抽象思考。作为历史学者，克拉克在书中特别提及科泽勒克在发展自己的“时间”概念史的时候，对专业历史学者的研究成果并不感兴趣，很少关注历史学家的历史写作。这不得不说是一种遗憾。用抽象概念的时间意识来分析弗里德里希二世的历史性，似乎有时代错位的嫌疑，至少缺乏对历史语境的关照。

不可否认，克拉克的著作提供了一个研究时间与权力之间复杂关系的历史视角，因为在过去的4个世纪里，德国不断经历政治断裂，这使我们能够一再观察到政治变革对时间和历史意识带来的影响。然而，时间和权力之间的关系，仍然有一个基本问题有待回答：权力是否塑造了时间观念（正如克拉克在本书前言的开头所断言的那样），或者关于时间和历史的想法是否对人们的统治方式产生了影响。答案当然是两者都有，但重点应该放在哪里，时间和权力之间的互动性质是什么，或者在这本书所研究的政权中是否存在差异，这一点并没有得到特别清楚的交代。

克拉克仍然没有回答的另一个问题是，这些“决策者”采用的“历史观”究竟从何而来。比较确定的是，弗里德里希二世的历史观深受伏尔泰的影响。他的历史创作也有鲜明的历史意识。而全书对其他几位人物，都缺乏这种追溯。在这本书的前两章中，克拉克用了很多笔墨去介绍宫廷历史学家普芬多夫历史著作的内容。我们可以看到，作为学者的历史观，与作为统治者的大选侯以及后来的弗里德里希二世的历史观，都存在明显的不同。一个合理的解释是，即便同样是历史写作者，普芬多夫的学者身份与弗里德里希二世的国王身份，在对待历史的作用方面一定会存在立场的不同。

从这个意义上说，表面上是时间与权力的关系，本质上探讨的是统治者的历史意识，更核心的问题其实涉及统治者对历史的运用或者滥用，而这个话题，在许多史学家那里都有深刻的探讨。比如，牛津大学的玛格丽特·麦克米伦教授在2010年出版的《历史的运用与滥用》中，就跳出了国别史的局囿，在更加宏大的历史框架下梳理了历史意识在各种因素的驱使下被曲解、转接甚至绑架的过程。

因此，《时间与权力》的价值或许在于，如果德国民众能够洞悉权力对时间意识的扭曲，就不会在普鲁士学派的历史主义陷入僵局时迷茫失措，甚至有可能避免滑入两次世界大战的泥淖，而经久不衰的"德意志特殊道路"的议题也将不复存在。